权威·前沿·原创

皮书系列为
"十二五""十三五""十四五"时期国家重点出版物出版专项规划项目

BLUE BOOK

智库成果出版与传播平台

文旅产业蓝皮书

BLUE BOOK OF CULTURE AND TOURISM INDUSTRY

中国文旅产业发展报告
（2024）

REPORT ON DEVELOPMENT OF CHINA CULTURE AND TOURISM INDUSTRY (2024)

主　编／司　若
执行主编／庞胜楠　刘学华

社会科学文献出版社
SOCIAL SCIENCES ACADEMIC PRESS (CHINA)

图书在版编目(CIP)数据

中国文旅产业发展报告 . 2024 / 司若主编；庞胜楠，刘学华执行主编 . --北京：社会科学文献出版社，2024.10. --（文旅产业蓝皮书）. --ISBN 978-7-5228-4156-4

Ⅰ.G124；F592.3

中国国家版本馆 CIP 数据核字第 2024N85D16 号

文旅产业蓝皮书
中国文旅产业发展报告（2024）

主　编 / 司　若
执行主编 / 庞胜楠　刘学华

出 版 人 / 冀祥德
责任编辑 / 韩莹莹
文稿编辑 / 程丽霞
责任印制 / 王京美

| 出　　版 / 社会科学文献出版社·人文分社（010）59367215
　　　　　地址：北京市北三环中路甲29号院华龙大厦　邮编：100029
　　　　　网址：www.ssap.com.cn
| 发　　行 / 社会科学文献出版社（010）59367028
| 印　　装 / 三河市东方印刷有限公司
| 规　　格 / 开本：787mm×1092mm　1/16
　　　　　印张：20　字数：325千字
| 版　　次 / 2024年10月第1版　2024年10月第1次印刷
| 书　　号 / ISBN 978-7-5228-4156-4
| 定　　价 / 198.00元

读者服务电话：4008918866

版权所有 翻印必究

出品方

清华大学影视传播研究中心
紫金文创研究院

联合出品方

中国高校影视学会影视产业与管理专业委员会
澳门科技大学人文艺术学院
澳门科技大学健康传播研究与发展中心

文旅产业蓝皮书课题组

组　　长　司　若

副 组 长　庞胜楠　刘学华

成　　员　（按姓氏拼音排序）
　　　　　　白絮菲　白燕飞　曹晓露　曹　洋　程嘉懿
　　　　　　刁基诺　范韵诗　封　奥　冯漪嫚　顾毓敏
　　　　　　郭佶恩　郭　燕　韩顺法　何昶成　黄俊毅
　　　　　　黄　莺　阚维易　李建亮　李静贤　李丽玲
　　　　　　李文静　刘梦雅　刘若琪　刘屹峰　罗姣姣
　　　　　　马国栋　任一丹　王　晨　王卢嫱　王　娜
　　　　　　王毅萍　王　瑜　吴志斌　武　锐　武　瑶
　　　　　　鄢婷婷　闫春辉　杨　昆　姚　磊　殷　蕾
　　　　　　禹雅慧　袁　玥　张　驰　张　婧　张文成
　　　　　　赵　璐

特约顾问　（按姓氏拼音排序）
　　　　　　李向民　李燕宁　尹　鸿　张晓岩　张志庆

主编简介

司　若　博士，清华大学新闻与传播学院教授，博士生导师；清华大学影视传播研究中心主任；澳门科技大学特聘教授；国家社科基金重大招标项目首席专家，全国广播电视与网络视听领军人才，紫金文创研究院特约研究员。先后在山东大学、清华大学、香港浸会大学获得学士、硕士、博士学位，并在清华大学完成博士后工作。中国高校影视学会影视产业与管理专业委员会秘书长，CC-Smart 新传智库高级研究顾问。代表作有《影视工业化体系研究》、《中国 IP 影视化开发与运营研究》、《声画叙事——视听语言的逻辑与应用》、"影视蓝皮书"、"文旅蓝皮书"、"网络视听蓝皮书"、《短视频产业研究》、《中国影视法律实务与商务宝典》和 *China Liverstreaming E-commerce Industy Insights* 等。

庞胜楠　博士，清华大学新闻与传播学院博士后，清华大学影视传播研究中心助理研究员，马来西亚马来亚大学创意艺术学院硕士生联合导师、山东师范大学硕士生导师，北京电影家协会理事。主要研究方向为文旅产业、媒介效果。主持省部级项目 4 项，参与国家级项目多项，在 SCI、SSCI、CSSCI、北大核心等核心期刊上发表论文 30 余篇。

刘学华　博士，清华大学新闻与传播学院博士后，清华大学影视传播研究中心助理研究员。主要研究方向为电影产业、影视传播。参与国家级、省部级项目多项，在 CSSCI、北大核心等核心期刊上发表论文 10 余篇。

摘　要

2023年，中国文旅产业全面复苏，产业整体呈现积极向好的发展势头：国内旅游总人次48.9亿，较上年增长93.3%；国内游客出游总花费4.91万亿元，比上年增加2.87万亿元。2023年，国家持续加大政策扶持力度，密集出台多项文旅产业相关政策，为产业的恢复提供了有力保障。同时，文旅产业在服务质量提升、新技术应用等方面取得显著进步，为产业的可持续发展奠定了坚实基础。《中国文旅产业发展报告（2024）》在当前政策与产业发展驱动下，立足于2023年中国文旅产业发展全貌，由海内外学界、业界、政府部门、行业协会众多专家共同编写，旨在面向中国文旅全产业链探索中国文旅产业的整体结构，全方位、广视角地对中国文旅产业各领域的产业现状、市场问题、风险防控等展开研究和分析，并对未来中国文旅产业的发展规律和趋势进行科学分析与研判。

本书采用政策分析、数据统计分析及案例分析等研究方法，对2023年中国文旅产业发展整体状况、文旅产业热门细分领域发展状况及文旅产业经典案例进行阐述和分析。研究发现，2023年，政府密集出台多项文旅产业相关政策，为文旅产业恢复发展注入活力，大众旅游进入全面发展新阶段。沉浸式体验旅游业为游客提供了更为丰富、深入的旅游体验；乡村旅游源源不断地为乡村振兴注入活力；冰雪旅游和非遗旅游等细分领域为文旅产业的多元化发展提供了有力支撑。数字文旅建设持续推进，大数据分析、人工智能等技术的应用推动文旅产业在智能化、个性化服务等方面取得显著成效。

展望未来，中国文旅产业将继续在文旅深度融合、数字化和智能化、文旅消费升级等方面寻求新的突破。充分发挥"旅游+"功能，推动旅游与文化、体育、交通、美食、赛事、演艺等业态的融合发展，优化旅游产品供给结构。

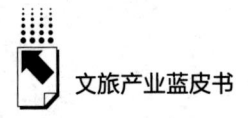

产业也将更加注重文化传承与创新,将中华优秀传统文化、非物质文化遗产、当地特色文化等融入现代旅游新空间,在创造性转化和创新性发展中推动文旅产业高质量发展。

关键词: 文旅新消费　产业融合　数字化　特色文旅

目 录

Ⅰ 总报告

B.1 2023年中国文旅产业发展报告 ……… 司 若 庞胜楠 刘学华 / 001

Ⅱ 分报告

B.2 2023年中国城市文旅发展报告 …………………… 刁基诺 / 017
B.3 2023年中国出境旅游发展报告 …………… 赵 璐 白燕飞 / 026
B.4 2023年沉浸式体验旅游发展报告 ………………… 曹晓露 / 036
B.5 2023年体育文旅发展报告 ………………… 罗姣姣 冯漪嫚 / 047
B.6 2023年中国非遗旅游发展报告 …………………… 张 驰 / 060
B.7 2023年中国康养旅游发展报告 …………………… 李丽玲 / 071
B.8 2023年中国主题乐园旅游发展报告 ……… 黄 莺 白絮菲 / 080
B.9 2023年中国乡村文旅发展报告 …………………… 曹 洋 / 089

Ⅲ 案例篇

B.10 影视文旅融合视域下云南文旅发展路径
　　　——以《去有风的地方》为例 ………… 刘屹峰 司 若 / 098

B.11 哈尔滨冰雪旅游资源整合发展研究 ………………………… 殷 蕾 / 114

B.12 "和美乡村"新图景的视听传播创新
——以文旅纪实节目《袅袅余音又一村》为例
………………………………… 郭 燕 刘梦雅 李静贤 / 126

B.13 蟳埔小渔村的文旅融合创新之路
——基于在地文化的网红旅游目的地发展研究
………………………………… 张文成 鄢婷婷 黄俊毅 / 135

B.14 "演出+文旅"消费模式经验探析与机制研究
——以山西太原为例 ……………… 禹雅慧 闫春辉 / 145

B.15 文旅融合与可持续发展路径研究
——以香港西九文化区为例 ……… 何昶成 刘若琪 / 159

B.16 寓教于旅：广州红色文化旅游精品线路的文化传承与地方协同
发展研究 …………………………………… 范韵诗 / 170

B.17 科技赋能与影视IP融合驱动下的洛阳文旅产业创新发展研究
……………………………………………………… 王 娜 / 180

B.18 影视作品引领陕西传统文化旅游热潮：从《长安十二时辰》
到《长安三万里》 ……………… 李建亮 封 奥 武 锐 / 191

B.19 联动融合：澳门"影视+文旅"产业发展特征与路径研究
……………………………………………………… 王毅萍 / 204

B.20 古诗词与新媒体艺术结合助力文旅产业发展
——以"天生我材·李白"为例 ……… 武 瑶 程嘉懿 / 218

Ⅳ 专题篇

B.21 中国传统村落开发模式研究
——以皖南古村落西递为例 ……… 吴志斌 阚维易 / 227

B.22 "人才—产业—社区"协同发展研究
——以天星村数字游民社区为例 ……… 顾毓敏 易美潮 / 248

B.23 民宿助力乡村振兴的逻辑理路与优化路径探微
　　　——基于巴渝民宿的案例实践 …… 姚　磊　李文静　王卢嫱 / 256
B.24 数字化赋能：地方非遗在文旅产业中的传承与创新
　　　…………………………………… 庞胜楠　张　婧　任一丹 / 267

Abstract ……………………………………………………………… / 276
Contents ……………………………………………………………… / 278

皮书数据库阅读**使用指南**

总报告

B.1 2023年中国文旅产业发展报告

司若 庞胜楠 刘学华*

摘　要： 2023年，中国文旅产业全面复苏，发展态势稳健。政府持续加大政策扶持力度，文旅市场活力逐步释放。新技术在文旅产业中的应用愈加广泛，以文旅赋能中华优秀传统文化两创取得新突破，数字文旅建设进展显著。文旅新业态、新模式不断涌现，文旅消费升级趋势明显，高品质、个性化、体验式的旅游产品和服务需求增加，文旅产业市场空间广阔。展望未来，中国文旅产业将继续在文旅深度融合、数字化和智能化、文旅消费升级等方面实现新的突破。

关键词： 文旅产业　产业融合　数字文旅　特色文旅

---

* 司若，博士，清华大学新闻与传播学院教授、博士生导师，清华大学影视传播研究中心主任，研究方向为影视传播、文化旅游等；庞胜楠，博士，清华大学影视传播研究中心助理研究员，研究方向为文旅产业、媒介效果；刘学华，博士，清华大学影视传播研究中心助理研究员，研究方向为电影产业、影视传播。

2023年是全面贯彻党的二十大精神的开局之年，也是实施"十四五"规划承上启下的关键之年。党的二十大报告提出："坚持以文塑旅、以旅彰文，推进文化和旅游深度融合发展。"① 2023年，为深入贯彻落实党的二十大精神，文化和旅游部等五部门印发《关于开展文化产业赋能乡村振兴试点的通知》，文化产业赋能乡村振兴相关政策和配套规划得到进一步完善；文化和旅游部发布《关于开展边境旅游试验区、跨境旅游合作区申报工作的通知》，在旅游推动共建"一带一路"高质量发展方面形成积极引导。2023年，国内旅游总人次48.9亿，较上年增长93.3%。②

2023年，中国旅游业迎来全面复苏，文化与旅游深度融合取得显著进展，并以数字化创新为引擎推动文旅产业高质量发展。随着中国居民出游意愿的提高，微度假、跨省游等热度持续，特色旅游领域取得创新性进展，智慧旅游技术的深度应用为游客提供了更为丰富、深入的沉浸式体验。同时，出入境政策的放开促使出入境游市场重启加速，旅游业正在进入高速回暖阶段。此外，在重大国际活动举办的基础上，中国文旅产业进一步拓宽国际视野，增强了中华文化的国际传播力与影响力。2023年，中国文旅产业在融合创新、质量提升、国际传播等方面取得显著成就，为构建新发展格局、推动高质量发展作出了积极贡献。

一 中国文旅产业的发展背景

（一）资源条件

2023年，中国文旅产业在深厚的文化底蕴与丰富的自然资源双重加持下，展现出巨大的发展优势，为产业的持续繁荣和深化创新奠定了坚实基础。中国作为拥有数千年文明史的国家，文旅资源与文化底蕴举世瞩目。浩如烟海的历史文物、博物馆藏品，以及遍布各地的文化景点、自然胜景，共同形成了文旅产业的独特魅力，吸引着全球游客的目光。

---

① 习近平：《高举中国特色社会主义伟大旗帜 为全面建设社会主义现代化国家而团结奋斗——在中国共产党第二十次全国代表大会上的报告》，人民出版社，2022，第45页。
② 《中华人民共和国2023年国民经济和社会发展统计公报》，国家统计局，2024年2月29日。

在交通基础设施建设方面，中国持续加大投入，不断完善交通网络。高速公路、高速铁路、航空运输等交通方式相互衔接，形成了高效便捷的旅游交通体系，为文旅资源的开发利用和产业的快速发展提供了有力支撑。与此同时，中国旅游市场持续扩大，国内游和境外游人数稳步增长。游客需求的多样化与个性化趋势日益明显，为文旅产业提供了广阔的市场空间和发展机遇。在科技创新方面，物联网、虚拟现实、人工智能等先进技术的应用在文旅产业中日益广泛，为产业的数字化、智能化发展提供了强大动力，持续推动科技创新与文旅产业深度融合。

（二）经济基础

稳固的经济基础为文旅产业的持续发展提供了有力支撑。2023年，中国经济展现出强劲的恢复势头，全年人均国内生产总值89358元，比上年增长5.4%[①]，为文旅产业的繁荣奠定了坚实基础。尤其是在数字化、智能化技术的推动下，文旅新业态如雨后春笋般涌现，沉浸式旅游、虚拟现实旅游、智慧景区旅游等新型旅游模式不断创新，为文旅产业注入了新的活力。

随着国内消费市场的逐步复苏，中国人均旅游消费呈持续增长态势。据统计，2023年，国内出游人次48.91亿，比上年增加23.61亿，同比增长93.3%。其中，城镇居民国内出游人次37.58亿，同比增长94.9%；农村居民国内出游人次11.33亿，同比增长88.5%。[②]旅游消费正成为重要消费领域之一。

各地区各部门认真贯彻落实党中央、国务院决策部署，加快健全现代文化产业体系和市场体系，积极推进文化企业发展持续回升向好，全国规模以上文化及相关产业企业实现营业收入129515亿元，比上年增长8.2%。文化服务业支撑作用增强，实现营业收入67739亿元，比上年增长14.1%，增速明显快于全国规模以上服务业企业整体水平；文化娱乐休闲服务行业快速恢复，实现营业收入1758亿元，比上年增长63.2%；文化新业态行业带动效应明显，特征较为明显的16个行业小类实现营业收入52395亿元，比上年增长15.3%；文

[①] 《中华人民共和国2023年国民经济和社会发展统计公报》，国家统计局，2024年2月29日。
[②] 《2023年国内旅游数据情况》，中华人民共和国文化和旅游部，2024年2月9日。

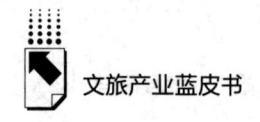

化企业经营效益持续提升，规模以上文化企业实现利润 11566 亿元，比上年增长 30.9%。①

（三）政策环境

2023 年，党中央、国务院高度重视旅游业发展，习近平总书记多次作出重要指示批示，强调发展旅游业是推动高质量发展的重要着力点。2023 年 7 月 24 日召开的中共中央政治局会议要求促进文化旅游等服务消费。旅游业涉及面广、带动力强、开放度高，是推动经济社会高质量发展、构建新发展格局的强大动力，也是满足人民美好生活需要的重要内容。

文化和旅游部以及国家有关部门联合下发数个关于促进文化和旅游消费及产业发展的意见或关联措施。乡村文化与旅游方面，文化和旅游部办公厅、教育部办公厅、自然资源部办公厅、农业农村部办公厅、国家乡村振兴局综合司联合印发《关于开展文化产业赋能乡村振兴试点的通知》，文化和旅游部办公厅、农业农村部办公厅印发《乡村文化和旅游带头人支持项目实施方案（2023—2025 年）》，文化和旅游部办公厅联合中国银行印发《关于金融支持乡村旅游高质量发展的通知》等，文化产业赋能乡村振兴相关政策和配套规划得到进一步完善。出入境游方面，文化和旅游部办公厅发出通知决定，2023 年 2 月 6 日起，试点恢复全国旅行社及在线旅游企业经营中国公民赴有关国家出境团队旅游和"机票+酒店"业务，为文旅交流增添新动能。非遗旅游方面，文化和旅游部、人力资源和社会保障部、国家乡村振兴局发布《关于公布 2022 年"非遗工坊典型案例"的通知》，确定 66 个 2022 年"非遗工坊典型案例"；国家文物局、文化和旅游部、国家发展改革委联合印发《关于开展中国文物主题游径建设工作的通知》，持续加强文物保护利用改革，并进一步明确相关工作安排及重点工作任务。数字文旅方面，工业和信息化部联合文化和旅游部印发《关于加强 5G+智慧旅游协同创新发展的通知》，推动 5G 智慧旅游协同创新发展。征集评选出 2023 年文化和旅游数字化创新示范十佳案例和 2023 年文化和旅游数字化创新示范优秀案例，持续加强文化和旅游数字化

---

① 《2023 年文化企业发展持续回升向好——国家统计局社科文司高级统计师张鹏解读 2023 年全国规模以上文化及相关产业企业数据》，国家统计局，2024 年 1 月 30 日。

建设。适老旅游建设方面，文化和旅游部办公厅、工业和信息化部办公厅、国家卫生健康委办公厅联合印发《关于开展老年旅游典型案例推荐遴选工作的通知》，共同遴选出一批促进老年旅游发展效果显著、老年人旅游获得感与幸福感明显、开发建设运营机制创新性强的标志性成果，形成一批可复制、可推广的经验、模式、做法，充分发挥示范引导作用，进一步推动践行积极老龄观，培育发展银发旅游经济。

在政策的激励和保障下，中国文化产业和旅游业高开稳走，全面复苏。市场主体日益壮大，市场规模稳定增长，市场需求持续激发，市场活力不断释放。中国正扩大对文化旅游产业的投资，吸引社会资本、民间资本及外资参与，构建多元化投融资机制，并推进产业上市以增强盈利能力和市场吸引力。加大文化旅游人才培养与支持力度，提升人才素质与创新能力，促进其与文化旅游产业同步发展。加强文化旅游标准化工作，提升服务水平和质量，加强行业监管，优化消费者体验与旅游形象，提升国际竞争力。在创新与研发方面，中国积极推动文化旅游与前沿技术融合，促进体验升级与产品创新，为产业可持续发展注入新动力。

随着中国文化影响力的日益增强，外国游客与投资者的涌入显著拓宽了市场范围、扩大了投资机遇，稳健地推动了文旅产业经济基础的发展。在全球化和信息化浪潮的推动下，中国的文旅产品和服务已逐步融入全球市场，加深了世界对中国文化与旅游资源的认知与了解，有力促进了文旅产业的繁荣。在政策、资源与经济基础的多重支撑下，中国文旅产业正朝着多元化、开放化及高质化的方向不断迈进。

二　中国文旅产业年度市场概况

（一）服务型政府理念提升文旅市场治理能力

2023年，市场服务质量的提升为旅游行业高质量发展提供了有力支撑。文化和旅游部文化市场综合执法监督局印发《关于开展旅游市场秩序整治百日行动的通知》，主动适应旅游服务质量提升工作的新形势、新要求，引导带动各地提升服务质量，为广大游客提供更加优质高效的旅游服务，并进一步加强旅

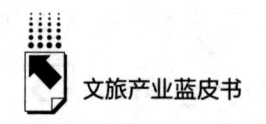

游市场执法，深入整治旅游市场存在的突出问题，维护好旅游市场秩序，促进包括游客在内的各方市场主体主动参与。举办文化和旅游市场服务质量提升活动，同时发布《全国文化和旅游市场信用体系建设报告》和全国旅游市场服务质量提升典型案例；公布了138个旅游市场服务质量监测点，部分区县和企业监测点代表进行了经验交流，从服务质量提升和信用体系建设以及国内游品质提升的新视野、新方法等多方面出发，有力推动旅游业高质量发展。

（二）国内旅游和出入境旅游逐步恢复

2023年，随着全球疫情逐渐得到控制，国内外旅游市场得以恢复。国内游客出行意愿和消费需求有较大回升。据统计，2023年，国内游客出游总花费4.91万亿元，比上年增加2.87万亿元，同比增长140.3%。[①] 同时，出入境旅游市场也有所回暖，随着全国旅行社及在线旅游企业经营中国公民赴有关国家出境团队旅游和"机票+酒店"业务的全面恢复，2023年上半年旅行出口达445.5亿元，增长52.4%；进口达6063.9亿元，增长66.4%。[②]

（三）节假日期间旅游市场强势复苏

2023年，节假日旅游市场复苏强劲、势头稳健。经文化和旅游部数据中心测算，2023年春节假期全国国内旅游出游3.08亿人次，国内旅游收入3758.43亿元，分别恢复至2019年同期的88.6%和73.1%[③]；清明节假日期间，全国国内旅游出游人次和国内旅游收入同比分别增长22.7%和29.1%，全国正常开放的A级旅游景区占A级旅游景区总数的84.5%[④]；"五一"假期期间，旅游市场需求充分释放，全国国内旅游出游合计2.74亿人次，同比增长70.83%，实现国内旅游收入1480.56亿元，同比增长128.90%，旅游人次和收入均超过2019年同期水平[⑤]；端午节假期期间，包含国内机票、酒店、周

[①] 《2023年国内旅游数据情况》，中华人民共和国文化和旅游部，2024年2月9日。
[②] 《商务部：上半年旅行服务已回升至我国第二大服务贸易领域》，人民网，2023年8月21日，http://finance.people.com.cn/n1/2023/0821/c1004-40060845.html。
[③] 《2023年春节假期文化和旅游市场情况》，中华人民共和国文化和旅游部，2023年1月27日。
[④] 《2023年清明节假期文化和旅游市场情况》，中华人民共和国文化和旅游部，2023年4月5日。
[⑤] 《2023年"五一"假期文化和旅游市场情况》，中华人民共和国文化和旅游部，2023年5月3日。

边游、中长线路游等在内的国内旅游服务延续复苏势头，243个国家级夜间文化和旅游消费集聚区夜间客流量3625.3万人次，平均每个集聚区每夜4.97万人次，较2022年同期增长38.8%①；中秋节、国庆节假期期间，国内旅游出游8.26亿人次，实现国内旅游收入7534.3亿元，按可比口径较2019年分别增长4.1%和1.5%②。此外，暑期国内旅游出游达18.39亿人次，实现国内旅游收入1.21万亿元，不少目的地接待游客人数达到历史最高水平。③

（四）文娱旅游有效激发消费活力

面对旅游需求持续复苏的关键契机，文化与旅游产品的多形态延伸促进文旅深度融合发展呈现新格局。"旅游+演出"市场的火爆带动二、三线城市成为文旅深度融合下的文化体验地和旅游目的地。中国演出行业协会数据显示，2023年"五一"期间，全国营业性演出31050场，与2022年"五一"假期相比增长417.5%，与2019年"五一"假期相比增长49.1%；票房收入15.19亿元，与2022年相比增长962.2%，与2019年相比增长18.4%；观众人数865.49万人次，与2022年相比增长333.2%，与2019年相比增长1.52%。④据测算，仅2023年中秋节、国庆节假期期间，演唱会和音乐节等大型演出活动带动交通、食宿、游览和周边购物等综合消费超过20亿元。⑤"旅游+影视"辐射带动线下旅游目的地走红。影视产品长尾效应显现，电影《长安三万里》上映后重庆白帝城游客陡增，四川省松潘县在暑假期间日接待游客超过2万人次；电影《封神》热映后，殷墟景区暑假游客数量增至16万人次以上，其中研学营地接纳游客突破2万人次⑥。

---

① 《2023年端午节假期文化和旅游市场情况》，中华人民共和国文化和旅游部，2023年6月24日。
② 《2023年中秋节、国庆节假期文化和旅游市场情况》，中华人民共和国文化和旅游部，2023年10月6日。
③ 《2023年暑期旅游市场监测报告》，中华人民共和国文化和旅游部，2023年9月4日。
④ 《2023五一假期全国演出市场简报》，中国演出行业协会，2023年5月4日。
⑤ 《演出市场 供需两旺》，《人民日报》2023年11月21日。
⑥ 《"五一"假期安阳文旅成绩单：664.88万人次！43.69亿元！》，河南省人民政府，2024年5月5日。

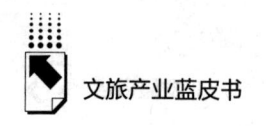

（五）体育旅游激活融合发展动能

商业体育赛事和群众体育赛事为城市旅游市场提供了更高品质的内容体验。中国田径协会数据显示，仅2023年上半年，已有68家国内赛事组委会通过中国田径协会向世界田联申请标牌，创历史新高，在中国田径协会备案的路跑赛事达133场①，这一数字是2022年全年场次的2倍多。群众体育赛事方面，"村BA""村超"等赛事为"体育+旅游"树立典范。据当地旅游部门测算，"村BA"发源地台江县2022年7月至2023年5月旅游总人次和旅游综合收入同比分别增长38.79%和81.72%②；2023年5~6月，"村超"举办地榕江县累计接待游客42万余人次，实现旅游综合收入超1.3亿元③。

三 中国文旅产业发展的重大举措

（一）国家出台政策激发文旅产业活力

2023年，中国文旅产业稳步前进，文旅行业迎来国内旅游三年提升计划，恢复和扩大消费措施等政策的支持力度和社会关注热度空前。为持续推动文旅产业提质增效和转型升级，国务院办公厅印发《关于释放旅游消费潜力推动旅游业高质量发展的若干措施》，这是2023年以来国家系列促进文旅消费政策的延续和深化，为旅游业高质量发展提供指引，进一步发挥旅游业对推动经济社会发展的重要作用。文化和旅游部发布的《国内旅游提升计划（2023—2025年）》中的主要任务有利于进一步激发旅游消费潜力，扩大旅游消费规模，加快转型升级步伐，实现质的有效提升和量的合理增长。

此外，文化和旅游部推出首批中国特品级旅游资源名录，实施国家智慧旅游建设工程、美好生活度假休闲工程，推进国家旅游风景道建设，实施中华文化主题旅游线路推广工程，持续做好"旅游中国 美好生活"国内旅游宣传

---

① 《2023中国田径协会路跑工作报告》，中国田径协会，2023年3月17日。
② 《一"赛"火百业兴 "村赛"爆火背后的乡村振兴观察》，《经济参考报》2023年7月3日。
③ 《榕江："村超"助力旅游业持续升温》，榕江县人民政府，2023年6月19日。

推广工作，组织好"读万卷书　行万里路""跟着季节游中国""城市巡游记"等专题旅游推广活动，为文旅高质量发展提供保障。

（二）特色工业旅游助推资源高效利用

2023年，为促进资源活化、实现遗产高效利用，文化和旅游部根据《国家工业旅游示范基地规范与评价》行业标准，确定重庆市816工业旅游景区、重庆工业文化博览园等69家单位为国家工业旅游示范基地，为中国工业旅游发展树立"样板"。首钢园作为奥运、工业双重遗产的旅游目的地，在北京冬奥会后持续发挥"双奥"IP影响力和工业特色风貌吸引力，元旦跨年、中秋国庆"双节"以及2023年服贸会期间的游客接待量屡创新高，成为工业旅游的标志性目的地。辽宁省充分利用自身工业遗产资源数量多、分布广、价值高的优势，通过工业旅游唤醒遗产，成功将工业"锈带"转化为文旅"秀带"。上海市文化和旅游局指导开展了"上海工业旅游主题日"活动，遍布上海16区的10大主题39条工业游深度体验线路发布，进一步丰富了上海工业旅游的内涵。

（三）文旅开发培育乡村振兴多元路径

2023年初，中央一号文件《中共中央　国务院关于做好2023年全面推进乡村振兴重点工作的意见》公布，明确和强调实施乡村休闲旅游精品工程、推动旅游景区与乡村旅游重点村一体化建设等工作要求。作为重要配套措施，文化和旅游部、人力资源和社会保障部、国家乡村振兴局公布66个"非遗工坊典型案例"，引导开辟非遗事业发展新路径，带动更多群众通过参与非遗保护传承实现稳定就业增收。

在旅游业培育乡村振兴优势的过程中，数字经济赋能发挥了重要的抓手作用。2023年3月，文化和旅游部资源开发司印发《"美好乡村等你来"乡村旅游数字提升行动方案》，正式启动"美好乡村等你来"乡村旅游数字提升行动，通过线上线下相结合的形式展示乡村风光和新时代发展风貌，激发乡村旅游消费潜力和内生发展动力。此外，文化和旅游部全国公共文化发展中心联合各省（区、市）推出的"乡村网红"培育计划项目已实施3年，跨越19个省（区、市）37个市县。该项目挖掘、孵化和培育了一批乡村振兴带头人，与多

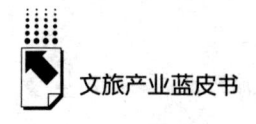

个平台策划实施了"村里有个宝""乡村振兴红力量"等活动内容①，全面展示乡村振兴成果，带动周边民宿提质增收，通过乡村民宿等增加就业岗位与收入。

2023年3月，广西大寨村和重庆荆竹村获评联合国世界旅游组织"最佳旅游乡村"；2023年5月，联合国粮农组织举行全球重要农业文化遗产系统授证仪式，中国河北涉县旱作石堰梯田系统、福建安溪铁观音茶文化系统、内蒙古阿鲁科尔沁草原游牧系统和浙江庆元林—菇共育系统等作为新认定的重要农业文化遗产系统被授予证书。在文旅开发与培育的关键助力下，乡村作为国内国际旅游目的地的建设工作取得显著成果。

（四）业态融合赋能文旅产业创新升级

2023年，中国文旅产业在旅游消费需求持续释放的有利条件下，行业主体创新不断涌现，多元化业态赋能推动旅游供给提质升级。文化和旅游部相继公布第二批和第三批国家级旅游休闲街区。休闲街区建设引导开发更具交互性的旅游体验模式，使夜游博物馆、围炉煮茶体验等文旅融合产品成为拓宽街区夜间经济发展渠道的创新选择。以城市漫步（City Walk）为代表的沉浸式旅游在乐于追求小众体验的年轻游客群体中迅速走红，深度沉浸式旅游呈现快速增长的态势。康养体验在家庭消费中的优先级不断提升，露营游成为文旅和健康融合发展的有力抓手。

（五）旅游业对外开放重塑可持续价值

2023年，旅游业对外开放重塑出境游和入境游市场，旅游业的可持续发展价值得以恢复和提升。随着全国旅行社及在线旅游企业经营港澳台居民、外国人入境团队旅游和"机票+酒店"业务的全面恢复，2023年上半年中国旅行服务进出口总额6509.4亿元，同比增长65.4%，是增长最快的服务贸易领域。② 其中，中国旅行出口额445.5亿元，增长52.4%；进口额6063.9亿元，

---

① 夏瑾：《文旅平台助力社会力量　培育乡村振兴内生动力》，《中国青年报》2023年3月14日。
② 《商务部服贸司负责人介绍2023年上半年服务贸易发展情况》，中华人民共和国商务部，2023年8月3日。

增长66.4%；旅行服务贸易占中国服务贸易整体比重达20.8%，比2022年同期提升7.2个百分点，旅行服务已经回升至中国第二大服务贸易领域。① 未来，相关政策的进一步实施将给旅行服务、民航、酒店等旅游及相关产业的持续性增长带来契机。

四 专项文旅产业的业态特征

（一）共建"一带一路"倡议十年文旅发展成绩斐然

2023年是共建"一带一路"倡议提出十周年。作为共建"一带一路"倡议推行的重要组成部分，文化和旅游领域成果颇丰。官方合作持续深化，截至2023年6月底，中国已与144个共建"一带一路"国家签署了文化和旅游领域合作文件，已在44个国家设立46家海外中国文化中心，其中32家设在共建"一带一路"国家；在18个国家设立20家旅游办事处，其中8家设在共建"一带一路"国家。② 人文交流活动推陈出新，诸如"文化丝路"、"欢乐春节"以及"艺汇丝路"等具有代表性的节庆品牌活动正不断丰富着民间文化旅游交流的内容。文艺共创共享工程稳步推进，如"一带一路"主题舞台艺术作品创作推广项目、"一带一路"国际美术工程等成果不断涌现。同时，丝绸之路国际剧院联盟、博物馆联盟、艺术节联盟、旅游城市联盟等文旅合作平台也在不断拓展。随着共建"一带一路"倡议的深入实施，共建"一带一路"国家成为众多游客的目的地之一，共建"一带一路"国家的旅游资源丰富，文化形态多样，有利于游客出行开阔视野，满足游客的不同需求。"一带一路"文化交流是对中华优秀传统文化的传承和发展，是创造新时代新文化的重要实践抓手，深刻体现了中华文明突出的包容性与和平性，彰显了大国风采。

（二）出境游快速升温，文旅交流焕发新活力

随着国内外旅游政策环境的持续优化，2023年，中国的出境游市场呈现

---

① 《我国旅行服务进出口同比增长65.4% 民众出行热情加速释放》，央视网，2023年8月22日。
② 《共建"一带一路"：构建人类命运共同体的重大实践》白皮书，国务院新闻办公室，2023年10月10日。

蓬勃发展态势，出境游市场不仅在规模上实现了快速恢复，更在旅行方式和消费模式上展现了全新的面貌。文化和旅游部多批次发布恢复旅行社经营中国公民赴有关国家和地区出境团队旅游业务的通知，中国公民出境游的目的地范围不断扩大。欧洲以其丰富的历史文化和自然风光成为出境游的首选；亚洲地区凭借地理优势和深厚的文化底蕴紧随其后；非洲、北美洲、大洋洲和南美洲也各自展现出独特的魅力，吸引着越来越多的中国游客。出境游业务的恢复带动了全球旅游市场的增长。在文旅融合的大背景下，出境游不仅成为满足人们精神文化需求的重要途径，也为推动国内外旅游业合作与交流发挥了积极作用。

（三）体育旅游跑出融合"加速度"，激发文旅新亮点

体育是发展旅游产业的重要资源，旅游是推进体育产业发展的重要动力，两者结合成为当下文旅融合发展的新趋势。2023年，体育文旅迎来新的发展契机，政策的扶持为体育文旅的发展奠定了基础，推动体育文旅产业发展步入快车道。一方面，大型体育赛事的举办带动周边城市文旅产业发展，根据《2023中国路跑赛事蓝皮书》数据统计，2023年全国范围内共举办800人以上规模路跑赛事699场，总参赛人次为605.19万，赛事为参赛者提供享受比赛、享受运动机会的同时，也提供了一个激发城市发展新动能、提升城市创新发展活力的契机。另一方面，民间自发的体育赛事项目逐渐增多，伴随"村超""村BA"的走红，赛事开启乡村振兴"新赛道"，不仅丰富了人民的生活，也极大地提升了举办地的人气和知名度，盘活了当地体育文化、民俗文化和乡村旅游资源，促进了地方农民增收，作出了文体旅赋能乡村振兴、激活县域经济互促提质的有益实践。

（四）"影视+旅游"多元发展，丰富文旅消费体验

2023年，中国文艺创作产品竞争力不断提升，有力带动了国内文化消费市场的复苏。《去有风的地方》一经播出，作为取景地之一的大理成为开年热度最高、话题性最强的地区之一。据大理州文化和旅游局统计，春节假期期间，全州共接待游客423.93万人次，同比增长219%；实现旅游业总收入31.6亿元，同比增长162%。[①] 大理古城、双廊文化旅游区等多个景点接待游客同

---

① 赵子忠：《融合创新赋能大理实力"出圈"》，《大理日报（汉）》2023年3月3日。

比增长超过 10 倍，餐饮、民宿等乡村旅游产业迎来发展利好。"影视+文旅"的跨界融合正被越来越多的作品所运用，包括正在蓬勃生长的微短剧。在当前文旅融合大背景下，剧作与旅游市场的深度融合，既给予剧作更多的创作机遇和空间，也助力取景地塑造具有深厚文化底蕴和鲜明时代特色的文化标识。通过与影视产业的结合，文化旅游得以从不同视角展示城市的独特魅力，间接推动区域经济的持续发展。

（五）主题旅游驱动文旅新风尚，情绪实践与消费需求共融

2023 年，随着文化和旅游消费持续复苏回暖，主题旅游不断挖掘本土优势，给游客带来双重体验，主题乐园的年轻化、娱乐性以及丰富的游玩项目使游客既能轻松游玩，也能更好地体验城市的文化，增强了互动性。"特种兵"式旅行和城市漫步成为年度最具代表性的旅行方式。此外，"躺平式旅游""反向旅游""寺庙旅游""多巴胺式旅游"等新玩法层出不穷。一方面，文旅消费需求得到集中释放，"高性价比"成为文旅消费的重要前提；另一方面，文旅消费进一步分层分级，是否满足个人情绪价值成为年轻人消费的重要标尺。

（六）城市 IP 联动文旅展现地方品牌新样本

2023 年，从淄博、贵州再到哈尔滨，越来越多的城市打造出"能为自己代言"的城市 IP 以提升城市知名度。2023 年 3 月初，"大学生组团坐高铁去淄博撸串"的话题登上微博热搜，随着烧烤的火爆出圈，淄博从一座三线城市一跃成为热门旅游目的地。据淄博文旅局数据统计，仅 2023 年 3 月，淄博接待了超过 480 万名外地游客，同比增长 134%，旅游收入增长 60%。[①] 为迎接旅游旺季，哈尔滨更是在 2023 年 1 月就开展夏季的避暑旅游"百日行动"和冬季的冰雪旅游"百日行动"。[②] 城市 IP 成功出圈的背后是从政府到市场再到百姓的多方跨界联动，社交媒体的传播和讨论同样功不可没，其给城市带来巨大话题度、关注度的同时，也有效带动了当地经济社会发展，提升了居民自豪感。

---

① 《淄博烧烤背后是人与城的双向奔赴》，中国经济网，2023 年 4 月 18 日，http://m.ce.cn/lv/fo/202304/18/t20230418_ 38503666.shtml。

② 蔡韬：《做足"冰雪+" 激情迎"亚冬"》，《黑龙江日报》2024 年 3 月 13 日。

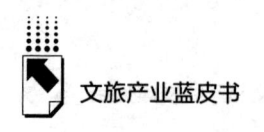

五 中国文旅产业的未来发展趋势

（一）传统文化传承发展有序推进

建设中华民族现代文明是新时代的文化使命。2023年6月2日，文化传承发展座谈会在北京召开，习近平总书记提出中华文明的五个突出特性，殷切嘱托赓续中华文脉、推动传统文化创新发展。文化旅游相关工作仍将深植中华优秀传统文化丰厚沃土，以产业力量激活中华优秀传统文化，持续以产业路径不断推动中华优秀传统文化的创造性转化和创新性发展。一是文物和文化遗产保护力度持续加大，传承与利用工作有序推进；二是以中华优秀传统文化为元素、为主题的优质文旅精品项目将更多呈现；三是数字化有力促进中华优秀传统文化的转化发展与现代融入；四是"国潮文化"持续赋能行业发展，丰富"Z世代"时尚生活。

（二）AIGC赋能文化产业全链提质增效

2023年是生成式AI飞速兴起的一年，大模型也将向多模态、通用化和行业专属化发展，智能、普惠与原生应用作为AIGC的主要趋势特征将赋能文旅产业在自身行业发展上实现效能升级。首先，AIGC技术突破将推进文旅产品数字内容创新。其次，AIGC应用下更多的文旅创新场景将被催生，生成式人工智能发展下大模型文生图、文生视频等能力突破式增长，文旅领域将出现更多的创新应用场景。再次，人工智能技术深度优化文旅服务，AIGC介入下的景区服务将在智能推荐、智能客服、智能导览以及智能营销等方面深化数字文旅服务功能与体验。最后，AIGC赋能文旅产业走向规范化发展道路，《全球人工智能治理倡议》表明，中国正式提出人工智能发展安全治理的中国方案，将带头在世界领域深化文明互鉴的数字新风。

（三）乡村旅游成为协调城乡经济重要桥梁

乡村旅游一直是国内旅游业的重要组成部分。随着乡村振兴战略稳步推进以及大众对生态环境、文化传统和健康休闲等的需求日益增强，乡村旅游的发展更加多姿多彩，种植、采摘、DIY、度假康养等多元化的旅游产品带动游客更好地了解和融入当地风俗文化。智能化、数字化创新持续推动着旅游服务效率和用户体验的提升，如虚拟导游、农场预约等。乡村旅游的快速发展解决了农村经济转型中的一些顽固性问题，通过村民的创业、就业与增收加速了当地农产品的产业化、网络化和品牌化等方面的发展。乡村旅游在促进人口流动的同时进一步推进城乡文化的交流交融，有助于实现城乡的共同发展和共同繁荣。

（四）银发群体有望成为文旅消费新增长点

中国老龄化具有未富先老、基础庞大、老龄加速以及老龄化叠加数字化发展等特征，老龄化客观现状与发展趋势使文旅产业拥抱老龄化后将带来更多变化与机遇。其一，数字科技结合及智慧养老在满足老年人精神文化需求方面具有较大发展空间。情感陪护、休闲娱乐、信息文化等行业面临适老化数字转型升级的新机遇。其二，为满足老年人精神需求的悦己消费催生的新行业、新业态、新场景即将陆续涌现。老年大学、老年健身场所等创新业态场景将成为消费新趋势。其三，"银发一族"旅游消费需求将持续释放。老年研学主题游、康养疗愈游、旅居自驾游、聚会酒店游等广受欢迎，有望形成中国旅游的新增长点。

（五）细分市场与新需求不断涌现

2023年，高品质、个性化的供给成为旅游目的地出圈的关键，也是大众旅游全面发展阶段的显著特征与长期趋势，推动了旅游场景、产品和服务的创造性提升和创新性发展。一是基于人民美好生活需要的新需求、新场景、新理念催生新业态、新潮流、新经济。二是短距离、个性化、强体验的文旅全消费路径正在构建，中国旅游消费向"三区一圈"集中。露营、市集、演出、新型室内沉浸式乐园等各种中低投入的小文旅产品也将批量涌现，成为异军突起的文旅增量市场。三是互联网平台经济催生文旅共创共享生态圈。互联网带来文旅共创共生的"产消合一"时代，催生了"受众主体共创共生"——以小红书、抖音为代表的互联网平台助推圈层经济发展，核心人群定位与"贴标签""种草"背后，是以游客视角为中心，精准定位目标人群、精心策划高感

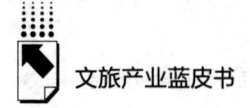

染力和创意力内容，并运用新媒体进行共享创意传播；"在地文化共融共生"——在地核心文化通过共融共生释放出文化旅游强吸引力。

综上所述，2023 年全国文化和旅游系统开拓进取，强化产业顶层设计，释放文旅消费潜力；推动产业深度融合，促进新型业态蓬勃发展；积极扩大有效投资，着力优化企业服务；强化区域协同，提升对外贸易质量，各项工作取得积极成效。未来，应进一步发挥文旅在稳增长和扩内需中的重要作用，使其成为发展新质生产力的动能和高质量发展的着力点。

分报告

B.2　2023年中国城市文旅发展报告

刁基诺*

摘　要： 2023年中国城市文旅的发展呈现强劲态势。通过对该年度的热点事件、市场数据、政策及发展概况进行梳理，发现该年度城市文旅的发展特点主要集中在两个方面：政府重视基础设施建设及公共文化服务效能提升，青年群体成为城市文旅消费主力军。据预测，未来城市文旅的发展方向主要为与传统文化、科技发展、乡村振兴、银发经济、夜间经济等五个维度进行深度融合。

关键词： 城市文旅　消费需求　公共文化服务　青年群体

一　中国城市文化和旅游市场发展概况

2023年，借由中国文化产业和旅游行业的全面复苏，城市文化旅游业不

---

* 刁基诺，中国传媒大学文化产业管理学院讲师，中国传媒大学青年拔尖人才，研究方向为文化产业、文旅融合、影视传播。

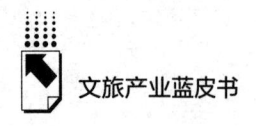

断加快发展，市场规模稳定增长，在社会的高度关注下，市场活力和需求得到持续释放和满足。

2023年，全国旅游业快速回暖，仅前三季度旅游人次与收入就已超过2022年全年水平，假日旅游收入总计13476.76亿元，同比增长82.25%；七个主要节假日旅游人次达15.91亿，同比增长42.8%。尤其是中秋、国庆双节期间，群众假日出游意愿得到集中释放。从全国各城市的旅游消费数据来看，得益于免税零售业态等特色资源，海南省居于全国首位，人均消费达2014.56元，凸显出强劲的消费能力。① 文化旅游市场的优秀表现已经为中国经济发展注入新活力。

全国各省区市优异的文旅市场表现离不开政府相关部门的工作指导和政策支持。2023年，中国城市文旅政策的出台呈现重行业规范、地方针对性强、领域范围广的态势。从国家宏观政策颁布及推进情况分析，政策主要面向产业的高质量发展要求，以数字化为产业发展重点任务，紧密联系社会经济发展阶段特征，颁布了《关于加强5G+智慧旅游协同创新发展的通知》《元宇宙产业创新发展三年行动计划（2023—2025年）》等。在此背景下，科技创新释放了数字文旅的活力。城市文旅的新场景和新业态不仅丰富了消费者的体验，也推动了"5G+"、元宇宙、沉浸式体验新空间等城市文旅产业的数字化进程。

2023年，文化和旅游部出台多个文件如《文化和旅游标准化工作管理办法》《国家级文化产业示范园区（基地）管理办法》等强化行业规范，不断强调市场标准、秩序规范、管理方式的重要性，为文旅产业发展提供稳定保障。总体来看，2023年文旅政策强化行业规范，着力建设文旅市场信用体系，以多项行业规范为文旅产业健康发展提供政策支持。另外，着重将融合理念贯穿发展始终，颁布了《关于推动非物质文化遗产与旅游深度融合发展的通知》等，从行业和区域层面明确了文旅深度融合的发展路径。

2023年，文化和旅游产业的高频关键词主要聚焦于"文旅消费""数字文旅""融合发展""乡村振兴"等。其中，将释放文旅消费潜力、加快产业的转型升级作为重点关注领域。国家发展改革委出台的《关于恢复和扩大消费的措施》明确要求丰富文旅消费，推动夜间文旅消费创新发展。真正将文旅

---

① 北京京和文旅发展研究院：《中国文化产业和旅游业年度研究报告（2023）》。

消费扩容提质支撑多元融合消费体系作为工作重点，指出文旅产业作为连接性产业，恢复扩大消费的举措对优质文旅产品内容供给提出更高的要求。国家层面陆续出台的《关于组织开展2023年文化和旅游消费促进活动的通知》《关于释放旅游消费潜力推动旅游业高质量发展的若干措施》等对文旅消费提升的重点范围进行了锚定和校准。与此同时，针对文旅产品供给、智慧旅游沉浸式体验新空间、文化和旅游数字化创新示范案例的聚焦也成为政府在中国城市文旅发展方面的重点工作。结合《"十四五"文化和旅游发展规划》，2023年，多个省份明确文旅产业的重点项目清单，推进重大文旅产业项目的落地发展。从省区市级文旅政策的颁布情况看，2023年，全国超过20个省级行政单位出台了多项促进文旅产业复苏振兴的政策举措，北京市、江苏省、浙江省、山东省等地的文旅政策数量位居全国前列。从金融支持、消费引导、产品供给等市场落地政策支持来看，江苏省、湖南省、福建省先后出台了"江苏文旅15条""湖南文旅20条""福建促进文旅消费27条"等政策，真正释放了文旅经济的市场动能。

二 2023年中国城市文旅热点事件

2023年，城市文化和旅游市场活动丰富，从"旅游+"到"+旅游"，涵盖了演艺市场、非遗体验、夜间文旅、文创产品、景区景点、主题乐园等众多领域。文旅市场的"红利"也催生了"南北迁徙""反向旅游""长线旅游"等创新消费场景。南方避寒旅游持续升温。更有"反向旅游"作为一部分游客避热就冷的选择成为文旅新宠，一些原本关注度不高的地方成为消费者的新需求，主打放松随性，这缓解了热门景点爆满的旅游压力，释放了文旅新动能。各个产业在与旅游融合中涌现出新的火花，体现了文旅产业的活力，年度城市文旅的热点事件也证明了文旅融合背景下多元消费的重要作用。

（一）"City Walk"成为城市文化旅游融合的流行趋势

"City Walk"由"city"和"walk"两个单词组合而成，直译为"城市漫步"，指在城市中随意走走，通过路线行进体验城市文化。作为一种无目的、随性的旅游方式，其参与者不仅可以是外地游客，也可以是本地居民。通过"City Walk"，人们可以更好地领略城市的文化和历史，去探索日常生活中被忽略的路线和角落，并享受深度游览城市的体验。作为一种可以不做攻略、轻松自在、漫无目的、高性价比的旅行选择，"City Walk"成为2023年度最具代表性的城市文化旅行方式。通过"City Walk"探讨如何依托城市存量资源发展创新项目，是对城市更新最因地制宜的改造探索。① 以南京为例，2023年9月9日，南京市文学之都促进会、世界文学客厅、金陵图书馆共同举办了"诗意文都 边走边读"——2023阅读马拉松"City Walk"活动。该活动依托《南京六千年》一书，通过历史、文化、时间、赛事四个维度，带领人们开启一场融入古都城市发展的文学"City Walk"。

2023年，中国"City Walk"在商业价值和文化融合方面都有了新的发展和突破。据库润数据统计，参加者多为18~35岁的青年人，都对社交热点话题有较高兴趣和尝试意愿。成都、重庆、南京、上海、北京、天津、青岛、福州、西安、泉州等成为热门打卡城市。"City Walk"的流行也与2020~2022年疫情影响下的生活方式变化息息相关。这三年的生活让越来越多的人从中长线旅游的选择中回归，重新发现并欣赏身边的美好风景，体验日常的平凡生活。从文旅消费中体验更多的情绪价值成为发展的新动力。用步行的方式了解一个城市的景区、度假区、街区还有商圈，像是真正触摸一个城市的肌理，感受城市的温暖和烟火气。

（二）淄博烧烤为城市文商旅融合提供新思路

2023年，淄博以其独特的文化底蕴、旅游资源、特色美食以及政府和人民的真诚热情吸引了游客的目光。据统计，在2023年上半年淄博社会消费品零售总额中，住宿餐饮业和营利性服务业的增长尤为显著，分别达到9.9%和12.9%。全市现代服务业的增加值也增长7%，对经济增长的贡献率更是高达35.1%。② 在淄博烧烤热度影响下，2023年"五一"假期，淄博站客运发送连

---

① 《淄博、尔滨何以成顶流？网红城市有可能被复制吗？专访戴斌》，搜狐网，2024年3月1日，https://travel.sohu.com/a/761255052_161795。
② 中国民营文化产业商会、中国人民大学文化产业研究院、腾讯文旅产业研究院：《2023中国文化产业发展概况回望报告》。

创新高，累计发送旅客240252人次，较2019年同期增长8.5万人次，增幅为55%。淄博市"五一"假期平均每日接待游客20万人次，五天累计近100万人次。① 假若按照每天每人300元的标准计算，淄博市"五一"旅游收入至少可达3亿元。

淄博文商旅融合的经验可以为其他城市文旅项目的部署和开展提供借鉴。

第一，需要明确商务局在淄博文商旅融合中的角色地位，了解政府多方合作统筹思路及推广逻辑。在"烧烤"活动中，将淄博市商务局作为主导部门是正确的选择。淄博案例最初不是"目的地旅游"营销活动，而是"商务领域"的美食营销活动。2023年3月10日的新闻发布会被看作淄博市政部门全面介入商旅融合的起点。淄博市商务局党组书记、局长殷启迪表示，淄博市商务局将联合各有关部门提前做好往返旅客的数量研判，防止出现旅客滞留问题。如在火车站安排志愿者，对途经烧烤店的旅游路线进行摸排，政府为旅客提供了一系列咨询推介等服务。② 而淄博市文化和旅游局的工作则是统筹文旅资源，力求打通"吃住行游购娱"各要素。在各部门共同协作下，形成以商务局为主导，其他各部门联合行动的整体规划。

第二，需要以全局意识观提前规划项目发展。"淄博烧烤"是在多方前期"不经意地""完善准备"下，才成就了超大型旅游活动。未来，其他城市准备推行活动时，可以在最初就"有意识地"安排好可能会用到的资源，比如住宿。回看淄博案例，事实上最初针对外地大学生推出的免费或者半价入住的"青年公寓"早在2022年8月就已初具规模，经办部门淄博市委人才办和共青团淄博市委的初衷是吸引青年人才，和旅游关联不大，也不是政府部门的淄博烧烤旅游配套措施。倘若在淄博烧烤热度起来后再做住宿支撑，未必能有完美契合的时间节点。

第三，需要了解舆论传播机制，引导私域流量与政府影响力合作推动。淄博烧烤是自下而上进行舆论发酵，由私域流量、融媒体传播齐助力引致热度持续，从而迅速扩大影响的现象级事件。淄博烧烤以"散客"形态开启，利用

---

① 《多项创历史最高纪录！"五一"假期淄博站发送旅客24万人次》，《齐鲁晚报》2023年5月4日。

② 王昭越：《淄博烧烤节要来啦：淄博发布烧烤出圈"新姿势"》，《鲁中晨报》2023年3月11日。

线下口碑流量和游客拍摄的短视频传播，引发了舆论热度。淄博文旅则在4月以后加入营销，举办了烧烤专列营销活动。事实上，"列车营销"并不新颖，早在10多年前，山东省旅发委就以高铁车厢为场地开展旅游营销活动，但传统媒体时代面临现场受众有限的问题，传播效果平平。而社交媒体时代，烧烤专列营销加入了受众视角的短视频传播，营销活动之后，以"烧烤专列淄博文旅局投喂游客"为焦点的短视频广泛传播，再加上各类官方新媒体、网红自媒体的助推，其才成为"爆款"营销活动。

第四，需要以区域热点为支点，利用传播辐射带动周边地区发展。山东省文化和旅游系统借势介入，铁路系统提供强力支持。"五一"假期内，淄博站共开行旅客列车832个班次。每日加开去往青岛、济南、烟台、潍坊、菏泽等城市列车13趟，其中夜间淄博返回济南列车4趟。5月3日，淄博至济南加开了21点至24点的列车C968、C970次，以应对返程客流高峰。①周边城市文旅负责人也直接进行了"现场营销"。这种淄博烧烤关联的营销场景形成了由点及面的传播流量。

一方面，从政府到市场再到百姓的多方跨界联动无疑给城市品牌塑造提供了样本。另一方面，社交媒体的传播和发酵作用功不可没。需要特别注意网络及融媒体传播渠道对政府人员提出的新要求。当淄博烧烤逐渐在公众眼里和网络舆论中成为旅游热点话题时，淄博市各级文旅局已经要面对各种各样的"喊话""证明""投诉""求助"等，这些场景比以前传统媒体下文旅工作者的遭遇要复杂得多。如何把握好"度"，做到既接地气，又能代表政府形象，需要进一步研究和思考。

三 2023年中国城市文旅发展特点

2023年，中国城市文旅发展的一大特点是政府重视基础设施建设及公共文化服务效能提升。中国城市文旅的重要发展抓手是基础设施建设，一个城市的铁路、航运等大交通，便利的市内地铁、公交、网约车、共享单车等，都是

---

① 《多项创历史最高纪录！"五一"假期淄博站发送旅客24万人次》，《齐鲁晚报》2023年5月4日。

打造城市文旅品牌的重要基础。地方党委政府首先还是要高度重视市场环境的营造，要掌握旅游经济运行、旅游目的地建设的基本规律，想方设法提升城市基础设施建设水平，以满足游客的核心需求。服务型政府追求"以人为本"，致力于提升文旅市场的治理能力。管理主体密切关注市场发展前沿，持续完善行业标准体系，这种温暖的文旅服务理念密切了政府与群众之间的关系。

只有不断提升基层的公共文化服务供给数量，提高民众参与度，公共文化服务的效能才能稳步提升。对城市文旅来说，除了要丰富基层公共文化服务形态，还要完善满足群众多元化需求的重要载体。在全国旅游客源地和旅游目的地的排名中，广东都名列前茅，这么好的表现与当地的消费基础息息相关。广东是全国经济最发达的省份之一，客源基础比较坚挺。尤其是得益于港珠澳大桥的开通以及"一地两检"等便利化通关政策对港澳市场的推动，广东省2024年春节假期出境游约360万人次、入境游约323万人次，其中71%是香港、澳门和珠三角之间的互动。

2023年，中国城市文旅发展的另一特色是青年群体成为消费主力，旅游需求也随之发生转变。青年群体成为城市文旅特色发展的重要推手。2023年，"特种兵式旅游"于"五一"假期左右迅速成为热点旅游方式，频频登上抖音、小红书等各大社交媒体热搜。"特种兵式旅游"以大学生等年轻群体为主，指的是因时间、预算有限，在最短时间内安排密集行程、打卡最多景点的旅游方式。如30小时往返1300公里，打卡十几个景点，日行两万步。在国家语言资源监测与研究中心发布的"2023年度十大网络用语"中，"特种兵式旅游"入选榜单。另外，以青年群体为主的"寺庙游"也在2023年爆火。去哪儿旅行携手小红书发布的2023年《五一旅行趋势报告》中指出了十大旅行趋势，"上香青年"位列其中，小红书中有关"寺庙"的笔记也颇具热度。一方面，年轻人面临工作和生活压力，有新奇想法，善于挖掘美好，也有热情付诸行动，这些新型旅游方式满足了年轻人的情绪需求；另一方面，年轻人更注重个性化体验，能创造出更多旅游新方式和新表达。同时，年轻人更善于使用内容平台和社交媒体，相关旅行视频和攻略的发布也反复助力热点形成。

旅游需求也在越来越向"小而确定的幸福"倾斜。城市文旅的消费市场逐渐下沉，青年群体对城市文化旅游的需求更加个性化和多样化，群众消费意愿更趋理性。一方面，文旅消费需求得到集中释放。与此同时，"高性价比"

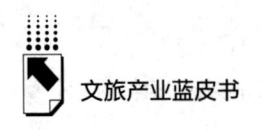

成为文旅消费的重要前提。另一方面，文旅消费进一步分层分级，是否提供情绪价值成为年轻人消费的重要标尺。

四 中国城市文旅发展的未来趋势

一是传统文化与城市文旅深度融合发展。在2023年6月召开的文化传承发展座谈会上，习近平总书记殷切嘱托推动传统文化的创新发展。未来，要发展城市文化旅游，需思考如何让中华优秀传统文化在城市文旅的载体中生生不息，打造更多优质的文旅精品项目；如何用数字化手段促进中华优秀传统文化在城市文旅中深度融入；如何利用"国潮文化"持续赋能城市文化旅游行业的发展；等等。

二是科技发展与城市文旅深度融合发展。AIGC赋能文化产业全链条，对于文化产业和旅游业而言，这类技术大模型已经在智慧旅游等领域得到应用，未来将引发城市文旅的智能化服务、个性化定制等更深层次的商业模式变革。首先，要思考AIGC技术突破将如何推进文旅产品数字内容的创新。其次，Sora、LTX Studio等生成式人工智能发展下的文生视频能力的突破式增长意味着文旅领域将会出现更多的创新应用场景。最后，人工智能技术深度优化文旅服务将继续深化数字文旅服务功能的体验。

三是乡村振兴与城市文旅深度融合发展。乡村休闲游将成为协调城乡经济、实现城乡共同发展繁荣的重要桥梁。乡村旅游和城市文旅的融合不仅可以带动农村产业的优化升级，还将通过城乡产业融合促进城镇和乡村产业的相互连通，带动创业就业，未来城乡一体化既是目的也是路径和进程。

四是银发经济与城市文旅深度融合发展。中国老龄化进程的客观现状给城市文旅产业的发展带来更多的变化与机遇。其一，智慧康养涉及情感陪护、休闲娱乐、敬老养老等相关业务，其与城市文旅结合必将带来适老化养老服务的数字转型机遇；其二，老年康养场所和康养业态将给城市文旅带来消费新形式，如老年研学游、康养游、银发聚会游等都有望形成城市文化旅游的新增长点。

五是夜间经济与城市文旅深度融合发展。需要探索城市夜间经济和摊位经济的发展，也要探索城市现代化对消费活力的刺激与影响。夜间经济提升城市消费活力，也是城市现代化的标志。在过去，中国很多夜间摊位会遭到老百姓的"投诉"，或是日常占道不安全不美观，政府就采用最简单的"关停""取缔"方法进行解决。事实上，夜间经济、摊位经济对城市经济发展的贡献尤其是对疫情后的经济复苏和对消费能力的信心重塑的贡献不容小觑。而夜间经济、摊位经济的发展离不开合理的规划、稳定的治安、民众的支持，这些方面是未来研究及制定规划需要重点关注的。

B.3
2023年中国出境旅游发展报告

赵璐 白燕飞*

摘 要： 2023年可称为中国出境旅游的复苏之年，受益于疫情结束和签证政策等利好因素，出境旅游复苏势头强劲，预计2024年市场规模将恢复到2019年的八成左右。随着国际航班的快速恢复和签证政策的优化，多个免签国家成为中国游客的热门目的地。同时，共建"一带一路"国家也成为出境旅游市场复苏的亮点。在出境旅游主力人群和热点旅行项目方面，体现出年轻化、自由职业人群占比攀升与旅游产品多样化等特点。然而，世界经济复苏与可持续性发展仍是影响国际旅游市场快速复苏的重要因素之一。为促进出境旅游的健康发展，需要继续加强国际合作，提升旅游服务质量。从总体来看，中国出境旅游市场迎来新的发展机遇，将为全球经济复苏注入新的活力。

关键词： 出境旅游 免签 "一带一路"

全球经济展现出广泛而强劲的复苏迹象，但仍面临一些不确定性，这给未来的旅游业经济的发展前景带来了挑战与机遇。在这种背景下，理解和分析这些不确定因素成为我们评估持续复苏能力的关键。国际货币基金组织2023年10月发布的《世界经济展望》称，全球经济的增速在逐步调整中，预计从2022年的3.5%略微调整为2023年的3.0%和2024年的2.9%。虽然这些数字略低于2000~2019年3.8%的历史平均水平，但展现了市场在面对挑战时的适应性和灵活性。特别是在新兴市场和发展中经济体中，尽管预计经济增速将从

---

* 赵璐，深圳职业技术大学讲师，清华大学新传智库研究员，研究方向为文化产业、媒介研究；白燕飞，深圳职业技术大学管理学院旅游管理专业讲师，研究方向为旅游规划、区域经济。

2022年的4.1%微调至2023年和2024年的4.0%（见表1），但这些经济体，包括中国，显示出显著的经济韧性。①

表1 《世界经济展望》最新经济增速预测

	预测值		
	2022年	2023年	2024年
世界	3.5	3.0	2.9
发达经济体	2.6	1.5	1.4
美国	2.1	2.1	1.5
欧元区	3.3	0.7	1.2
德国	1.8	-0.5	0.9
法国	2.5	1.0	1.3
意大利	3.7	0.7	0.7
西班牙	5.8	2.5	1.7
日本	1.0	2.0	1.0
英国	4.1	0.5	0.6
加拿大	3.4	1.3	1.6
其他发达经济体	2.6	1.8	2.2
新兴市场和发展中经济体	4.1	4.0	4.0
亚洲新兴市场和发展中经济体	4.5	5.2	4.8
中国	3.0	5.0	4.2
印度	7.2	6.3	6.3
欧洲新兴市场和发展中经济体	0.8	2.4	2.2
俄罗斯	-2.1	2.2	1.1
拉美和加勒比地区	4.1	2.3	2.3
巴西	2.9	3.1	1.5
墨西哥	3.9	3.2	2.1
中东和中亚	5.6	2.0	3.4
摩洛哥	1.3	2.4	3.6
沙特阿拉伯	8.7	0.8	4.0
撒哈拉以南非洲	4.0	3.3	4.0
尼日利亚	3.3	2.9	3.1
南非	1.9	0.9	1.8

① 国际货币基金组织：《世界经济展望》，2023年10月。

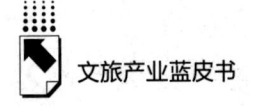

续表

	预测值		
	2022年	2023年	2024年
备忘项			
新兴市场和中等收入经济体	4.0	4.0	3.9
低收入发展中国家	5.2	4.0	5.1

资料来源：国际货币基金组织：《世界经济展望》，2023年10月。

在发达经济体中，由于政策调整，预计经济增速将从2022年的2.6%缓慢下降至2023年的1.5%和2024年的1.4%。[①] 这一温和的放缓反映了政策效应的逐渐显现，以及市场对变化的逐步适应。

此外，全球通胀率也预计将从2022年的高点8.7%逐步下降至2023年的6.9%和2024年的5.8%。[②] 这一趋势表明，尽管货币政策收紧和国际大宗商品价格下跌对市场有一定影响，但通胀的逐步回落将有助于经济环境的稳定。总的来说，虽然通胀率回落至目标水平的步伐可能较慢，但大多数国家预计到2025年将能够实现这一目标，这进一步证明了全球经济的逐步稳固和持续调整能力。

在连续三年下降之后，2023年全球游客数量的回升标志着全球旅游业的显著复苏。据世界旅游组织（UNWTO）的统计，2023年全球跨境游客总人次达到12.86亿，较2022年增长34%，显示出旅游业正逐步恢复活力。这一年，全球旅游收入也有显著的增长，达到1.6万亿美元，恢复到2019年水平的95%。[③] 虽然这一数据仍略低于疫情前的顶峰，但已经有多个国家破了入境人次和旅游收入的历史纪录。

一 可负担的消费之选

世界旅游组织指出，中国取消疫情相关的旅行限制将大幅促进亚太地区乃

[①] 国际货币基金组织：《世界经济展望》，2023年10月。
[②] 国际货币基金组织：《世界经济展望》，2023年10月。
[③] 《世界旅游经济趋势报告（2023）》，世界旅游城市联合会，2023年5月12日。

至全球旅游业的复苏。中国旅游研究院发布的《中国出境旅游发展年度报告（2023—2024）》称，在2023年，中国出境旅游的人次达到8700万。展望2024年，预计出境旅游的人次将增至1.30亿。①

（一）短途出境旅游率先实现复苏

在全球经济和政治格局逐渐稳定的背景下，2023年成为中国出境旅游市场复苏的关键年份。面对生活成本的上升和消费者购买力的变化，"可负担的消费"已成为许多中国游客选择出境旅游目的地时的首要考量。短期内，这一变化将特别有利于亚洲各主要旅游目的地的经济复苏。2023年上半年出境旅游热门目的地TOP10见表2。

表2 2023年上半年内地（大陆）出境旅游热门目的地TOP10

单位：%

排名	出境旅游目的地	接待内地（大陆）出境旅游游客占比
1	中国澳门	50.90
2	中国香港	26.66
3	泰国	3.27
4	日本	2.42
5	中国台湾	2.33
6	新加坡	1.75
7	韩国	1.53
8	缅甸	1.00
9	美国	0.99
10	澳大利亚	0.90

资料来源：中国旅游研究院《2023年上半年出境旅游大数据报告》。

自从2023年初跨境旅行政策放宽，中国的旅行者们已重新活跃于全球各地。特别是随着2023年暑期的到来，出境旅游的热度明显上升。根据中国内地用户的预订数据，7月的出境旅游订单环比增长了44%。从暑期开始，香港、东京、新加坡、澳门、曼谷、大阪、普吉岛、首尔、吉隆坡和伦敦成了最

---

① 《出境旅游产业前景研究：预计2024年中国出境旅游人数达到1.3亿人次》，中研网，2024年6月24日，https://www.chinairn.com/scfx/20240624/174401394.shtml。

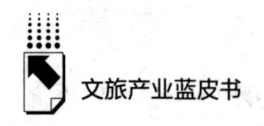

受欢迎的出境旅游目的地。①

在可负担的出境旅游选择中，亚洲其他国家因距离近和较低的旅行成本成为首选。例如，泰国、越南和马来西亚等东南亚国家因其丰富的旅游资源、亲民的价格和文化亲近性成为中国游客的热门选择。此外，随着共建"一带一路"倡议的推进，西亚及欧洲部分地区也开始吸引中国游客的目光，其中土耳其、格鲁吉亚等国因其独特的历史文化和较低的生活成本逐渐成为新兴的旅游热点。

（二）短途出境旅游与长途出境旅游

大多数旅游目的地的国际旅游收入均见显著增长，这既得益于游客停留时间的延长及平均消费的增加，也得益于游客更积极的消费行为。同时，由通货膨胀引发的旅行成本上升也在一定程度上推动了国际旅游收入的增加。

长途旅行对全球旅游经济的影响不可小觑，特别是对于那些历史上依赖于国际游客的地区。当游客从一个国家前往另一个国家，如从中国到欧洲国家，他们在目的地的消费显著增加，从住宿到餐饮，再到旅游活动，都给当地经济带来了直接的收益。然而，当前全球经济形势特别是通货膨胀和油价上涨显著提升了交通和住宿成本，这对旅游业的复苏形成了挑战。在这样的环境下，预计游客将更倾向于寻找性价比更高的旅行方式或选择距离更近的目的地进行短途旅行。

在这方面，欧洲旅游协会首席执行官汤姆·詹金斯强调了中国对欧洲旅游业恢复的重要性。他在"2023世界旅游联盟·湘湖对话"中指出，长途旅行在旅游经济中扮演了至关重要的角色，尤其是在中国与欧洲之间的往来。② 大部分游客在这类长途旅行中的消费对旅游目的地的经济贡献尤为显著。为此，旅游目的地需要采取有效措施，维持并促进游客的兴趣和热情，确保旅游业能够持续复苏并保持活力。

（三）出境旅游与国内旅游

近年来，中国国内旅游的兴起显著分流了出国旅游的人群。以2023年为

---

① 《第三批出境团队游名单公布，英美日韩在列，平台签证咨询量涨近三倍》，新浪网，2023年8月10日，https://finance.sina.com.cn/jjxw/2023-08-10/doc-imzfsuqz6874631.shtml。
② 赵珊：《世界旅游业期待中国力量》，《人民日报》（海外版）2023年11月24日，第12版。

例，一些国内旅游目的地因其独特的魅力和文化活动而大受欢迎，从而吸引了大量本计划出国旅游的游客。哈尔滨的冰雪节以其壮观的冰雕艺术和冬季活动成为冬季旅游的热门选择，让许多游客选择在国内体验冰雪魅力，而非远赴北欧或其他冰雪国家。同时，淄博以其地道的烧烤美食和丰富的文化遗产成为另一个吸引游客的焦点，展示了地方美食文化的独特吸引力。

这些国内旅游的热点地区提供了与国外旅游目的地竞争的新选择，减少了国际旅游的需求。国内目的地的多样性和丰富的文化体验有效地满足了人们的旅游需求，使许多原本可能选择出境旅游的人愿意探索国内的美丽与奇观。

二 出境旅游样态多元化

随着全球旅游市场的日益成熟和多样化，出境旅游的形态也呈现出丰富的多样性。传统的观光旅游逐渐与文化探索、生态游览、冒险活动以及健康休闲等特色旅游形式并存。例如，越来越多的旅行者选择前往遥远的国家和地区体验原生态文化和自然景观，如塞尔维亚的古城堡探险、印度尼西亚巴厘岛的瑜伽修行。同时，随着个性化和定制化旅游服务的兴起，旅游行业开始提供更加个性化的行程安排，以满足不同游客的独特需求和兴趣。

此外，科技的进步也极大地推动了旅游业的发展，使预订和管理旅行变得更为便捷。旅游者可以通过智能手机应用轻松规划和调整行程，享受更加流畅和高效的旅行体验。随着国际文化交流的不断加深，出境旅游已经成为连接不同文化和促进全球理解与合作的重要桥梁。这种多元化的旅游样态不仅丰富了人们的生活，也给目的地国家带来了经济和文化上的双重益处。

根据马蜂窝的大数据分析，在2023年出境旅游中，最受欢迎的搜索关键词包括"一日游""美食""潜水""亲子""自驾""温泉""博物馆""夜市""疗愈SPA""动物园"（见表3）。这些数据凸显了旅行者对多样化旅行体验的追求，不仅涵盖寻求刺激的活动，也包括休闲和放松的元素。值得一提的是，越来越多的旅行者表现出对生态和环保体验的强烈兴趣，例如亲眼见证野生棕熊捕鱼的壮观场景，探访洞穴中神秘的"水下花园"，或是与鲸鲨一同在水下舞动。这些体验不仅让旅行者有机会近距离接触自然，更加深了他们对环境保护的认识和责任感。

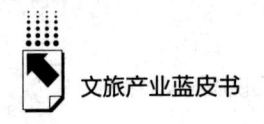

表3 境外旅游项目热度排行榜TOP10

2023年境外玩法热搜词TOP10	2023年境外热门游玩活动TOP10
一日游	圣淘沙天际线斜坡滑车
美食	清迈丛林飞跃
潜水	普芬比利蒸汽小火车
亲子	新加坡鸭子船游览
自驾	岚山嵯峨野观光小火车
温泉	迪拜沙漠冲沙
博物馆	圣淘沙水上探险乐园
夜市	棕榈岛跳伞
疗愈SPA	奥斯洛布观鲸鲨
动物园	夜游湄南河

资料来源：马蜂窝《2023旅游大数据系列报告》。

这种对自然与生态体验的重视显示出当代旅行者的旅游选择正在变得更加意识形态化和受责任感驱动。他们不仅仅是在寻找逃离日常生活的旅行，更是在寻求一种能够为自己带来长远影响的深刻体验。这样的趋势预示着未来旅游业可能会更加注重可持续性和环境保护，为旅行者提供更多既刺激又有意义的旅行选择。

（一）持续推进出境旅游措施的实施

根据文化和旅游部办公厅发布的《关于试点恢复旅行社经营中国公民赴有关国家出境团队旅游业务的通知》，自2023年2月6日开始，中国试点恢复了旅行社和在线旅游企业运营的出境团队旅游以及"机票+酒店"业务，涉及的目的地包括20个国家。在随后的六个月内，随着第二批和第三批目的地的陆续公布，截至8月10日，共有138个国家和地区已恢复此类业务。

课题组从携程平台获得的数据显示，2023年中国大陆的出境旅游订单量同比增长550%，在假期期间表现尤为突出。在"十一"黄金周，出境旅游的订单量比2022年同期激增8倍。据中国旅游研究院数据，2023年我国入出境旅游人次超过1.9亿，较2022年增长2.8倍以上。其中，根据国家统计局发布的《中华人民共和国 2023 年国民经济和社会发展统计公报》（以下简称《公报》），2023 年入境游客 8203 万人次①，可知 2023 年出境游客数量在 1 亿人次以上。与此同时，《公报》显示，2023 年的国内出游人次为 48.9 亿，如此庞大的人群具有旅游消费的意愿和能力，有理由相信，在出境旅游便易性、必游性提升的情况下，出境旅游增长的潜力是巨大的。

中国旅游研究院的预测数据显示，到 2024 年，入出境旅游人次及国际旅游收入将分别超过 2.64 亿人次和 1070 亿美元。② 中国民航局在年度工作会议上估计，到 2024 年底，国际航班数量将从目前每周 4600 班增加到 6000 班，恢复至疫情前 80% 左右的水平。③

（二）出境旅游主力人群趋势：自由职业者与年轻化成主流

中国旅游研究院《中国出境旅游发展年度报告（2023—2024）》数据显示，出境游客群体呈现高学历和年轻化的趋势。在这些游客中，中青年占据主导地位，年龄在 22~41 岁的游客占比达到 82.8%。就学历而言，大学本科和专科学历的游客占比最高，约为 74.36%。在职业分布上，自由职业者占据了出境游客中的最高比例；同时，城镇居民构成出境旅游的主要群体。热门客源地包括上海、北京、深圳、广州、杭州、成都、苏州、南京、重庆和武汉。④

尽管市场在复苏，但经济复苏的不均衡性也让许多中国消费者变得更加注重经济效益。物价的普遍上涨和国内外经济形势的不确定性使"性价比"成为选择旅游产品和服务时的重要标准。在此环境下，许多旅游业从业者开始推出各种经济实惠的旅游套餐，以吸引预算有限但旅游需求旺盛的消费群体。

面对可负担消费趋势的挑战，旅游业从业者采取了多种策略以满足中国出

---

① 《中华人民共和国 2023 年国民经济和社会发展统计公报》，国家统计局，2024 年 2 月 29 日，https://www.stats.gov.cn/sj/zxfb/202402/t20240228_1947915.html。
② 戴斌：《繁荣开始了！——2023 年旅游经济回顾与 2024 年展望》，中国旅游研究院（文化和旅游部数据中心），2024 年 1 月 2 日，https://www.ctaweb.org.cn/cta/ztyj/202401/09f2de14091341dcabeed9f825d5addd.shtml。
③ 《中国国际航班将尽快恢复至疫情前水平》，国际旅行卫生健康咨询网，2024 年 1 月 8 日，http://www.ithc.cn/article/463359.html。
④ 《〈中国出境旅游发展报告（2023—2024）〉：今年出境旅游人数预计达 1.3 亿人次，供应链恢复进程加快》，环球旅讯，2024 年 2 月 7 日，http://www.traveldaily.cn/article/179950。

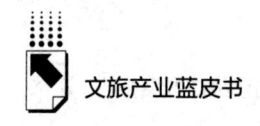

境游客的需求。一是通过与当地旅游主管部门和商家合作推出更多的优惠套餐和促销活动。二是利用数字化转型，通过社交媒体和在线旅游平台提供个性化旅游建议和即时预订服务，以此来降低营运成本并提高服务效率。三是强化文化体验项目，如小众市场深度游、文化交流活动等，以文化吸引力增强旅游产品的吸引力。

三 共建"一带一路"倡议下的新兴旅游目的地

对于中国游客而言，哈萨克斯坦、乌兹别克斯坦等共建"一带一路"国家正逐渐成为热门的旅游目的地，这一趋势部分得益于免签等便利政策的实施。随着国内航空公司纷纷开通直飞这些国家的航线，这种趋势更加显著。例如，中国南方航空已开通从北京到乌兹别克斯坦塔什干的直飞航线，并计划开通前往吉尔吉斯斯坦比什凯克和哈萨克斯坦阿拉木图的航线。同时，中国东方航空已经开通上海至埃及开罗的直飞航线，中国国际航空也新开通了从北京至土耳其伊斯坦布尔的直飞航线，而海南航空也计划开通从深圳至开罗的新航线。①

携程的数据显示，在突尼斯和格鲁吉亚宣布对中国游客免签之后，相关的旅游订单量分别环比增长147%和95%，说明免签政策显著推动了旅游需求的增长。中国旅游研究院院长戴斌表示："中亚、西亚和北非地区共建'一带一路'国家将成为中国出境游新的重点目的地。"② 这背后原因不仅是直飞航线的增多和免签政策的便利性，还有这些小众目的地独特的吸引力。

戴斌还指出，2024年，"亚洲旅游促进计划"的实施，《上海合作组织成员国政府间旅游合作发展协定》、金砖国家的旅游合作机制以及中法文化旅游年等多种平台和机制的运行，将进一步促进更多国家和地区分享中国出境旅游市场的红利。这些措施将有助于推动中国游客更加广泛地探索世界各地，尤其是那些新兴的旅游目的地。

---

① 刘娟娟：《出境游：复苏的2023，已"火"的2024》，环球网，2024年1月12日，http://www.news.cn/globe/2024-01/12/c_1310759277.htm。
② 刘娟娟：《出境游：复苏的2023，已"火"的2024》，环球网，2024年1月12日，http://www.news.cn/globe/2024-01/12/c_1310759277.htm。

四　中国出境旅游发展趋势展望

中国出境旅游市场的发展将可能继续受到全球经济形势和国内消费趋势的双重影响。疫情开始后的几年里，全球旅游业经历了前所未有的挑战。但到2023年，随着疫情影响的逐渐减弱，各国开始逐步放宽边境限制，国际旅行需求强劲复苏。然而，旅游业的具体恢复程度还将受到航线重新开放、旅行成本、签证政策以及各地疫情防控措施的影响。

作为出境旅游目的地的国家和地区，由于对中国游客而言存在新老入局者的差异，发展趋势差异很大。对于日本、韩国等中国出境旅游的"老朋友"，旅游者的消费选择更加理性，不再涌现奢侈品、化妆品、电子产品等"抢购潮"，"跟团游"也在减少，更多的是冲着美食、动漫、当地民俗文化等元素前去的有新价值观的消费者。而非洲、俄罗斯等地区，在签证、直航等利好政策以及东南亚地区爆发的负面舆论的反推之下，成为中国出境旅游的热门选项。

结　语

2023年，中国出境旅游市场经过三年的中断后开始重启和复苏。全球各地的旅游业开始复苏之际，世界再次向中国游客敞开了大门。尽管不稳定的国际政治环境对出境旅游市场构成了一定压力，但与此同时，面向中国游客的多项积极政策也陆续出台。航空公司正在逐步恢复运营能力，签证申请变得更加便捷，越来越多的国家加入了对中国游客的免签列表，显示出对中国游客的热烈欢迎和开放态度。

这些利好消息不仅缓解了旅游市场的压力，还为中国游客提供了更多的旅行选择和便利，从而鼓励他们探索世界的不同角落。伴随出境旅游人群的年轻化、高学历化、自由职业化，他们对个性化、深度游有更多的需要，而小红书、抖音等新媒体平台成为触发旅行消费的重要因素，这些变化都在为出境旅游市场注入更多崭新的活力。

B.4
2023年沉浸式体验旅游发展报告

曹晓露*

摘　要： 沉浸式体验旅游诉诸沉浸式体验，着力于打造文旅消费者全身心沉浸于某项活动的认知状态。成功的沉浸式体验旅游能够让消费者在消费过程中保持愉悦感从而忽视时间流逝，与文化旅游目的地建立深入的情感联系。沉浸式的旅游体验所具有的可能性远超传统的文旅产业模式，鉴于其在文旅市场维度乃至社会文化维度所具有的潜力，本文深入剖析沉浸式体验旅游的实现机制及对消费者心理和行为的影响，以期为文旅产业的创新升级提供参考。

关键词： 沉浸式体验　沉浸式演艺　沉浸式街区

在当下的消费时代中，文旅消费者所寻求的不仅仅是对旅游目的地的被动观察，其消费诉求不再止步于参观旅行地标并进行"文旅消费者式拍照"，而是越来越渴望借由真实的、沉浸的旅游消费体验与文化旅游目的地建立深入的情感联系。在这一发展趋势下，沉浸式体验旅游正在逐步成为文化旅游行业的变革性力量。沉浸式体验旅游诉诸沉浸式体验（immersive experience），着力于使文旅消费者在消费过程中获得将全部精力投注于某个项目或某项活动之中的、无视外物存在的、强烈参与活动的认知状态。从文旅服务提供者的角度来看，这一强调文旅消费者高度集中注意力并在消费过程中保持愉悦感从而忽视时间流逝的"沉浸式体验"状态，正是沉浸式体验旅游的服务提供者所致力于实现的消费情境。沉浸式体验旅游反复强调让文旅消费者身临其境，而这恰恰满足了当下文旅消费客群的诉求，

---

* 曹晓露，清华大学新闻与传播学2023级博士研究生，研究方向为影视传播、影视产业文化。

即在文旅消费过程中能够实现超越以往流于浅表的消费体验，让自己获得深度沉浸在当地文化、环境、历史和社区结构之中的旅游体验。

一 沉浸式体验旅游的发展现状

沉浸式体验旅游的兴起可以追溯到文旅消费者的消费偏好转变以及旅行消费行为的逐步演变。基于越来越多的文旅消费者愈加迫切地在文旅消费过程中寻求有意义的、相较传统文旅而言更加富有变革性的体验，文化旅游行业正在不断通过提供多样化的文旅产品满足文旅消费者的需求转向。从生态旅游和探险旅行的早期发源，到近年来文化沉浸式项目和体验式住宿项目的数量激增，沉浸式体验旅游的快速发展反映了各行各业向体验式消费的广域转变。如今，沉浸式体验旅游涵盖了愈加广泛的活动，涉及文化、环境、历史和技术维度，无论是在乡野村庄深度体验当地人的生活，还是在原始自然身体力行地参与自然保护项目，抑或是通过虚拟现实技术模拟探索古代遗迹，可以说，沉浸式体验旅游所具有的可能性远超传统的文旅产业模式。也正是基于沉浸式体验旅游在文旅市场维度乃至社会文化维度所具有的潜力，政策主体和市场主体在2023年度内都对这一文旅新业态予以高度的关注与实践。

（一）政策扶持助推高质量发展

在随着消费客群演变而显得颇为变动不居的旅游业格局中，政策支持在沉浸式体验旅游业的可持续发展方面发挥着至关重要的作用。在文化旅游服务提供主体利用其独特的文化、自然和历史资产来吸引追求沉浸式体验的文旅消费者的情况下，当地将面临平衡经济增长与保护文化遗产、环境保护和社会公平的挑战。有效的政策框架可以在宏观层面促进旅游行业进行创新的产业实践，以求当地在进行文旅服务的同时能够尽可能发挥沉浸式体验旅游的模式效益，尽可能减少或积极应对其负面影响。近年来不断推出的扶持和鼓励政策除了促进行业发展以外，其主要作用之一是为新兴模式建立初步的监管框架和标准，以确保沉浸式体验旅游在发展过程中所需的服务安全与服务质量。通过为旅游经营者、住宿供应商和其他利益相关者制定明确的指导方针，政策扶持不仅推动了沉浸式体验文旅业态的迭代升级，同时也能够率先关注和平衡消费者消费

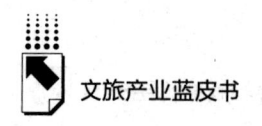

与当地社区之间可能出现的矛盾。随着业态的逐步发展，行业也会诉诸政策制定者进一步制定同环境保护、文化保护、文旅消费者管理以及健康安全标准相关的法规，以进行行业的自我调整与自我更新。充分的政策支持还有助于促进在时间和空间向度上兼具可持续性的沉浸式体验旅游规划与管理实践，并先于企业着重考虑文旅景区的长期生存能力，以求尽量减少业态转变对环境、文化和社区所可能产生的负面影响。通过全面的目的地规划流程，政策主体与市场主体能够进一步识别生态系统、文化遗产等方面的潜在风险，同时使沉浸式体验旅游产品多样化。可持续旅游战略包括承载能力评估、分区法规、废弃物管理举措和基于社区的旅游发展计划等措施，对于沉浸式体验旅游业态中以实体为基础的主体而言，如何让当地居民参与旅游活动并从中受益也将成为可持续发展的重要议题。

在技术升级与创新方面，政策支持对于促进沉浸式体验旅游的发展升级至关重要。通过鼓励虚拟现实、增强现实、移动应用和数字叙事等领域的研究和开发，积极的政策可以帮助旅游企业利用技术来提高沉浸式体验旅游服务质量并以此吸引新的消费者。以建立智慧旅游沉浸式体验新空间培育试点项目为代表的积极政策可借由针对沉浸式体验旅游的市场初创主体的激励措施，如为数字基础设施项目提供资金或政策支持、促进开放数据共享与互操作性以及为旅游利益相关者制定数字素养计划等，多方面、多维度赋能行业启动。政策激励能够刺激私营部门对沉浸式体验旅游进行投资，或将有益于交通网络、住宿设施等关键基础设施缺口填补。此外，公私合作伙伴关系有助于利用公共和私营部门的资源和专业知识来开发创新的沉浸式体验旅游产品，通过政府机构、旅游业利益相关者和当地社区之间的对话和协商过程提高文旅消费者旅游服务满意度和当地的竞争力，这对于促进当地社区参与以及提高各方利益相关者在沉浸式体验旅游的发展和管理中的合作程度至关重要。

（二）行业实践激发市场活力

2023年度的"智慧旅游发展大会暨智慧旅游示范展示活动"在南京新庄国际会展中心举办，该活动由文旅部资源开发司、江苏省文旅厅共同主办，活动现场的项目借由示范性数字艺术场景等，全景呈现智慧旅游的发展成果；在相关论坛上，国家、省级文旅部门负责同志，相关领域专家学者以及文旅与科技企业代表等认为，沉浸式体验是现阶段智慧旅游最重要的发展方向。①

在第一批全国智慧旅游沉浸式体验新空间培育试点项目中，由江苏省文化和旅游厅牵头推荐的试点项目数量位居第一，北京市文化和旅游局、上海市文化和旅游局以相同牵头推荐项目数量位居第二。结合地区经济发展水平来看，全国智慧旅游沉浸式体验新空间培育试点项目相对倾斜于经济较为发达的城市。在第一批全国智慧旅游沉浸式体验新空间培育试点项目中，试点项目数量位居第一的江苏省文化和旅游厅分别推荐了中国大运河博物馆（流动的文化）智慧旅游沉浸式体验新空间、苏州湾数字艺术馆智慧旅游沉浸式体验新空间、拈花湾夜间智慧旅游沉浸式体验新空间、南京大报恩寺遗址景区全真互联智慧旅游沉浸式体验新空间、"二分明月忆扬州"夜游智慧旅游沉浸式体验新空间等5个试点项目，涵盖了数字博物馆、数字艺术展、沉浸式夜游和沉浸式景区等沉浸式体验旅游行业中的多种热点业态。由北京市文化和旅游局牵头推荐的试点项目数量虽稍少于江苏省文化和旅游厅，但考虑到试点名单中中国共产党历史展览馆、国家图书馆（国家典籍博物馆）、中国国家博物馆所推荐的试点项目实际上均落地于北京市，实际上来自北京的试点项目数量要超过江苏省，这同北京本身作为全国文化中心的定位是相一致的。与之相应，尽管沉浸式体验旅游的文旅新业态对文旅服务提供主体本身的技术水平、经济实力以及综合运营能力的高要求使第一批全国智慧旅游沉浸式体验新空间培育试点项目更多集中于经济较为发达的城市，但考虑到城市或地区本身所具有的文化潜能与旅游市场潜力，新疆、贵州和甘肃等经济水平相对而言并未位居前列的地区，凭借优渥的自然资源和文化资源深耕文化旅游产业，同样获得了试点项目（见图1）。

无论落于何处，试点项目都是沉浸式体验旅游发展的排头兵，试点项目的自主创新是沉浸式体验旅游业发展的变革力量，在提升文旅消费者体验、提高文旅服务提供主体竞争力、促进可持续增长等方面均具有提振行业信心的积极效用。通过利用尖端技术、创意设计理念和前瞻性思维方法，文旅服务提供主体可以创造出沉浸式体验，吸引文旅消费者前来进行深度互动，并给文旅消费

---

① 颜颖、付奇：《沉浸式体验，文旅行业"新风口"》，《新华日报》2023年11月24日，第2版。

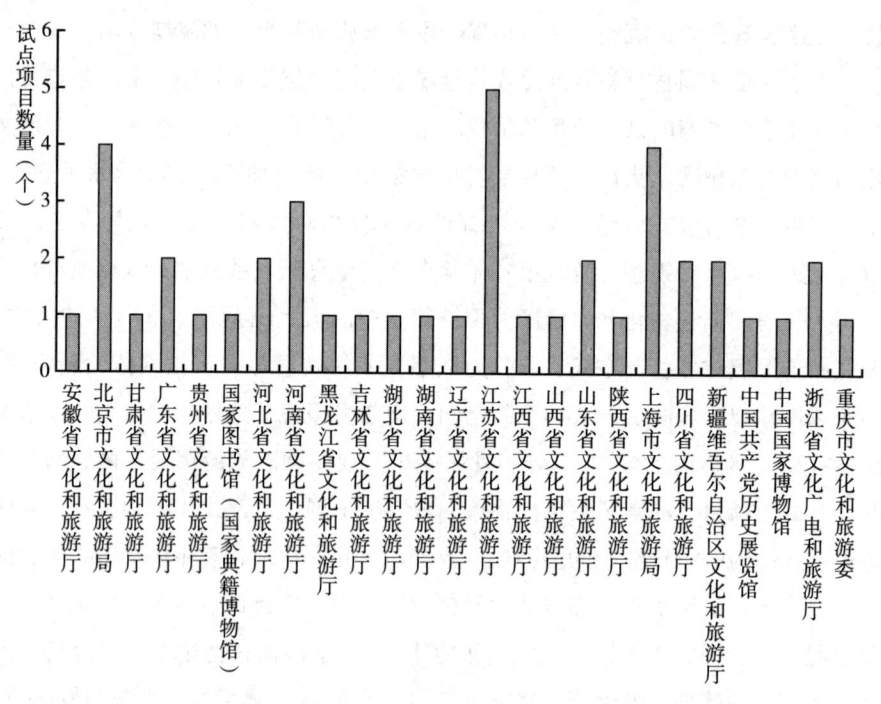

图 1　第一批全国智慧旅游沉浸式体验新空间培育试点项目牵头推荐单位情况

资料来源：笔者据中华人民共和国文化和旅游部网站公开信息整理。

者留下持久的影响。机器人、人工智能和虚拟现实等技术可以创造沉浸式的环境，将文旅消费者带入新的世界，让他们以以前无法想象的方式与人物、物体和场景进行深度互动。例如，主题乐园可以将自主机器人角色融入景点，为文旅消费者提供个性化互动和沉浸式故事体验。同样，博物馆可以利用增强现实技术将数字内容叠加到实物展品上，从而提升文旅消费者体验的教育价值和娱乐因素。通过拥抱自主创新，文旅服务提供主体可以创造出动态、互动和情感共鸣的体验，以获得文旅消费者的重复消费和口碑推荐。试点项目成功的创新实践能够给其他沉浸式体验旅游服务提供主体带来打造自身竞争优势的模仿路径，使后者获得在激烈的市场竞争中脱颖而出的可能，进一步吸引文旅消费者寻求独特、前沿的体验。

沉浸式体验旅游服务提供主体的自主创新实践还能带来显著的经济影响，如提高旅游收入，支持当地企业发展，为相关行业创造就业机会。随着对自主技术和基础设施改善增加投资，企业能够借由增加文旅消费者在门票、商品、餐饮和住宿方面的消费来刺激经济活动。此外，行业可以通过许可协议、商品销售以及与技术公司的合作为文旅服务提供主体创造新的收入来源。通过提高旅游收入和创造就业机会，行业主体结合当地资源的产业实践有助于增强当地经济的整体活力。

二　沉浸式体验旅游产业的热点

沉浸式体验旅游对文旅消费者和亟待开发的旅游社区都具有重大意义。对于文旅消费者来说，沉浸式体验旅游提供了更深入地了解世界的机会，促进了个人成长、文化意识和经验获得。通过直接与当地社区和环境互动，具身参与的沉浸式体验旅游消费者可以深入了解不同的生活方式，与不同的旅游社区建立有意义的联系。此外，沉浸式体验旅游还具备激励文旅消费者成为更负责任和更有意识的消费者的可能性，使其通过具身参与进行可持续消费并作出有益于当地社区和生态系统的行动。对于具备开发潜力的当地社区而言，沉浸式体验旅游提供了一个展示其独特文化遗产、自然美景和真实传统的机会，同时还能够促进经济发展和文化保护。通过利用其独特的资产提供能使文旅消费者产生共鸣的沉浸式体验，旅游社区在文化效益与经济效益双重层面的考量获得了落地的执行框架。

正如前文所述，在这个追求真实和变革性旅游体验的时代，沉浸式体验旅游已成为一个充满活力和快速发展的热点。从沉浸式街区和沉浸式演艺到沉浸式主题乐园、沉浸式数字文化馆，越来越多的文旅服务提供主体尝试将沉浸式体验旅游作为调动文旅消费者感官，促进文旅消费者与当地文化、历史和环境建立更深层次联系的一种业态图景。随着人们对沉浸式体验的需求不断增加，对深度旅游体验的渴望也在不断推动沉浸式体验旅游业的发展，沉浸式体验旅游业已经成为一个充满活力和多样性的创新、创造和探索系统。

（一）沉浸式街区

沉浸式街区为文旅消费者提供了具身的体验机会，让他们沉浸在当地生活的日常化仪式之中。2023年1月，河南长垣首个大唐主题风情街"梦回大唐·新城里"正式对外开放，该项目将大唐文化作为风格化形式，以"丝绸之路"为旅游设计的主线，并融合黄河文化、长垣当地文化元素，形成四个主要板块。其中，中央大道效仿丝绸之路，打造了集帷幔、古鼓、驼队和月亮于一体的舞台；东里设置了四大发明互动区以及全息3D互动，让消费者能够借由新技术模拟体验古今文明的碰撞；西里则以盛唐运河文化为主，力图呈现古都长安的市井繁华；而南广场则是最大的游玩板块，涵盖黄河文化、民俗文化。① 无论是探索充满活力的街头市场、品尝传统美食，还是参加社区节日和庆祝活动，沉浸式街区都能为文旅消费者提供真实难忘的体验，让他们深入了解当地的文化结构。

"盛唐"是不少沉浸式街区的主打标签，除"梦回大唐·新城里"以外，江苏盐城的唐渎里沉浸式街区也以盛唐为主题，力求打造集纳盛唐美食、盛唐演绎的沉浸式体验旅游项目。作为夜间文化和旅游消费集聚区，唐渎里沉浸式街区侧重于融合唐文化元素和当地古镇文化，并将自身打造为沉浸式体验盛唐的古镇。基于美食区、非遗区、湿地区和夜游区的区块划分，街区涵盖了餐饮、文创、书咖、博物馆、体验馆等多元业态，将唐文化作为主线，推出唐渎里长街宴、唐渎里女儿会、唐韵焰火秀、福禄寿喜财上元节等特色主题活动。②

除了前文所述的沉浸式街区代表外，大唐不夜城不仅是西安最具代表性的沉浸式街区，更是以唐文化为标签的代表性街区。近年来，大唐不夜城除了运用网络直播的手段让文旅消费者实现"云游"外，更是通过推出"大唐不夜城元宇宙"为消费者提供沉浸式互娱的独特体验，利用媒介技术实现数字生活空间同消费者所处生活场景的连接。

沿用沉浸式街区的运营逻辑，沉浸式夜游是专注发展月光经济的特殊业态。2023年，来自成都的夜游锦江为跨年夜推出"2023天府文化年·锦江不夜天——乐游锦江沉浸式体验活动"，并将"新岁共启兔吉祥，一帆风顺游锦江"作为主题，将沉浸式剧游体验作为主线，以岸为引，以船为媒，借助多种适用于沉浸式夜游的数字创意手法，串联国潮市集、汉服雅聚、古彩戏法、

---

① 《行走河南·读懂中国｜长垣首个大唐主题风情街正式呈现》，河南省文化和旅游厅，2023年1月8日，https：//hct.henan.gov.cn/2023/01-08/2668938.html。
② 《2023年沉浸式文旅项目的十个热点方向》，数艺网，2023年4月3日，https：//www.d-arts.cn/article/article_info/key/MTIwNTAwNTkxNTSD35-tr4bGcw.html。

RPG 互动体验、探春采风、水岸演绎等特色活动，为消费者提供集观赏、互动、游乐、体验、演艺于一体的沉浸式项目。

总体而言，沉浸式街区不仅能够让文旅消费者一窥目的地的核心和灵魂，促进其与当地居民的联系，在结合技术手段后还能获得打破时空限制的潜力，为消费者创造超越观光的持久记忆。

（二）沉浸式演艺

沉浸式演艺为文旅消费者提供了一个以全新方式参与表演艺术的体验机会，模糊了表演者与观众之间的原有界限，创造出超越传统戏剧体验的沉浸式的、互动的、开放的消费体验。通过邀请观众参与互动式戏剧作品，沉浸式的表演艺术作品让文旅消费者有机会成为创作过程中的积极参与者，以具身体验的方式参与故事情节的塑造，深度体验现场表演的多元魅力。

"只有红楼梦·戏剧幻城"是以《红楼梦》为蓝本的沉浸式演艺项目，通过调用强烈的传统文化符号，融合独特的艺术视角，对经典巨作进行解构和重建，营造出如梦如幻的沉浸式体验。该项目联合了"王潮歌"和"红楼梦"两大知名 IP，除却借由当代演绎方式重现"红楼梦"文化经典，更提供给消费者深度体验中华民族的文化精髓和传统的东方生活美学的机会。"只有红楼梦·戏剧幻城"打破了"静态观看"的传统演出模式，通过将新兴情景装置艺术同舞台沉浸技术并置于演绎空间之中，打造出具有沉浸式戏剧体验效果的消费场景，让传统经典获得创新表达，塑造了颇具创新性的沉浸式文旅体验。

此外，《重庆·1949》作为重庆市推出的代表性沉浸式演艺剧目，同样提供了一种具有示范性的实践案例。《重庆·1949》采用多维立体的沉浸式室内旋转舞台，整个舞台由五个可 360 度旋转的圆环组成，舞台的五个环全是独立运转的，在运转过程中会分很多方向的运动，每十度变换一个场景，一共可变换出 6000 多万个可视场景。其中，舞台的前三环为核心表演及布景区域，而第四和第五环则兼具舞台和观众席的双重职能，实现了演艺空间与观演空间的交融，观众与演出融为一体。① 除了剧场演出外，该项目配套推出真人沉浸剧

---

① 《〈重庆·1949〉全新亮相 高科技手段重新演绎红岩经典》，新浪网，2022 年 4 月 4 日，https：//cj.sina.com.cn/articles/view/2661641343/9ea56c7f00100xpdf? finpagefr=p_ 104。

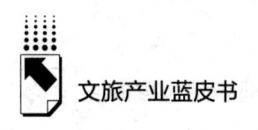

本杀《请回答1949》，配套剧本杀紧紧围绕沉浸式演艺项目《重庆·1949》的主要角色和剧情线定制，让消费者以其他形式体验沉浸式演艺的魅力。

无论是在开放场景上演的经典改编戏剧，还是在机械舞台上演的现代艺术，沉浸式的表演艺术作品都是对传统的挑战和对界限的突破，创造出了娱乐和引发思考的沉浸式体验。

（三）沉浸式主题乐园

沉浸式主题乐园一直是旅游业的支柱，为文旅消费者提供了一个逃离现实、沉浸在充满想象力的奇幻世界的机会。从迪士尼乐园和环球影城等标志性景点到泡泡玛特等新兴项目，沉浸式主题乐园以其精心设计的场景、沉浸式的故事和互动技术不断吸引着各年龄段的文旅消费者。

朝阳文旅集团朝阳公园联合泡泡玛特IP打造了国内首个泡泡玛特城市乐园，该城市乐园于2023年9月正式开业。泡泡玛特城市乐园为众多文旅消费者提供了一站式享受潮玩主题游乐的服务，并着力于实现沉浸式主题乐园与城市文商旅空间的融合。作为沉浸式主题乐园，泡泡玛特城市乐园共有四大核心区域，设有特色IP店铺互动装置，涵盖MOLLY、DIMOO、LABUBU、SKULLPANDA和PUCKY等IP。乐园中的森林区基于朝阳公园既有的自然景观地貌，以IP形象的故事背景为切入点，设立了勇士部落、精灵树屋、神秘渔村等特色场景。[①] 泡泡玛特城市乐园以小而精的轻型乐园为定位，并未对标大型乐园，这一以内容IP为核心的轻型沉浸式主题乐园为沉浸式主题乐园建设提供了更具经济性考量的路径。

同泡泡玛特城市乐园的发展方式不同，上海机遇星球结合了元宇宙理念，打造了融合IP、元宇宙与新国潮的沉浸式主题项目，提供了一种数实经济融合的主题消费形式。尽管同样将IP视为核心，诉诸主题消费来实现沉浸式体验服务的提供，机遇星球除了沉浸式互动剧场、AI剧情摄影馆、国潮文化街区等传统模块外，还为消费者创造元宇宙剧场、数字艺术馆等消费新场景，力求打造以数实融合为基础的元宇宙文娱体验，顺应新生代消费群体的文化娱乐需求转向。

---

① 《泡泡玛特城市乐园正式开园：占地面积4万平方米 将IP做深做厚》，腾讯网，2023年9月26日，https://new.qq.com/rain/a/20230926A072AY00.html。

（四）沉浸式数字文化馆

数字文化馆是基于文化资源数据库，依托数字信息技术建立的集全方位、全链条以及立体化、个性化等特点于一体的文化体验场所。沉浸式数字文化馆通过线上线下的互动消费，力图为消费者提供随时随地的个性化文化沉浸式服务。随着技术的不断发展，沉浸式数字文化馆正在重新定义文化馆体验，以创新和互动的方式为文旅消费者提供探索艺术、历史和文化的机会。

中国科技馆是国家级综合性科技馆，是提高全民科学素质的大型科普基础设施。近来，"重启世界"对中国科技馆的"挑战与未来"主题展厅当中的太空探索进行数字化复刻，除却呈现中国在航天领域的科技成就，更为消费者提供了借助移动端或者电脑端获得沉浸式互动体验的机会。在展区入口，消费者可以通过穿上航天服获得模拟太空环境的失重体验，此外，消费者还可以扮演操作员，按照指引完成火箭的点火发射体验。

从虚拟现实展览和增强现实导览到沉浸式的多媒体装置和数字艺术体验，沉浸式数字文化馆利用技术的力量创造出沉浸式的文化消费体验，以全新的方式将科技、艺术与文化带入生活，为文旅消费者提供了深度探索世界文化遗产的机会。

三 思考与展望

沉浸式体验旅游正在加速启动与发展，但在思考沉浸式体验旅游的未来发展时，仍然需要意识到其快速发展和演变所带来的挑战。虽然沉浸式体验在提升文化旅游体验方面具有巨大潜力，但也存在风险，例如与文化真实性、过度商业化和环境可持续性相关的系列问题。特别是随着未来沉浸式体验旅游可能逐渐成为主流，淡化体验的真实性、为给大众提供消费产品而将文化遗产商品化等潜在危险也可能发生。此外，以实体为基础的沉浸式体验旅游的快速扩张可能会导致当地资源紧张，加剧过度旅游，如果管理不善，还会破坏脆弱的生态系统。然而，在这些隐患中也蕴藏着创新、合作和发展的机遇。通过奉行可持续发展、社区参与和文化保护的原则，沉浸式体验旅游也可能实现社会效益和经济效益，在满足文旅消费者多元需求的同时，也可以提升当地社区的民生福祉水平。

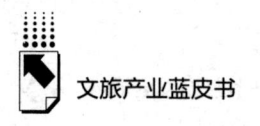

参考文献

李万莲、陈晓钱、王良举：《旅游演艺沉浸体验的影响因素与形成机制——基于〈只有河南·戏剧幻城〉的扎根分析》，《四川师范大学学报》（社会科学版）2023年第4期。

林叶强、沈晔：《沉浸式体验：创意、科技和旅游的融合》，《旅游学刊》2022年第10期。

罗景峰、安虹：《红色旅游沉浸体验的发生机制及意义建构逻辑——基于双系统理论的视角》，《华侨大学学报》（哲学社会科学版）2022年第5期。

齐骥、陈思：《数字经济时代虚拟文化旅游的时空特征与未来趋向》，《深圳大学学报》（人文社会科学版）2022年第4期。

许鹏：《旅游品牌价值对游客满意度的影响——基于沉浸体验理论视角》，《商业经济研究》2022年第5期。

韦秀玉：《论文化产业语境下传统手工艺体验中心的建构路径》，《理论月刊》2021年第11期。

施思、黄晓波、张梦：《沉浸其中就可以了吗？——沉浸体验和意义体验对旅游演艺游客满意度影响研究》，《旅游学刊》2021年第9期。

B.5
2023年体育文旅发展报告

罗姣姣　冯漪嫚*

摘　要： 随着人们生活水平的提高和精神文化需求的不断增长，体育文旅作为一种融合体育运动与旅游体验的新型旅游方式逐渐受到人们的关注。2023年，体育文旅迎来新一轮发展契机：体育文旅市场逐步恢复，新政策的出台提供了强有力的保障，体育与文旅产业的发展有其内在驱动力。同时，体育元素因各类体育赛事的举办、社交媒体的加持等成为2023年文旅行业的新亮点。在未来，体育文旅要在巩固自身发展的基础上，在政策保障、完善基础设施、培养体育文旅复合型人才、深化场景思维上进一步提升。

关键词： 体育文旅　体育产业　旅游产业　融合发展

一　内外联动：2023年体育文旅发展的背景与契机

（一）重大契机：新冠疫情防控放开后首年体育文旅市场需求旺盛

2023年，随着新冠疫情防控的逐渐放开，各行各业有序复苏，体育文旅市场逐步恢复活力。百姓的外出游玩欲望、消费需求得以释放，体育文旅行业在2023年迎来新一波的消费热潮。文化和旅游部发布的数据显示，2023年国内出游人次48.91亿，比上年增加23.61亿，同比增长93.3%。国内游客出游总花费

---

* 罗姣姣，北京体育大学新闻与传播学院讲师，博士，研究方向为视听传播、体育传播；冯漪嫚，北京体育大学新闻与传播学院硕士研究生，研究方向为体育视听传播。

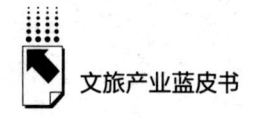

4.91万亿元，比上年增加2.87万亿元，同比增长140.3%。①

在2023年"五一"假期期间，人们的旅游热情爆发，旅游市场强势恢复，文旅市场再现"人从众"现象。携程发布的《2023年五一出游数据报告》显示，北京、上海、成都、杭州、广州、南京、重庆、西安、武汉、深圳是"五一"假期TOP10热门旅游目的地，北京作为国家首都稳居榜首。出境游订单同比增长近700%，出境机票、酒店订单量分别较2022年同期增长近900%、近450%，东南亚以及我国香港、澳门最受内地游客喜爱，亚洲地区仍然是中国游客的首选。②

整体文旅环境欣欣向荣，体育文旅的市场需求也随之旺盛。第一，在新冠疫情的影响下，出于安全、消费诉求等种种因素的考量，"短程高频"的周边户外旅行兴盛，如飞盘、皮划艇等城市运动新玩法受到消费者们的垂青，频频在社交媒体火爆出圈。第二，热衷发掘和体验新事物的"90后"和"00后"群体成为2023年体育旅游的主力军，除了人们熟知的滑雪、徒步、骑行等传统体育旅行类型之外，飞盘、冰壶、陆冲、冲浪等也成为"Z世代"喜爱的体育旅游休闲方式。第三，传统的体育旅游项目、体育IP仍发挥重要作用，各大城市马拉松比赛、徒步登山、公路骑行等文旅项目热度不减且恢复到疫情前的盛况。第四，2022年北京冬奥会、成都第31届世界大学生夏季运动会、杭州第19届亚运会等国际性大型体育赛事的举办有效地拉动了举办地甚至中国的一系列住宿、观赛、餐饮、游玩等文旅经济的发展。

总体而言，人们对体育旅游的需求既倾向于"短程高频"的城市周边游，同时也表现出急于释放游玩欲望从而热衷尝试新运动、小众运动的特征。

（二）政策保障：体育文旅产业融合发展的根本保证

要促进"体育+文化+旅游"产业的深度融合，政策的支持是重要的驱动力。纵向来看，中国关于体育文旅产业发展的政策文件可分为三种类型：一是国务院规范性文件；二是部委规范性文件，如国家体育总局、文化和旅游部等

---

① 《2023年国内旅游数据情况》，中华人民共和国文化和旅游部，2024年2月9日，https://zwgk.mct.gov.cn/zfxxgkml/tjxx/202402/t20240208_951300.html。
② 《携程发布〈2023年五一出游数据报告〉西安持续上榜热门旅游目的地》，新浪网，2023年5月3日，https://cj.sina.com.cn/articles/view/1915671961/722ed599027016mm2。

相关单位发布的文件；三是地方规范性文件，如各省区市政府部门颁布的各类规章、条例、意见、通知等。① 其中，国务院办公厅、国家体育总局围绕促进体育与相关产业融合发展而分别颁布的《体育强国建设纲要》《"十四五"体育发展规划》，在宏观调控层面为2023年的体育文旅市场提供了政策导向，也为各地方政府部门制定规范性文件奠定了基础，引领了中国体育文旅市场多样化格局的形成。

政策的导向在推动体育产业与文旅产业"初步相加"之余，更重要的是促进两者的融合发展。例如，国务院办公厅印发的《关于释放旅游消费潜力推动旅游业高质量发展的若干措施》中指出，要推动体育赛事和旅游活动一体谋划、一体开展，结合重大、特色赛事，培育"跟着赛事去旅行"品牌项目，打造一批具有影响力的体育旅游精品线路、赛事和基地。这为体育文旅融合发展又增添一份保障。国家体育总局办公厅、文化和旅游部办公厅印发的《关于开展2023年国家体育旅游示范基地申报工作的通知》旨在促进体育与旅游深度融合发展，丰富旅游体验、传播体育文化、发展体育产业和旅游产业，为加大体育和旅游市场供给、恢复和扩大体育旅游消费、助力构建新发展格局贡献力量。

相关指导意见的落实将保障更多的体育旅游空间为游客开展休闲旅游活动提供载体，保障更多的体育旅游资源得到创造性转化和创新性发展。目前，在国家和各地方政府的政策指引下，已经初步形成以马拉松、自行车项目为主的体育赛事旅游产品体系，以云南、贵州、四川为主的山地户外运动产品体系，以辽宁、山东、海南为代表的滨海体育旅游产品体系，以河北、黑龙江、吉林、辽宁为核心的冰雪体育旅游产品体系，以新疆、内蒙古为主的沙漠、林草运动产品体系，以及基于民族民俗体育资源开发形成的遍及全国的民族民俗特色运动体验参与产品体系。②

（三）内在驱动：体育与文化旅游产业的天然契合

政府政策是体育文旅发展的重要外在保障，但究其根本，体育与文化旅游产业内部自身的天然契合，才是体育文旅进一步发展的首要与必要条件。体

---

① 潘怡、曹胡丹、封慧：《新时代我国体文旅产业融合发展：逻辑、模式、问题与路径》，《山东体育学院学报》2024年第1期。
② 赵承磊：《我国体育旅游政策价值及提升路径》，《体育文化导刊》2023年第9期。

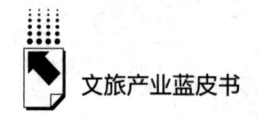

育、文化、旅游产业三者具有天然关联性和互补性。

首先，体育产业为文化、旅游产业提供新的产品内容与经济效益。如海南省三亚市的蜈支洲岛景区，接近一半的旅游收入来自游客水上运动，如潜水、冲浪、摩托艇等；又如贵州省安顺市的黄果树风景区，通过结合马拉松赛事的举办打造了当地的标志性活动，知名度大大提升。

其次，文化产业可以为体育、旅游产业的发展注入灵魂与魅力。甘肃省依托得天独厚的自然与人文景观，通过举办丝绸之路（敦煌）国际文化博览会、西部户外运动之都等文体活动，以"一带一路"为基础，有效地赋予了体育赛事、主题活动文化内涵。

最后，旅游产业是体育、文化产业的有效载体。四姑娘山攀冰节作为一项专业性极强的户外体育赛事，早已成为国内外攀冰爱好者必去的打卡地。在2023年第十三届四姑娘山攀冰节中，当地文旅联动同步推出山地徒步、文化体验、民俗表演等一系列旅游活动，让游客在观赏高水平攀冰比赛的同时也能深入体验当地的自然风光和民族文化。这种集体育竞技、文化交流、旅游观光于一体的综合性盛会，对于推动冰雪运动发展、促进文化旅游融合、助力乡村振兴等都具有重要意义。体育赛事举办、创意文体演艺产品演出、体育精品线路开发等的社会效益与经济效益想要实现最大化，最终需要落脚到旅游这一行动载体中。

由此可见，体育、文化、旅游产业自身内部各要素之间的契合，以及随之发生的各系列关联互补，是中国体育文旅产业进一步发展的关键内核驱动力。

二 现状分析：体育元素成为2023年文旅发展新热点

（一）体育赛事是体育文旅产业发展的重要推手

1. 大型综合性体育赛事的辐射带动效应

体育赛事尤其是重大体育赛事最能够带动当地以及周边文旅产业的发展。北京冬奥会、杭州亚运会的成功举办对举办城市产生了巨大的辐射带动效应。

2023年，北京冬奥会的奥运遗产正持续发挥影响力，后冬奥效应仍在持续显现，"冰雪热"走进千家万户。马蜂窝发布的2023年体育旅游主题报告显示，北京与张家口分别位列华北地区体育旅游热门城市的前两位。北京首钢园和张家口"雪如意"场馆是年轻人旅行的必打卡体育旅游景点，成为年轻人热爱的潮流打卡地标。2023年，首钢滑雪大跳台、张家口市崇礼区云顶滑雪公园分别举办了2023~2024赛季国际雪联单板及自由式滑雪大跳台世界杯、2023~2024赛季国际雪联单板滑雪和自由式滑雪U形场地技巧世界杯等众多国际性滑雪赛事，冬奥时期建设的标志性冰雪运动场馆正成为体育旅游的知名打卡目的地之一。

同时，冰雪体育旅游项目也因冬奥会在全国遍地开花。在南方，人们的滑雪热情超乎想象：随着冬季奥运会在中国的成功举办，人们对冰雪运动的热情被点燃，众多室内滑雪场、室内冰雪乐园等规模大、质量高的场馆不断涌现。冰雪运动作为一种出游选择，不仅出现在北方，在南方也开始司空见惯。

进入下半年，延期一年的杭州亚运会揭开了帷幕。鉴于杭州亚运会拥有高质量的体育赛事以及巨大的影响力，国家体育总局、文化和旅游部借此机会以"跟着赛事去旅游"为主题，共同发布2023年国庆假期体育旅游精品线路。与此同时，在杭州市文化广电旅游局发布的"看亚运·游杭州"城市观光全球见面礼中，共有15条亚运会主题经典线路、5条亚残运会无障碍主题经典线路、3条水上夜游主题经典线路、13条"诗路文化·三江两岸"水上黄金旅游线路和64条县（市、区）特色旅游线路，其中就包括良渚古城遗址、中国大运河杭州段和西湖文化景观等3处世界文化遗产。①

体育文旅产业的发展，不能忽视举办重大体育赛事的效用。体育赛事本身的周期性能够优化旅游资源的季节分配，而体育项目固定的受众群体会给当地的文旅行业带来更多发展的可能性，注入更多新鲜血液。

2. 民间自发体育赛事活动更具亲和力

大型的综合性体育赛事虽然具备超强的辐射带动效应，但其周期性举办的硬性条件以及"百年难得一遇"的举办机会，较难给当地带来持续性的社会

---

① 郭阳琛、张家振：《杭州进入"亚运时间" 体育流量转化为文旅"留量"》，《中国经营报》百家号，2023年9月30日，https：//baijiahao.baidu.com/s？id=1778403053673968335&wfr=spider&for=pc。

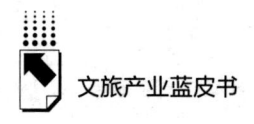

效益和经济效益。而民间体育赛事是由非官方机构或组织举办的体育竞赛活动，这些赛事往往以促进身体健康、增进社交互动、满足娱乐休闲为目的，是社会上广泛举办的一种体育活动。

以火爆全网的"村BA""村超"为例，二者原本只是贵州省台江县、榕江县举办的民间体育赛事，正是围绕篮球、足球这类群众基础好的体育运动举办比赛，才具备了巨大的群众基础。参与体育比赛、观看体育比赛的几乎都是当地各行各业的百姓，他们相互说着熟悉的方言，支持各自的"主队"，中场休息时的传统民俗表演极具当地特色，这些都对当地的乡村旅游经济发展起到重要推动作用。

经过社交媒体的大范围传播，"村BA""村超"成为带动贵州省乡村旅游发展的载体基础。相关数据显示，从2022年7月至2023年8月，在"村BA"带动下，台江县共接待游客200余万人次，实现旅游收入23亿多元；榕江县在2023年"村超"期间，接待游客250余万人次，旅游收入28亿多元。①

另外，除了篮球、足球等传统的体育项目的民间赛事之外，每逢端午节，广东赛龙舟项目都是民间体育赛事中最为独特且亮眼的项目之一。赛龙舟作为广东省的一项历史悠久且深受市民群众喜爱的民间赛事，呈现了岭南文化的魅力。在专注于比赛本身之余，赛事还注重实现传统非遗与现代发展的结合，让体育与文化、旅游业态融合，促进旅游消费，真正做到推动赛事与城市的和谐发展。

2023年，以"村BA"、"村超"、端午赛龙舟为代表的民间体育赛事的爆火反映了群众体育运动的回归，大众才是体育运动最基础、最坚实的主体。这些民间体育赛事也真正做到了从群众中来，到群众中去，它们结合了当地体育文化底蕴与风俗传统，随着知名度的提高，不仅反哺了当地的旅游经济，更打造了当地知名的旅游品牌。

3.少数民族传统体育赛事彰显独特魅力

2023年，少数民族传统体育运动赛事与节日在各省区市遍地开花，花炮、珍珠球、木球、蹴球、毽球、独竹漂等极具少数民族特色与吸引力的竞赛项目

---

① 《火火的"乡村赛事"，醉了农人美了贵州——"村BA""村超"火爆带给我们的启示》，《光明日报》2023年8月14日，第1版。

和表演项目百花齐放，彰显着少数民族运动的独特魅力。正是特色少数民族运动魅力的存在，让地方体育文旅产业找到切入点与着力点，既促进了当地体育文化的传承与发展，也以浓郁的民族风情吸引了国内外游客。

"跟着赛事去旅行"，体验民族体育特色，成为不少游客的选择。云南省丽江市大力挖掘民族文化，依托"节庆日"开展民族传统体育运动，打造民族特色节庆旅游项目，如"火把节""转山节"的赛马、摔跤活动，"三朵节""阔时节"的打跳活动等各地特色的民族传统体育品牌赛事活动IP，推动互联网信息行业、手工业、旅游业等多业态融合发展，大力开发体育旅游产品，不断增加体育旅游产业附加值。

少数民族传统运动的发展壮大体现了全民健身与民族团结相互促进的巨大能量，无论在过去、现在还是未来，对体育文旅的融合发展而言，其作用都不容忽视。

（二）移动社交媒体为体育文旅发展带来新亮点

随着智能媒体技术的不断发展，移动社交媒体走进千家万户，其低门槛、碎片化、社交化、娱乐化的特点给体育文旅行业带来了更多可能性，如网络大V、头部达人的圈层化传播能力强，实时的旅游直播体验拉近观众、游客的时空距离等。

1. 社交化与娱乐化

"为一项运动，奔赴一座城"，综观2023年体育文旅发展所呈现的新特点，可以发现其聚焦点已经从运动本身的强身健体的层面不断向社交化、娱乐化迈进，并迸发出体育文旅的新生机。

上文提到"Z世代"正成为体育旅游市场的主力军，作为网络原住民，其参与的体育旅游活动无不彰显着新一代年轻人的爱好需求。体验感和参与感强的体育项目一方面能满足游玩体验的娱乐需求；另一方面还有助于结交新朋友，满足社交需求。因此，充满"社交感"的"轻户外"社交活动已经成为都市年轻人的休闲"刚需"。

2023年上半年，各大社交媒体掀起"爬泰山"的热潮，在各种"泰山专治嘴硬的大学生"的网络热梗中，泰山旅游风景区频频出圈。泰山景区公布的数据显示，截至2023年10月21日，泰山年内累计接待进山游客突破800

万人次，同比增长280.91%，比2019年同期增长121.96%。① 这种"爬山徒步+旅游观光"的体育文旅组合展现出其巨大的社交娱乐性："爬泰山""登顶泰山"在社交媒体的影响下已经成为年轻人群体的热点话题，"爬泰山"后的各种测评以及感受的发布，有助于发布者在社交媒体中获得流量以及完成自我形象的建构。

总而言之，运动的目的不仅仅局限于强身健体，打卡拍照、娱乐交友、在社交媒体上赢得周边人和网友们的关注等慢慢地成为运动的必备步骤，最终实现的是运动与社交的捆绑。如骑行、徒步、登山、陆冲、飞盘等新潮、时尚的运动，符合且满足年轻人喜欢发朋友圈和在社交媒体上记录运动状态的习惯，有利于人们经营热爱生活、热爱运动的积极向上的形象。由此看来，以娱乐为导向、注重圈层化社交的体育旅游将成为未来体育旅游产业发展的主要方向之一。

2. 意见领袖的带动效应

搭乘网络社交媒体的新风，网络意见领袖能够摆脱时空距离的限制，发表观点、传播内容，且其支持者群体不仅包括现实和现有的跟随者，还包括大量具有随机性的网民，随着圈层传播效应的凸显，其影响力也在不断扩大。

以抖音短视频平台为例，在体育文旅的宣传层面，值得关注的意见领袖有两大类：体育名人与体育旅游达人。一方面，体育名人可信度是吸引潜在游客的一个重要因素，官方身份的加持可以增强他们的信源可信性和可靠性，苏翊鸣、武大靖、谷爱凌、徐梦桃等冰雪运动项目的体育名人在抖音平台上所发布的赛事宣传、品牌宣传、生活Vlog等传播内容，都可以潜移默化地激发受众对冰雪体育运动的兴趣，带动更多的人加入冰雪运动的队伍中来，从而进一步提升各大冰雪运动场所、旅游景区、旅游文化节的经济效益。另一方面，在抖音平台上坐拥庞大粉丝数量的体育旅游达人的影响力并不亚于体育名人。这些体育旅游达人的视频内容涵盖了各种不同的体育运动和旅游目的地，包括徒步、登山、骑行、滑雪、冲浪等，以及各种国内外的旅行景点。这些达人通过分享自己的经历和知识，为广大受众提供了丰富的

---

① 《突破800万人次！远超历史极值！爬泰山何以如此火爆？》，"泰山景区"微信公众号，2023年10月22日，https://mp.weixin.qq.com/s/AYSeBWP1CGwzVHI3RmaCxQ。

信息和灵感，激发了人们对于体育旅游的兴趣和热情。例如，坐拥1000多万粉丝的旅行达人"幻想家japaul"以独特的视角分享体育旅行体验：挑战云台山飞拉达、广西河池巴马水潜水奇遇记、宝泉蹦极体验、杭州亚运场馆提前揭秘、云梦山徒步、探访"十四冬"会场……体育运动与旅游的结合，在基于算法、大数据的流量推送机制的加持下，使体育旅游达人也有了自己的一套"秘籍"。

（三）深度融合：体育、文化、旅游产业的交叉渗透

1. 体育IP+文旅产业=具有超高增值空间的体育文旅IP

体育IP是体育文旅业态的核心驱动力。体育IP主要包括体育赛事机构、体育团队和俱乐部以及运动员三种类型，具有稀缺性、持续性和难复制性，能够为体育旅游项目建立"护城河"，同时还能实现流量、赛事品牌声誉、资本投资等众多资源的激活、集聚和整合。体育IP和文旅产业的深度融合、相互嵌入会使体育旅游项目爆发出巨大的增长潜力。

谈到体育IP，北京冬奥会是实现头部赛事目的地IP化的典型之一，成功做到将赛事IP与目的地进行深度融合。无论是滑雪运动爱好者还是关注冰雪体育运动的观众，每当提到苏翊鸣、谷爱凌等体育名人以及单板双板滑雪大跳台运动项目，首先便能联想起首钢园、首钢滑雪大跳台。与此同时，首钢园再深入挖掘、关联起首钢园的工业遗址故事，增加赛事IP、目的地IP的旅游资源附加价值，刻画出旧产业园区焕发新功能的品牌形象，在冬奥胜地的标签加持下，成为城市更新项目的标杆。如今，北京首钢园已建设成集休闲娱乐、美食购物、主题游玩、精品住宿于一体的多业态聚集区，入园企业累计311家，注册资本总额超过500亿元。

除了国际性大型体育赛事之外，马拉松、徒步、自行车比赛等常态化举办的体育项目是孵化体育IP与发展文化旅游产业的重要载体。"世界十大必跑马拉松"之一的"中国长城马拉松"、依托"中国最美公路"之一的川藏线的"川藏线自行车骑行"、极限运动赛事"张家界天门山挑战赛"、黄山徒步之旅等融合了体育、文化和旅游元素的具有产业价值的体育IP，在多年的赛事经验积累下，不仅吸引了众多国内外运动爱好者的参与，而且带动了旅游消费、提升了旅游地区知名度、推动了旅游业的多元发展。

综合各类如头部品牌的专业运动类IP、体育技能类IP、体育研学类IP、高端商务体育运动类IP、俱乐部类IP、体育名人类IP等体育IP导入文旅产业的成效可知：高IP价值、高社交化的赛事衍生产品系列将为体育旅游项目创造巨大的价值增量。

但是，目前中国体育文旅IP建设的理念仍不成熟，真正能实现项目落地、长远发展的体育文旅IP较少。因此，无论哪种体育文旅IP的类型，在未来都要着重考虑如何通过深入挖掘体育文旅IP的价值，充分融合地方文化、科技、人文、生态等要素，实现体育文旅IP效应的最大化，提高整个行业的价值增值空间。

2. 体育文旅产品迈向精细化、定制化

2023年既是中国文旅行业恢复的首年，也是旅游业步入高质量发展的关键一年。进入新时代，我国社会主要矛盾已经转化为人民日益增长的美好生活需要和不平衡不充分的发展之间的矛盾。体育文旅产业的深度融合发展不仅能为游客提供优质的体育产品与服务，而且能满足旅游者更高的精神文化层面的需求，符合人民群众追求"美好生活"的主旋律，对旅游的消费升级则使"观光型旅游"逐渐升级成体验型和参与型的旅游。

随着消费者个性化需求的彰显，越来越多的游客愿意给自己赋予个性化标签，且更多的是希望根据自己的需求自主定制、任意组合出行方式、住宿、交通、玩乐等。旅游公司、旅游平台、体育组织机构等在大数据等智能技术的加持下，能够实现体育赛事游、体育景观游、运动体验游、体育研学游等旅游项目的个性化、定制化运作，实现"玩得更新潮""玩得更精专"。新疆阿勒泰将军山冰雪体育旅游线路、浙江"追着阳光去台州"沿海1号公路体育旅游线路、中泰联动的海外高尔夫定制旅行（普吉站）等定制化、个性化旅游线路的推出，能够做到更好地满足不同消费群体的差异化需求。

体育文旅产品的定制化、个性化发展，不仅满足了人们更高的旅游需求，而且能够推动体育文旅行业自身的转型升级。

3. 智能技术催生体育文旅新业态

智能技术是新时代体育文旅深度融合的关键节点。将5G、云计算、大数据、AI、VR\AR\MR\XR等现代化智能技术运用到体育文旅融合项目打造中，在文旅行业中引入数字体育元素，可以丰富旅游产品内容，吸引更多年轻游客。例如，北京瑞康乐科技发展有限公司服务的山西阳泉某山谷庄园文旅项目开设了VR体验区，游客可以通过VR技术亲身参与到各种体育活动中，感受运动带来的刺激和乐趣。[①]在数字技术的推动下，体育文旅数字化应用场景逐步展开，开创了新型体育文旅体验模式，为智能技术未来更进一步地应用、服务于体育文旅行业奠定了基础。

同时，4K/8K超高清、大数据、区块链、实景建模等关键智能技术可以打造"云演艺""云旅游""云展览"等一系列数字化的"虚拟空间场景"，构建沉浸式体育文旅新业态。众多的体育项目如登山、潜水、马拉松、骑行等，能够运用智能技术的优势打造虚拟运动体验新场景，充实游客的具身体验。在打造数字化体育旅游品牌城市方面，上海开创了中国首届虚拟体育赛事公开赛，运用数字技术打造了虚拟自行车、虚拟赛艇、虚拟高尔夫球、虚拟赛车、虚拟滑雪等运动项目，在开展专业虚拟竞赛的同时也吸引了大批游客参与体验，将上海打造成为具有数字化体育赛事创新特色的城市；在服务方面，数字勘探技术与大数据采集在体育文旅中的运用能提高对用户的服务效率，精准对接消费者的潜在需求，进一步反哺体育文旅行业，带来了更多的可能性。[②]

三 前景展望：体育文旅产业发展的提升路径

（一）营造融合的氛围与环境，以政策引领体育文旅未来发展方向

体育文旅产业的融合与发展离不开顶层设计的布局。目前，体育文旅产业的融合发展处于初步阶段，涉及面广、任务艰巨，部分政策的落地遭遇瓶颈，如缺乏有针对性的配套政策和实施细则，政策的目标与政策的实际执行存在偏差，部门与部门之间缺乏沟通交流，这些都是体育文旅产业融合发展过程中必须解决的现实问题。

---

① 《数字体育引领文旅行业新风潮，打造全新体验模式》，"瑞康乐科技"微信公众号，2023年12月12日，https：//mp.weixin.qq.com/s/5JJ-UAmCEnc_E4KqiGwJqQ。
② 夏江涛、王石峰、黎镇鹏：《我国体育旅游产业数字化转型：动力机制、现实困境与实践路径》，《体育学研究》2023年第3期。

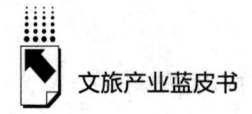

对此,想要营造良好的环境与氛围,首先需要完善政策,发挥政策的引领、统领作用。必须编制好针对性强、指标体系完善、考核方案完备的配套政策和实施细则,帮助政策真正落地。另外,体育文旅产业的融合发展离不开体育部门与文化旅游部门的相互配合,针对相关部门责权模糊导致管理层互相推诿的现象,要明晰政策落实的责任主体,按照"谁举办、谁负责"的原则,进一步压实地方体育、文旅部门的管理监督责任。

(二)将流量转化为"留量",打铁还需自身硬

各地文旅局局长的频频出圈、淄博等网红旅游城市的涌现等,都搭乘了流量红利的"东风",在旅游产业中"杀出重围",把流量红利转化为社会效益和经济效益。

在体育、文化、旅游产业的融合发展过程中,三者都要在各自的环节中"下足功夫":体育方面注重赛事的高质量、独特性、重要性;文化方面注重对体育与当地民风民俗相结合的文化创意产品的打造,丰富体育文旅产品的文化内涵与文化价值;旅游方面注重供需两端的步调一致,提升供给端的服务质量与水平,满足需求端游客的高品质、个性化、定制化、社交化的体育旅游需求。这三个层面要求的真正落地是体育文旅深度融合发展的现实前提。

(三)推进体育文旅业态融合,加快推进培养复合型人才

体育文旅业态融合是一个动态过程,在融合过程中不断形成的新业态、产生的新问题需要大量具有创新意识、具备专业技能的复合型人才来应对。挖掘体育文旅的巨大商机,关键在于专业人才的培养。培养高质量的体育文旅人才,需要真正做到校企联手,以提升体育文旅人才素质和能力为核心。其一,高校要重视体育旅游专业的人才队伍建设,如开设体育旅游、体育旅游管理类的学科专业,为今后的体育文旅行业发展培养更多的后备军。其二,体育旅游企业要重视员工的培训提升,培养出一批符合时代要求、具备强大发展潜力的体育文旅复合型人才,为体育文旅高质量发展提供智力支持和创新动力。

（四）深化场景思维，采取有效措施开拓体育文旅市场

进入万物互联的时代，用户、消费者的需求被提到重中之重的位置。根据消费者所处的地点、时间和情境进行场景分析和信息沟通，这种场景化的思维能够将体育文旅产品线上和线下连接，精准识别场景化需求并以场景触发消费行为，为企业获取用户、建立用户场景认知和培养用户使用习惯提供支持。在流量红利逐步消失的情况下，体育文旅行业要更加注重运用场景思维进行场景化的营销，打通"线上"与"线下"的壁垒，丰富体育文旅产品，为体育文旅精准地找到更多的潜在消费群体，有效开拓体育文旅市场提供新的突破口。

B.6
2023年中国非遗旅游发展报告

张　驰*

摘　要： 2023年，非遗旅游随着国内文旅市场加速复苏呈现产业化发展新格局和新态势，表现为数字技术对产业发展的深度赋能、夜间经济对行业活力的持续激发、区域合作对行业潜力的充分释放。本文结合市场数据、典型案例、行业报告，对非遗旅游的融合发展现状进行深度分析，总结产业特征，提出存在问题。结论是，非遗旅游目前暴露出融合不深、亮点不足、高度不够等突出问题。未来，各地政府和相关机构应不断进行创意研发，开辟可持续性发展的有效模式和可行性路径。

关键词： 非遗旅游　文化传承　创意开发　旅游营销　社会参与

2023年，国内文化旅游市场提振复苏，迎来全面爆发。其中，非物质文化遗产旅游（以下简称"非遗旅游"）成为一股城市文旅新势力。随着2022年底第43项"中国传统制茶技艺及其相关习俗"的申遗成功，中国已成为列入联合国教科文组织人类非物质文化遗产代表作名录的非遗数量最多的国家。在国家政策的引领和支持下，2023年非遗旅游的发展加速驶入快车道。

自2011年《中华人民共和国非物质文化遗产法》施行以来，《中国传统工艺振兴计划》《国家级非物质文化遗产代表性传承人认定与管理办法》等文件相继落地实施。2023年2月22日，文化和旅游部再推新政，印发《关于推动非物质文化遗产与旅游深度融合发展的通知》，明确提出突出门类特点、丰富旅游产品、培育特色线路等8项重点任务。此外，2023年1月29日，文化

---

* 张驰，河北民族师范学院文学与传媒学院讲师，澳门科技大学电影管理博士，研究方向为影视产业、影视传播、文化旅游。

和旅游部公布新一批国家级文化生态保护区，黔东南民族文化生态保护区、客家文化（梅州）生态保护区等5地入选；2月3日，66个2022年"非遗工坊典型案例"发布；2月16日至20日，首届中国非遗保护年会成功举办，首批200家非遗与旅游融合发展优选项目名录、首期"全国青年非遗传承人扶持计划"、金融支持非遗"百千万"计划等重点项目重磅推出；2月22日，国家级非遗体验基地遴选工作被提上议程；等等。

据统计，在出游人次上，2023年国内出游人次达48.91亿，同比增长93.3%，其中城镇居民国内出游人次37.58亿，同比增长94.9%，而农村居民国内出游人次11.33亿，同比增长88.5%；在出游花费上，2023年国内游客出游总花费4.91万亿元，同比增长140.3%，其中城镇居民出游花费4.18万亿元，同比增长147.5%，而农村居民出游花费0.74万亿元，同比增长106.4%。①

在新的历史节点上，非遗与城市旅游进一步深度融合，"以文塑旅、以旅彰文"成效愈加凸显。一方面，非遗在文化传承、系统性保护、传播普及等方面取得了系列重要成果；另一方面，城市旅游在产品开发、服务提升、形象推广等层面实现了文化与经济的多元价值。总体而言，以实现中华优秀传统文化创造性转化、创新性发展为动力和契机的非遗旅游，呈现出产业创新发展的新格局和新样态。

一　非遗旅游产业化发展新态势

（一）数字技术深度赋能产业发展

在物联网等技术的推动下，"元宇宙"于2021年悄然兴起，同年入选国家语言资源监测与研究中心发布的"2021年度十大网络用语"。各行各业对"元宇宙"开发研究的热情持续升温，迅速蔓延至蓬勃发展的非遗旅游产业实践。2023年4月7日，全国首个利用虚拟现实、人工智能、区块链等技术研发

---

① 《2023年国内旅游数据情况》，中华人民共和国中央人民政府，2024年2月10日，https：//www.gov.cn/lianbo/bumen/202402/content_6931178.htm。

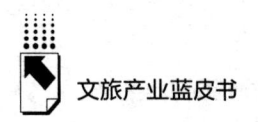

的平台——"山东文旅数字场景化平台（山东文旅元宇宙平台）"由山东演艺集团在青岛举行上线仪式。该平台以省域文旅资源为主体，用户可通过App或VR头戴设备实现对虚拟旅游景区、文创场馆、文化演艺等模块和场景的沉浸式体验。

2023年2月，中共中央、国务院印发《数字中国建设整体布局规划》，提出"推进文化数字化发展，深入实施国家文化数字化战略"的远景目标。iBox前瞻产业研究院统计数据显示，2023年第一季度，传统国画、皮影、剪纸、刺绣等非遗数字藏品位列消费者喜爱度排行榜前十，而2023年上半年，文旅类数字藏品的市场热度由2022年的第7位跃升至第4位。[①] 以iBox链盒携手爱奇艺推出的《风起洛阳》和张小泉非遗手工锻制家用剪两个系列的数字藏品为例，前者可实现消费者在主题VR全感互动线下馆的实时体验，而后者可让消费者同步完成品牌线下数藏巡展的"City Walk"之旅。

在数字技术与文化的赋能下，借助VR/AR、人工智能、云计算、区块链等现代新兴技术，将传统非遗文化与数字化展演展示、数字藏品发行、线下展馆体验等方式有机结合，不仅可以显著提升非遗活态传承、保护利用的数字化、智能化、信息化水平，而且有助于激发非遗在当代旅游实践中的活力。

（二）夜间经济持续激发产业活力

据中国旅游研究院发布的《2023中国夜间经济发展报告》，2023年1~8月，游客月均夜间出游频次为3.27次，夜间出游意愿达95%。[②] 2020年后，夜间旅游市场需求勃发。疫情常态化防控后，夜间旅游呈现阶梯式回暖趋势，消费焦点开始从一、二线城市向三、四线城市下沉。从季节特征看，夏季仍是夜间旅游的黄金期，避暑游、消夏游等夜游品牌在各地文旅市场打响。

2023年12月8日，"2023中国旅游产业影响力案例名单"发布。其中，北京世园花灯艺术节、"清新福建·共享非遗嗨一夏"主题活动、三江侗族非

---

① 《2023年中国数字藏品行业需求市场分析 文旅、非遗类数字藏品需求规模较大【组图】》，网易网，2023年8月20日，https：//www.163.com/dy/article/ICJOC1HL051480KF.html。
② 《〈2023中国夜间经济发展报告〉：2023年夜间消费需求全面恢复 夜间出游意愿达95%》，中国旅游新闻网，2023年10月15日，http：//www.ctnews.com.cn/jujiao/content/2023-10/15/content_ 151339.html。

遗特色旅游演艺活动等入选"非遗与旅游融合特色活动典型案例",而在"旅游促消费创新实践典型案例"的评选中,江苏"璀璨常州 点亮中国"文旅夜间经济创新发展营销活动、江西"百城百夜"文化和旅游消费季、新疆伊宁六星街"特精优小聚集"引爆夜间消费等优秀个案入选。

夜游、夜宴、夜宿、夜娱、夜购、夜行构成了夜间旅游的"六夜"场景。以夜娱为例,西安大唐不夜城的"长安十二时辰"街区、景德镇的"夜珠山"消费带、北京欢乐谷的《长风渡》街区等新空间、新场景的营造,以及再现景德镇青白瓷技艺的《夜宋》、以敦煌博物馆为IP打造的《敦煌绮梦》等非遗沉浸式夜间秀演的推出,持续激发"非遗+夜间旅游"的产业活力和消费潜力。

在越"夜"越精彩的发展态势下,夜间经济不但精准对接年轻人旺盛的夜间消费需求,还尝试与"她经济""银发经济""童经济"创新融合,并推动以非遗为主题的夜间文旅样态从"一季游向四季游"转变。

(三)区域合作广泛释放行业潜力

2023年9月12日,《中共中央 国务院关于支持福建探索海峡两岸融合发展新路 建设两岸融合发展示范区的意见》发布,明确提出践行"两岸一家亲"理念,以通促融、以惠促融、以情促融,建设海峡两岸融合发展示范区的总体要求。具体包括促进福州与马祖在文化旅游等领域创新融合,开展闽台以妈祖为精神纽带的民间信俗交流活动,鼓励台胞申请福建省级非遗代表性传承人,支持闽台妈祖宫庙联合开展人类非物质文化遗产代表作名录项目"妈祖信俗"保护行动,等等。

由于文化旅游产业本身具有开放性、关联性特征,非遗文化的旅游开发应在资源整合、产业协作、地区联动的基础上进行整体性、系统性的规划和部署,彰显以区域共享合作为纽带的非遗旅游大格局。

自2014年大运河申遗成功以来,沿线18个城市成立的"京杭大运河城市旅游推广联盟"让运河非遗得到有力的保护和传承,运河非遗旅游的影响力也逐年扩大。随着黄河国家文化公园、长征国家文化公园、长城国家文化公园建设的有序推进,经济带沿线地区之间的交往合作愈加紧密。2023年4月26日,在第11届敦煌行·丝绸之路国际旅游节上,2023年丝绸之路旅游推广联

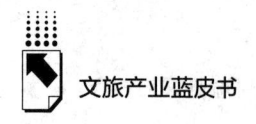

盟联席会议、第32届西北旅游协作区会议、世界旅游联盟·丝路对话等区域合作活动相继举办；9月1日，由26国58城参与的丝绸之路旅游城市联盟在"2023'丝绸之路城市文化和旅游发展国际论坛'"上宣布成立。"一带一路"沿线城市的区域文旅合作自此开启了长效发展机制，通过客源互送、产品互补、线路互推等协作方式谋划新篇章、树立新典范。

二 非遗为城市旅游发展注入新动能

（一）非遗旅游的文化内涵进一步挖掘

据中国旅游研究院2023年3月发布的《世界旅游休闲城市发展报告》，文化休闲对于国内游客的吸引力正在显著提升，而从国际旅游市场上看，人文体验也是吸引外国旅游者到访中国的重要因素。报告显示，游客喜爱的前五类文化体验活动依次为看剧观展、文艺小资地打卡、文化场馆参观、演艺/节事和民俗体验。[1] 显而易见，随着人民物质生活水平的不断提高，过往的"看山看水"式的出游模式已经不能满足人们对"人间烟火"的感官渴望，游客对于认知、体验城市文化和娱乐休闲方式有了更高的向往和追求，"旅游城市"开始走向"城市旅游"。

在城市旅游建设系统中，"吸引"要素最为重要，而城市中的历史、文化、民宿、风情则构成了"吸引"的文化内涵。[2] 近年来，在统筹城乡融合发展和乡村振兴战略实施背景下，乡村文化作为中华优秀传统文化的重要组成部分备受瞩目。为了加快推进其创造性转化和创新性发展，乡村文化被赋予新的时代内涵和表现形式，并予以拓展和完善。而衍生于乡村居民集体记忆的乡愁文化，就属于新时代下一种特殊的地域文化表现形式。

有学者通过解析乡愁文化基因体系凝练出乡愁文化基因四大层级结构，并按照其重要性及功能特点开创性地构建了乡愁文化与乡村旅游融合的发展模式，包括以家庭牵绊和乡村生活为主体基因提炼文旅主题定位，由自然景观和

---

[1]《〈世界旅游休闲城市发展报告〉发布》，中国旅游研究院（文化和旅游部数据中心），2023年3月27日，https://www.ctaweb.org.cn/cta/gzdt/202303/c2929dad82c44c208b395b157714dac2.shtml。

[2] 魏小安：《旅游城市与城市旅游——另一种眼光看城市》，《旅游学刊》2001年第6期。

建筑风貌构成的附着基因指导文旅景观设计，将劳作场景、文化记忆和地方节庆组成的混合基因融入文化空间建设，以及应用传统技艺的变异基因指导文创产品开发。这为当前乡村地区普遍存在的"文化空洞、泛化与雷同"现象提供了理论参考和行动指南。①

对乡愁文化基因内涵的挖掘，不仅是对乡村文化的动态传承与活化，更是对乡村振兴与文旅融合实践的有益探索。以浙江省淳安县探索非遗文化与乡村旅游的融合发展实践为例，当地深挖以"富文土烧"土酿技艺为代表的非遗文化内涵开发特色文旅商品，通过展销展演等系列活动，吸引众多游客和村民前来"感受具有乡土气息的非遗魅力，体验浓浓的乡愁"。②

（二）非遗文化体验拓展旅游新兴业态

非遗门类众多，承载着不同的历史文化和审美表达。因此，与旅游融合的非遗体验也具有差异性特征，并外化为旅游主题选择的多元性，而游客通过游览不同空间所获得的文化体验和情感认知亦不同。

非遗舞台展演从主题、内容到形式已经呈现多种创新模式，不仅形成"非遗+演艺"的文旅新业态，也是非遗活态传承的重要方式。2023年7月21日，第三届中国丹寨非遗周盛大开幕，贵州原生民歌擂台赛、非遗绝技秀、非遗时装秀、非遗服饰巡演等展演项目让游客参与式体验了非遗的魅力。在10月18~20日举办的客家文化（梅州）生态保护区非遗展演上，客家山歌表演、非遗舞蹈表演、提线木偶现代小戏及提线木偶书法茶艺表演等具有梅州客家文化特色的非遗节目，也为游客献上了一场文旅视听盛宴。而入选2023年新一批国家级文化生态保护区的客家文化（赣南）生态保护区推出的《山歌情》《八子参军》《一个人的长征》等赣南采茶戏均获得过国家级大奖。此外，"2023中国大运河非遗旅游大会"的园林实景锡剧表演、"2023全国非遗曲艺周"的曲艺展演、中国昆剧古琴研究会的恭王府非遗演出季等各类非遗演艺活动也竞相登场。

---

① 李星明、李笑玲、时朋飞、谭辉丽：《基于乡愁文化基因解码的乡村文旅融合路径研究》，《西南大学学报》（社会科学版）2024年第1期。
② 方素贞、谭结：《留住非遗里的"乡愁"》，《人民日报》（海外版）2023年10月30日，http://paper.people.com.cn/rmrbhwb/html/2023-10/30/content_26024161.htm。

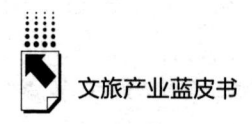

除了"非遗+演艺"模式，各地"非遗+景区"的融合建设也颇具亮点。这种模式的要义在于对原有非遗的生活空间进行再生产，使其转化为新形态的旅游空间，包括融入非遗文化的旅游度假区、古城、小镇、村落、街区等传统空间，以及非遗工坊、非遗体验基地、非遗展馆等新建空间。例如，2023年公布的"非遗工坊典型案例"涉及纺染织绣、食品制作、雕刻塑造等多类非遗项目。截至2023年12月，全国设立的6700余家非遗工坊成为衔接乡村振兴、推进共同富裕的重要实践场域。可以说，这些新型旅游空间因非遗而提升品质，也因非遗丰富了旅游内涵。

（三）非遗文创产品成为旅游消费新生长点

21世纪是创意经济时代。随着互联网技术的发展，文化生产范式已经从创意经济向创意者经济过渡。创意者经济是包含历史文化、主流文化和新兴文化三类文化形态的符号经济，其主要生产要素是文创IP，而文化IP则是文创IP的资源基础。2023年，上海、贵州、潮州、阿坝州、黔东南州等多地举办了非遗文创产品设计大赛，"黔图宝宝系列"潮流玩具、《村BA篮球》装饰画等竞赛作品脱颖而出。在"见人见物见生活"的理念引领下，非遗文创的设计者们不再单纯围绕历史文化IP做文章，而是着眼于结合主流文化生活和新兴潮流元素进行商品化研发。

据途牛旅游网发布的《2023年上半年度旅游消费报告》，26~35岁和36~45岁的中青年客群是旅游市场上的消费主力，国潮游、"City Walk"等新兴出游方式持续走红。[①] 2023年国庆、中秋双节期间，被网友戏称为"无语菩萨"的江西景德镇陶瓷博物馆藏品文创火爆出圈，展品"沉思罗汉"所在展厅也成为游客慕名前往景德镇"City Walk"的网红打卡地。

近年来，景德镇先进非遗陶瓷技艺的产业化发展如火如荼。例如，与三星堆博物馆联名推出系列陶瓷工艺文创，还与潮玩大厂泡泡玛特和潮流艺术家易燃合作推出行业首款1000%尺寸纯手工陶瓷"炉火纯青·燃"，易燃亲签手稿样品特别版以23万元成交价创造了中国潮玩收藏品单品全球拍卖最高成交纪

---

① 《途牛发布2023年上半年度旅游消费报告：国内游市场复苏强劲 旅游消费提升显著》，新浪网，2023年7月28日，https://cj.sina.com.cn/articles/view/1653603955/628ffe7302001hcv3。

录。截至2023年11月，景德镇陶瓷博物馆已累计开发各类文创商品200多款，甚至有单品创造了单日直播销售额超800万元的佳绩。① 在创意者经济环境下，千年瓷都在非遗文旅消费的浪潮中被唤醒了旺盛生命力。

三 城市旅游为非遗传承开辟新思路

（一）旅游产品盘活非遗文化资源

长期以来，很多地方的非遗旅游资源丰富，交通区位优势显著，但市场上的旅游产品相对单一，整体缺乏规模效应。随着非遗旅游产品客群的不断扩大，以非遗为主题规划开发的旅游线路可以提供更具个性化、本地化、多样化的特色旅游产品，这也是地区持续推进旅游产品转型升级，不断提升消费者满意度和市场竞争力的重要举措。

在2023年"文化和自然遗产日"宣传期间，除了各地延续推出系列化非遗主题旅游线路，如山东的"泉·民艺"17条精品线路、广东的"粤见非遗潮玩岭南"10条线路、江苏的"水韵江苏"20条线路等，一批定制化、套餐型的旅游产品相继涌现。2023年10月29日，陕西省文化和旅游厅联合西安铁路局积极探索"文旅+交通"的融合模式，深挖本地非遗资源，推出首趟秦腔文化定制旅游专列。截至2023年11月6日，定制专列已累计开行190趟，服务游客近11万人次，带动跟团游、自驾游等40万人次。②

2023年，被誉为"村BA和村超故乡"的黔东南州也先后推出4条非遗文化旅游精品线路。在锦绣精品游中，游客除了可以自驾中国乡村旅游1号公路，在丹寨万达非遗小镇感受匠心精神，还可以亲历"村BA"乡村嘉年华，管窥"中国式现代化窗口"的发展路径。黔东南农文体旅的深度融合发展模式，使全州2023年累计接待游客超7800万人次，实现旅游总收入超870亿元，同比分别增长1/4以上，入选途牛网《2023年度旅游消费报告》境内游

---

① 《景德镇陶瓷上新"拍了拍你"》，中华人民共和国文化和旅游部，2023年11月6日，https://www.mct.gov.cn/whzx/qgwhxxlb/jx/202311/t20231106_949534.htm。
② 《陕西首趟秦腔文化定制旅游专列开行》，中华人民共和国文化和旅游部，2023年11月6日，https://www.mct.gov.cn/preview/whzx/qgwhxxlb/sx_7740/202311/t20231106_949540.htm。

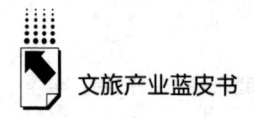

"黑马"目的地TOP10。①此外,结合传统制茶技艺的茶乡旅游线路、嫁接沙县小吃的饮食习俗旅游线路,以及多点开花的"非遗+文博"研学线路等,这些创新旅游产品无不彰显出非遗的精神气韵和当代价值。

(二)旅游营销拓展非遗传播渠道

2023年"文化和自然遗产日"宣传期间,全国将开展非遗宣传展示活动9800余场②,包括"2023全国非遗曲艺周"、"2023云游非遗·影像展"、非遗购物节等。除了传统的大型节事营销、主题营销等旅游营销方式,非遗还通过进入博物馆、景区、校园、社区等新空间,借助短视频、直播、微短剧、微电影等新视听形式,探索旅游营销和非遗宣传的新样式。

据2023年研究报告《中国世界遗产地新媒体传播动向》,非遗的媒体矩阵传播呈现主流媒体主导舆论,抖音等短视频内容激活创新性传播的态势。数据显示,中央广播电视总台与文化和旅游部联合推出的文化节目《非遗里的中国》第一季全网覆盖用户超75.4亿人次③,有力助推了地方文旅发展。在"2023中国大运河非遗旅游大会"上,无锡首部惠山泥人非遗主题微电影《塑说》首映。2024年1月12日,国家广播电视总局出台"跟着微短剧去旅行"创作计划,明确指出网络微短剧要从各类非遗中广泛取材,与文化旅游跨界融合,进一步延伸产业价值链。在互联网传播模式下,"云游"相关话题总播放量超18亿。④而借助淘宝、抖音等直播电商平台,"跟着东方甄选看甘肃"专场直播带火了甘肃等西北旅游市场,陶溪川陶瓷直播基地通过抖音平台为创客们实现营收超47.65亿元。⑤

---

① 《享养心之旅 听四季欢歌——黔东南州高质量推进旅游产业化》,贵州省人民政府,2024年1月26日,http://www.guizhou.gov.cn/ztzl/2024ngzlh/hg2023/202401/t20240126_83629990.html。
② 《加强非遗保护传承,全国各地将举办超9800项非遗宣传展示活动》,新浪网,2023年5月30日,https://news.sina.cn/2023-05-30/detail-imyvqezw7352443.d.html。
③ 《泸州老窖〈非遗里的中国〉圆满收官,全网覆盖用户超75亿人次!》,央视网,2023年7月27日,https://1118.cctv.com/2023/07/27/ARTIFx86KkSE9ku5dfmwHUjw230727.shtml。
④ 《〈中国世界遗产地新媒体传播动向〉研究报告发布》,中国非物质文化遗产网·中国非物质文化遗产数字博物馆,2023年12月24日,https://www.ihchina.cn/news_details/28755.html。
⑤ 《景德镇陶瓷上新"拍了拍你"》,中华人民共和国文化和旅游部,2023年11月6日,https://www.mct.gov.cn/whzx/qgwhxxlb/jx/202311/t20231106_949534.htm。

（三）在地情感提升非遗社会参与

"地方"是文化旅游经验发生的特定场域，被赋予特定的意义和价值，包括地方性生产、地方性感知等范畴。作为文旅融合的新兴产物，地方型创意旅游涵盖乡村度假、民宿节庆等不同旅游形态，强调审视地方资源、培育地方意识、实施地方赋权和协同地方治理。首先，地方型创意旅游以地方为舞台，以地方文旅产品和服务为载体，通过在地旅游经验创造出"流动的私藏"的地方认同和地方依恋。其次，地方型创意旅游形塑了游客独特的地方感，产生出连接情感、精神和信仰的地方想象。再次，在实施地方赋权中，地方型创意旅游的核心在于引导在地居民的自主参与，经由在地的陪伴式辅导重塑他们的地方自信。最后，地方型创意旅游的地方治理本质上是协同发展的共生模式，需要平衡政府单位、在地居民、外来游客、行业经营者等多方利益相关者的价值诉求。① 由此可见，创意旅游不仅重视文旅资源开发、文化价值展示、游客在地体验，更加强调游客与地方建立的情感连接和文化共享，最终构建关乎全体利益相关者的地方命运共同体。

在非遗旅游的产业实践中，贵州省黔东南的丹寨万达小镇就是地方通过非遗旅游构建命运共同体的生动写照。万达集团以政企合作的形式，以小镇为中心，将在地独特的非遗文化资源嫁接到乡村旅游中，整合带动全县多样态、全链条的产业发展。作为首个以精准扶贫为目标的非遗旅游小镇，丹寨万达小镇已建设形成兼顾多利益群体、统筹城乡发展、乡村振兴和社区营造的典型范本。2023年以来，丹寨万达小镇与榕江"村超"、台江"村BA"、镇远古城等一并构成黔东南4条旅游精品线路的重要节点。

四 新常态下非遗旅游发展问题及提升策略

从整体来看，目前，中国非遗与旅游的融合发展仍处于探索阶段，暴露出几大问题。其一，非遗与旅游的融合不深，体现在一些地方对非遗所蕴含的文化内涵、精神气韵、道德理念的深度挖掘仍显不足，非遗结合现代生活、生产

---

① 向勇：《创意旅游：地方创生视野下的文旅融合》，《人民论坛·学术前沿》2019年第11期。

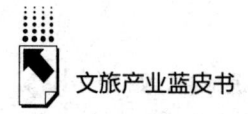

实践实现当代价值转化的能力还有待提升；其二，非遗与旅游融合的亮点不足，表现为部分新推出的非遗旅游项目亮点不够突出，项目的本地化、互动性、体验感、创造力有待增强，且仍存在商业模式和表现形式上的粗暴移植、简单复制等同质化、雷同化问题；其三，非遗与旅游融合的高度不够，表现在少数非遗旅游项目存在立意不深、站位不高、主题不清的问题，对非遗与旅游为何融合、如何融合的认识不足，还有片面追逐商业利益而忽视非遗承载的社会、文化效益等问题。

时下，非遗旅游已成为文旅产业融合发展的重要环节。因此，在维护非遗文化多样性和保护非遗文化原真性的基础上，各地政府部门、企业机构等市场主体应不断在非遗旅游的主题、内容、形式、业态上进行创新研发，满足日益壮大的非遗旅游客群的消费需求，开辟非遗旅游可持续性发展的有效模式和可行性路径。可供参考的策略建议包括：第一，加强因地制宜和区域行政调控，围绕目录分类进行针对性指导；第二，加速数字赋能和基础设施建设，推动完善文化数据治理；第三，强化主流媒体的舆论引导功能，传递社会主流价值；第四，重视基础研究和人才体系培养，加强保护传承队伍建设；第五，构建制度创新和政策保障体系，稳固行业企业发展信心。

中国旅游研究院发布的《2023年中国旅游经济运行分析与2024年发展预测》显示，2023年，国内旅游市场回暖明显，行业企业家信心、游客满意度等市场景气指数维持高位。2024年，宏微观利好因素相互叠加，旅游发展从"供给迎合需求"迈入"供给创造需求"的新阶段，全年"供需两旺、积极乐观"的市场可期。[1]

---

[1]《〈2023年中国旅游经济运行分析与2024年发展预测〉：2024年旅游市场主要指标或超历史最高水平》，中华人民共和国文化和旅游部，2024年2月5日，https：//www.mct.gov.cn/wlbphone/wlbydd/xxfb/zsdw/202402/t20240205_951187.html。

B.7
2023年中国康养旅游发展报告

李丽玲[*]

摘　要： 根据中共中央、国务院发布的《"健康中国2030"规划纲要》，要认真贯彻推进健康中国建设的行动纲领，到2030年，争取中国人均预期寿命达到79.0岁，中国健康产业总规模突破16万亿元。在国家政策和市场的推动下，2023年中国康养旅游发展呈现四大特征。一是人口老龄化促进享老需求提升。截至2023年底，全国60岁及以上的人口有2.97亿，预计到2035年将突破4亿。日渐弥合的"数字鸿沟"、较高的品牌忠诚度、独特的消费特征让老年群体越来越受市场关注。二是强调服务的连续性与一体化。从预防保健到疾病治疗，再到康复护理，形成一个闭环的高端医疗养生结合模式，正成为市场发展的重点。三是整合地方文化、自然资源和传统医疗技术的中医疗养项目正在精细化发展。四是融入了大自然魅力的生态康养项目呼吁人们重新审视健康的本质。

关键词： 康养旅游　享老服务　医药康养

一　2023年中国康养旅游发展背景

随着中国社会经济的快速发展及人口老龄化问题的日益凸显，健康养生逐渐成为人们关注的焦点。在此背景下，康养旅游作为一种新兴的旅游模式，不仅响应了国家的"健康中国战略"，而且满足了现代人追求高品质生活的心理需求，成为推动旅游业创新发展的重要力量。康养旅游融合了休闲旅游与健康养生的双重功能，旨在为游客提供既能放松身心又能促进健康的旅游体验。

---

[*] 李丽玲，澳门科技大学2023级传播学博士研究生，北京思哲山水旅游规划设计院院长，研究方向为康养旅游、文旅传播。

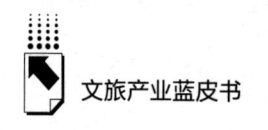

（一）中国康养旅游发展历程

"康养旅游"是一个多维度、跨领域的概念，其内涵丰富且不断发展。康养旅游的相关概念最早可追溯到1946年，世界卫生组织在纽约召开的国际卫生大会上通过的《世界卫生组织宪章》对"健康"概念进行了界定，健康包含个体在身体、心理和社交层面均处于全面良好状态，而非仅仅表示没有患病或未处于虚弱状态，这成为全球"健康运动"的开端。[①] 之后，世界卫生组织再次修改了健康的定义，将健康细化为躯体健康、心理健康、良好的社会适应能力和道德健康。[②]

中国康养旅游的发展要从20世纪八九十年代说起，当时由于大量外资进入中国，以及国外先进理念的影响，中国沿海和部分大城市相继出现康养旅游项目，这个时期的康养旅游以高端、豪华、奢侈为主要特点，服务于高收入人群。

进入21世纪，在庞大的潜在市场驱动、国家政策支持、互联网技术突破、人们生活方式及观念发生转变等因素驱动下，中国健康产业迎来黄金发展期。2015年，党的十八届五中全会明确提出推进健康中国建设任务，健康养老产业频获政策支持。2016年，中共中央、国务院印发《"健康中国2030"规划纲要》，并强调该纲要是今后15年推进健康中国建设的行动纲领，到2030年，中国的健康产业将达到16万亿元。之后，每年的政府工作报告中都强调建设健康中国的重要性，指出人民群众身心健康、向善向上，国家必将生机勃勃，走向繁荣富强。

中国文化和旅游产业研究院数据显示，2018年全国参与康养旅游的游客规模不少于11亿人次，接近全国旅游总接待人次的19.5%，总收入1.7万亿元，相当于旅游业总收入的28.5%，对GDP贡献率首次超过3%。[③] 据文旅部

[①] 王欣、陈微、王国权：《国内外康养旅游研究进展综述》，《中国康养旅游发展报告（2019）》，社会科学文献出版社，2020，第199页。
[②] 《2023年中国康养旅游行业发展现状及前景展望，市场需求逐渐多样化》，华经情报网，2023年4月2日，https://www.huaon.com/channel/trend/881307.html。
[③] 徐虹、于海波：《大健康时代旅游康养福祉与旅游康养产业创新》，《旅游学刊》2022年第3期。

数据及测算，2023年，国内出游人次48.91亿，比上年增加23.61亿，同比增长93.3%；国内游客出游总花费4.91万亿元，比上年增加2.87万亿元，同比增长140.3%；国内出游人次和国内旅游收入分别恢复到2019年的81.38%、85.69%。①

（二）2023年康养旅游理论探索

在探讨中国康养旅游的进展时，诸多学者通过多角度研究提供了丰富的理论支撑和实证分析，选取2023年部分学者具有代表性的研究内容进行分析，可以了解康养旅游的研究现状。杨文凯、李丽和邢琦娜为我们展示了在"双循环"经济背景下，山东如何通过整合康养与旅居业态来挖掘内需潜力。他们指出，要满足康养消费群体的高品质需求，就必须创新服务理念，打造精品项目，并跨越数字鸿沟以构建现代化的智慧生活场景。②

王波则聚焦于四川盐边县分析了"康养+文旅"产业项目的发展现状及规划措施。他的研究强调了融合策略的重要性，认为通过推进旅游商品开发和商贸活动可以有效地提升盐边县康养文旅品牌的知名度和吸引力。③

郭强、张志文和陈小兰着眼于政策引领下的创新路径，认为海洋康养旅游是新时期旅游发展的新业态和新趋势，能够与传统旅游及其他多个产业进行深度融合，进而推动产业结构调整和民生改善。④

曾鹏、汪玥和邢梦昆则通过对巴马长寿村的深入分析，展现了生态休闲康养型民族特色村寨在旅游空间生产和重构过程中的可持续发展路径。他们的研究基于空间生产理论提出一种对民族特色村寨旅游空间的新理解。⑤

最后，李俏和陶莉以及黄家璇和赵希勇分别从农村康养产业发展和老年康

---

① 《2023年国内旅游数据情况》，中华人民共和国文化和旅游部，2024年2月9日，https://zwgk.mct.gov.cn/zfxxgkml/tjxx/202402/t20240208_951300.html。
② 杨文凯、李丽、邢琦娜：《"双循环"背景下山东康养旅居行业发展路径》，《旅游纵览》2023年第19期。
③ 王波：《四川盐边县"康养+文旅"产业项目发展策略》，《现代园艺》2023年第18期。
④ 郭强、张志文、陈小兰：《政策引领下的海洋康养旅游发展创新》，《旅游学刊》2023年第12期。
⑤ 曾鹏、汪玥、邢梦昆：《生态休闲康养型民族特色村寨旅游空间的生产与重构——以巴马长寿村为例》，《贵州民族研究》2023年第5期。

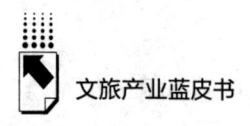

养旅游基地高质量发展的角度探讨了当前存在的问题和挑战，并提出相应的对策建议。他们强调了政策协同、顶层设计、人力资源专业化等的重要性，旨在实现康养旅游产业的可持续和高质量发展。①

综上所述，各位学者的研究不仅涵盖了行业发展路径的探索，还包括了具体区域的案例分析和政策机制的构建。这些研究成果为我们提供了一个全面而深入的视角，可以帮助我们更好地理解和把握中国康养旅游发展的趋势和挑战。

（三）2023年康养旅游实践经验

2023年，中国的康养旅游市场正在蓬勃发展，政府的政策支持和社会资本的积极参与为行业注入了强劲动力。在实践方面，中国多地已经开始尝试结合本土文化和资源优势打造具有地方特色的康养旅游项目。如四川盐边县利用当地丰富的自然资源和文化遗产发展"康养+文旅"产业项目，力图构建独具特色的康养旅游品牌；而巴马甲篆康养小镇则侧重于品牌的塑造和文化传承，试图形成一个完整的生态体系。这些案例表明，中国康养旅游正在从单一的医药康养向更加综合化、多样化的方向发展。

与此同时，国外的一些成功案例则提供了更多可资借鉴的经验。以日本为例，其康养旅游不仅注重服务的专业性和个性化，还在细节上下足功夫，比如针对老年人的餐饮、住宿和交通服务都进行了特别设计和优化。此外，日本的温泉疗养地就是一个将传统文化资源转化为康养旅游资源的成功典范，吸引了大量国内外游客。

德国则以其完善的医疗体系和康复中心为基础，发展出集医疗、康复与旅游于一体的康养模式。巴登等城市借助其丰富的温泉资源和高水平的医疗服务成为世界著名的康养旅游目的地。此类模式强调专业服务和个性化治疗计划，吸引了大量寻求特定治疗方案的游客。

再如，泰国通过打造整合传统泰式按摩与现代休闲旅游的综合度假村，成功地使康养旅游成为国家旅游产业的重要组成部分。泰国政府和企业不断投入

---

① 李俏、陶莉：《农村康养产业发展的理论阐释、多元实践与政策协同》，《南京农业大学学报》（社会科学版）2023年第3期；黄家璇、赵希勇：《基于DEMATEL-ISM-MICMAC法的老年康养旅游基地高质量发展关键因素研究》，《旅游科学》2023年第2期。

资金用于康养设施的建设和服务人员的专业培训，确保游客在接受康养服务的同时享受到高品质的旅游体验。

此外，地中海地区诸国利用得天独厚的气候条件和海岸资源，发展出以阳光、海洋和健康饮食为核心的康养旅游产品，强调自然治愈力量与身心健康的结合。例如，希腊和西班牙的部分地区专注于发展老年康养旅游市场，提供定制化的健康管理计划和养生项目，满足了不同年龄层对健康旅游的需求。

国内外成功的康养旅游经验表明，结合地方特色资源、创新服务模式、提升专业化水平以及满足多样化需求是促进康养旅游发展的关键。这些经验对于中国推进康养旅游产业发展，尤其是在品质提升、品牌建设和市场开拓方面具有重要的借鉴意义。学习国际先进的理念和实践，结合中国自身的文化背景和社会需求，可以更好地构建符合中国国情的康养旅游发展模式。

二　2023年中国康养旅游产品特征

（一）人口老龄化促进享老需求提升

随着人口老龄化的加剧以及生活水平的提高，老年群体在康养旅游市场中占据了日益重要的地位。根据国家统计局最新公布的人口统计数据，截至2023年末，全国60岁及以上的人口已达2.97亿，占全国人口的21.1%，预测到2035年前后，老年人口将突破4亿，中国将由中度老龄化社会迈入重度老龄化社会。目前，中国46~60岁人口约33678万人，超过3亿人处于"备老"阶段，未来10年间，中国将迎来史上最大退休潮。[①]

老年群体的消费行为特征由多重因素塑造，包括生理变化、心理需求、社会角色的转变以及对健康生活的追求。老年消费者对康养旅游的需求往往以身体和心理健康为核心。他们倾向于选择那些能够提供医疗保健服务、具有养生

[①]《全国政协委员葛桂录：应大力发展"备老经济"增进老年人福祉》，"中国日报网"百家号，2024年3月7日，https://baijiahao.baidu.com/s?id=1792831469676107960&wfr=spider&for=pc。

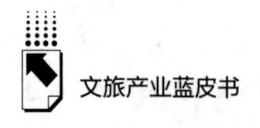

功效的旅游项目和目的地。此外，安全舒适的居住环境、丰富的文娱活动以及与同龄人群的社交互动也是他们考量的重要因素。

值得注意的是，随着"数字鸿沟"的逐步弥合，越来越多的老年人开始通过互联网平台获取信息并预订旅游产品，但他们在线上消费时仍显示出相对谨慎的态度，偏好使用熟悉的支付方式和渠道。

此外，老年消费者的忠诚度较高，一旦认定某个品牌或服务，通常会形成长期的消费习惯。他们的消费决策也常受到家庭成员的影响，尤其是受到子女对旅游地点的安全性、医疗条件等方面的意见和建议的影响。

总体而言，老年消费者在康养旅游市场中展现出独特的消费特征。他们对健康和安全的需求高于其他年龄段，且在消费决策上更为审慎和理性。因此，康养旅游服务提供商需深入了解这一客群的内在需求，设计出符合其期望的产品和服务，同时通过多渠道营销策略来适应老年消费者的信息获取习惯，以此吸引并维系这一重要市场细分群体。

（二）智能技术引领高端医疗旅游

依托高新智能技术的支撑，高端医疗与养生结合的服务模式是康养旅游发展的创新性典范，它不仅仅是将医疗服务与养生休闲简单叠加，而是追求两者在理念、资源、功能上的深度融合。这一模式基于对现代人群健康需求的深刻洞察，旨在构建一个既能提供专业医疗支持，又能营造舒适养生环境的综合性服务平台。

高端医疗与养生结合模式强调服务的连续性与一体化，从预防保健到疾病治疗，再到康复护理，形成一个闭环的健康管理体系。在实践中，这种模式往往涉及医疗机构与旅游景区或康养基地的合作，通过打造特色医疗团队和定制化康养项目满足游客多样化的健康需求。比如，依托现代医疗设施的城市型康养中心就可能聚焦于高端体检、慢性病管理等服务。

目前，该模式在运营机制上呈现多元协同的特点。一方面，政府的政策支持和行业指导发挥着不可或缺的作用；另一方面，市场主体的参与推动了服务创新和品质提升。例如，政府可通过财政补贴、税收优惠等手段激励医疗机构参与到康养服务中来，同时，私营企业则可依托灵活的市场机制探索与国际医疗品牌合作，引入先进的健康管理理念和技术。

此外，医养结合模式下的服务交付也呈现智能化趋势。数字化健康档案、远程医疗咨询、智能穿戴设备等技术的应用，不仅提高了服务效率和质量，还增强了游客的个性化体验。借助大数据和人工智能分析，康养服务提供商能够更准确地把握消费者偏好，优化服务供给，实现精细化管理。

（三）中医疗养实现调息康体

在康养旅游的浪潮中，中医疗养项目作为核心组成部分正日益受到游客的重视。此类项目不仅为游客提供了健康与休闲结合的体验，更是推动地方经济发展和创新实践的重要领域。在"双循环"经济格局下，内需市场的拓展尤为关键，中医疗养项目恰恰能够响应这一战略需求，通过提供多样化的服务吸引具有不同需求的消费群体。

中医疗养项目的创新在于整合当地文化、自然资源以及现代科技，打造具有地域特色的健康体验产品。如中医院旅游资源的开发利用，可以结合绿色生态、康体运动以及静心冥想等多种方式形成独具特色的康养体验。在具体实施过程中需关注几个关键点：一是服务主体的专业能力提升，包括对从业人员的培训以及对服务质量的持续改进；二是项目内容的多元化设计，旨在满足从青年到老年不同年龄段的需求；三是数字化技术的融入，借助智能健康管理平台为游客提供个性化的康养服务方案。

除此之外，中医疗养项目的高质量发展亦离不开政策支持与市场引导。政府与企业应携手合作，共同构建一个涵盖研发、投资、运营等多环节的产业生态链。通过这样的合作模式，可以有效地将科研成果转化为实际服务项目，进而推动整个康养旅游行业的创新升级。

（四）生态康养小镇感受大自然疗愈之旅

生态康养的理念融入了大自然的魅力，呼吁人们重新审视健康的本质。远离都市喧嚣，亲近自然，人们能够放下焦虑、释放压力，感受到大地母亲的关怀。这并非简单的旅行，更是一场疗愈之旅，通过大自然的恩赐重新找回身心平衡的和谐旋律。在这神奇的旅程中，大自然不仅是风景的背景，更是无私的医者，为我们提供独特的疗愈力量。河流的潺潺流水、森林的青翠蔽日，每一处自然景观都如同一剂柔和的药，轻轻滋养着疲惫的身体和不安

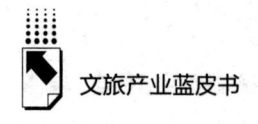

的心灵。

生态康养小镇是通过对大自然进行开发利用达到健康养生目的的发展模式，目前正逐渐成为中国旅游产业发展的一大亮点。其规划与建设不仅体现了区域发展的新思路，也展现了多产业融合的新趋势。在建设生态康养小镇时，规划者通常将健康、养生、养老等元素融入其中，打造服务全产业链的特色社区。在生态康养小镇中，品牌塑造、旅游服务和文化传承共同构成了一个生态体系。此类小镇往往依托得天独厚的自然资源和深厚的文化底蕴，通过精心策划和科学规划形成独特的吸引力。在此基础上，高质量的生活配套、专业的医疗服务以及丰富的文化活动共同满足了游客和居民的康养需求。

生态康养小镇的发展主要有以下几个关键点。①资源整合：充分挖掘当地的自然景观、气候条件、历史文化等资源，实现资源的优化配置和高效利用。②合理规划康养居住区、医疗健康区、休闲娱乐区等功能区，确保各功能区既相互独立又和谐统一。③建立完善的康养服务体系，包括医疗保健、康复理疗、心理咨询、文化娱乐等多元化服务内容。④保护和改善小镇的自然环境，打造宜居宜业宜游的生态空间。⑤运用现代信息技术提升小镇的管理效率和服务水平，为居民和游客提供便捷智能的体验。⑥贯彻绿色发展理念，注重生态保护和资源节约，确保小镇的长远发展。

结　语

康养旅游作为一种结合了健康、养生、休闲与旅游的复合型产业，在中国的发展已经展现出蓬勃的生机。从现状来看，中国康养旅游市场正在逐渐形成多元化的格局。一方面，传统的康养资源如温泉、山林等自然景观依旧是吸引游客的主要因素；另一方面，随着人们生活水平的提高和健康意识的增强，对于康养服务的需求也更加多样化和个性化。在这种背景下，一些地区通过整合当地文化、医疗等资源发展出具有地域特色的康养旅游产品，取得了显著的社会效益和经济效益。

然而，康养旅游的发展同样面临诸多挑战。例如，市场上的康养旅游产品和服务质量参差不齐，缺乏统一的标准和规范。这不仅影响了消费者的体验，也对整个产业的健康发展造成了不利影响。此外，康养旅游的市场营销和品牌建设方面也存在不足，许多优质的康养资源和服务尚未得到充分宣传和推广。

在人才方面，康养旅游产业的人才短缺问题日益凸显。尽管市场需求不断增长，但专业人才的培养和引进却未能跟上步伐，这在一定程度上限制了康养旅游服务的专业化和品质化发展。

再者，随着科技的进步，数字化、智慧化成为推动康养旅游产业升级的重要力量。如何有效地利用大数据、云计算、人工智能等现代信息技术提升康养旅游的服务效率和管理水平，是当前产业发展中亟待解决的问题。

综上所述，中国的康养旅游产业虽然取得了一定的成绩，但仍面临标准化、品牌化、人才培养、科技应用等多方面的挑战。针对这些问题，需要政府、企业和社会各界共同努力，加强顶层设计，完善产业政策，加大科技创新力度，培养专业人才，从而推动康养旅游产业的高质量发展，满足人们日益增长的健康生活需求。

B.8
2023年中国主题乐园旅游发展报告

黄 莺 白絮菲*

摘　要： 2023年，主题乐园旅游火爆复苏，随着出游人数的不断增加，各类主题乐园吸引游客的方式也层出不穷，这些营销活动也使2023年主题乐园的发展呈现特色化、地域化趋势。火爆的主题乐园呈现两种建造方式，一是"主题乐园+"模式，旨在为游客营造舒适、欢乐的环境氛围；二是依靠本土文化，体现当地人文特色，发挥地域优势，给游客独特体验。这些主题乐园不仅提供了丰富的娱乐项目，而且带动了周边经济的发展，为当地创造了大量的就业机会。

关键词： 主题乐园旅游　哈尔滨冰雪大世界　泡泡玛特

2023年，全国的旅游经济得到复苏，五一、国庆长假出游人数按可比口径均超越2019年同期。艾瑞UserTracker数据显示，2023年在线旅游App流量稳步复苏，1～10月月均同比增长40%左右。[①] 随着旅游市场的不断变化和升级，主题乐园也不断创新和发展，以满足日益多样化的游客需求。中国现在是世界第二大主题乐园市场，相关数据显示，2023年最受欢迎"人文景点"排名前三的分别是长隆野生动物世界、上海迪士尼度假区、北京环球度假区[②]，同时，中国其他本土主题乐园也火热"出圈"，并打造特色化的运营模式吸引

---

* 黄莺，澳门科技大学电影学院助理教授，电影管理博士，研究方向为影视管理与新媒体；白絮菲，澳门科技大学电影学院电影管理硕士研究生，研究方向为影视管理。
① 艾瑞咨询：《2023年在线旅游平台用户洞察研究报告》，艾瑞网，2024年1月4日，https://report.iresearch.cn/report/202401/4286.shtml。
② 马蜂窝：《2023旅游大数据系列报告：重返世界》，道客巴巴，2023年12月24日，https://www.doc88.com/p-31973484779347.html。

更多游客到来。

尽管面临来自环球影城和迪士尼乐园等国际领先主题乐园的压力，但以长隆野生动物世界为首的本土主题乐园以投资组合的庞大规模、连锁店的数量和广泛的地理覆盖范围等优势吸引了大多数游客。

一 主题乐园发展趋势

2023年，主题乐园延续了以往"主题乐园+"的优势，同时也不断挖掘本土优势，赋予主题乐园更多意义和情怀。同时，不同城市所建设的主题乐园加入了中国特色，将地域文化尽数展现在主题乐园中，体现景点独特性，提高了游客的民族自豪感。由2023年主题乐园的发展趋势可以看出，主题乐园不断获取市场份额，日益激烈的竞争给运营商带来了提供新产品的挑战和机会，以提高游客的现场和场外体验，这也带来了分化和多样化。

（一）"主题乐园+"模式给游客带来双重体验

主题乐园主要涵盖以大型游乐设施为主体的游乐园、大型微缩景观公园，以及致力于情景模拟和环境体验的各类影视城、动漫城等园区，政府建设的公益性城镇公园、动植物园等并不包含在内。大型主题乐园拥有充足的资金，可以与政府和大型企业展开合作。所谓的"主题乐园+"模式，是指主题乐园依托其环境优势，打造出诸如"主题乐园+动物园""主题乐园+水上乐园"等多样化形式。例如，重庆乐和乐都动物主题乐园作为重庆市政府唯一承认的主题乐园项目，是在原有重庆野生动物世界的基础上历经四年时间打造的休闲度假主题乐园。而广州长隆旅游度假区凭借其临近南海的地理优势，以及以"水"为主题的设计，集游乐园、水上世界、动物园、马戏团等多个旅游区域于一体，每年吸引了众多游客前来。为了满足游客的需求，主题乐园通常选址于交通便利、景点食宿娱乐一体的地区。通过各种互动景点、表演和节目，为游客提供丰富的感官体验，让他们充分沉浸于周围的环境之中。这些互动和体验进一步增强了游客的沉浸感。

在2023年的旅游市场中，"00后"和"90后"消费者所占比例高达

68%，已逐渐成为旅游业的主力群体。① "主题乐园+"模式使景区更具年轻化和活力化特点，更加契合现代年轻人的消费偏好。《2023年在线旅游平台用户洞察研究报告》称，年轻一代消费者注重性价比与品质，信赖品牌背书。他们表示，在选择旅游产品时，"重视性价比，会仔细比较质量和价格""优先考虑熟悉或知名品牌""愿意为优质产品和体验支付更高价格"。② 与"00后"消费者的追求不谋而合的是，主题乐园正是以游客体验感和参与感为核心的。"主题乐园+"模式进一步强化了这一特点。以"主题乐园+动物园"为例，主题乐园的设置使游客可在园区内住宿，丰富多样的服务延长了游客的游玩时间。同时，主题乐园增强了景区的娱乐性、丰富了游玩项目，使游客能更轻松地享受游玩氛围，更好地体验景区文化，增强与环境的互动性，从而达到旅游的目的。

主题乐园产业在近年来取得了显著的发展成果。2023年，一些运营商开始关注特定受众的市场需求，尝试扩展产业链，将相应的IP（知识产权）引入主题乐园市场以实现更大的经济效益，为行业注入新的活力。这种"主题乐园+IP"的运营模式无疑是拓展客户群体的最佳策略。以泡泡玛特为例，这家以盲盒为主要销售形式的企业已经在韩国、日本、美国、加拿大、英国、新加坡等23个海外国家开设线下旗舰店，具备一定的受众基础和全球影响力。泡泡玛特主题乐园的开设，对于朝阳公园以及泡泡玛特本身来说，是一次双赢的合作。2022年，消费行业普遍遭受冲击，泡泡玛特全年财报显示，当年营收46.2亿元，同比增长2.8%；调整后净利润5.7亿元，同比下降42.7%。③ 2023年6月，国家市场监督管理总局发布《盲盒经营行为规范指引（试行）》，规定"盲盒经营者不得向未满8周岁未成年人销售盲盒。向8周岁及以上未成年人销售盲盒商品，应当依法确认已取得相关监护人的同意。盲盒经营者应当以显著方式提示8周岁及以上未成年人购买盲盒需取得相关监护人同

---

① 马蜂窝：《2023旅游大数据系列报告：重返世界》，道客巴巴，2023年12月24日，https://www.doc88.com/p-31973484779347.html。
② 艾瑞咨询：《2023年在线旅游平台用户洞察研究报告》，艾瑞网，2024年1月4日，https://report.iresearch.cn/report/202401/4286.shtml。
③ 申潇轶：《泡泡玛特2022全年营收46亿 净利润仅为5.7亿元》，潇湘晨报网，2023年3月29日，https://www.xxcb.cn/details/2q8biSYgB6423e82d0c4e471e3b71c6b6.html。

意。盲盒经营者应当采取有效措施防止未成年人沉迷，保护未成年人身心健康，在解决未成年人消费争议方面提供便利"。面对市场和政策的双重压力，泡泡玛特集团开始寻求新的业务领域。在这样的背景下，泡泡玛特城市乐园应运而生。这是泡泡玛特集团打造的首个潮玩行业沉浸式IP主题乐园，于2023年9月26日在北京朝阳公园开业。盲盒的销售价格相对较高，因此，其目标客户群体为具有一定消费能力的高质量年轻人群，这与主题乐园的消费群体基本一致。主题乐园运营商在自有IP的支持下拥有更多自主权，如在园区建筑设计、商品销售等方面，这有助于提升顾客的游玩体验。结合市场需求和特色IP，主题乐园可以在市场竞争中脱颖而出，赢得更多消费者的喜爱。

（二）无法复制的本土化特色

主题乐园的核心在于其鲜明独特的主题，无论是文化、历史还是科幻，皆需具备吸引游客的魅力。主题的独特性和差异性构成了主题乐园竞争力的核心。中国本土主题乐园运营商巧妙地规避了国内可持续发展的影视IP资源匮乏的问题，转而重视与本地文化及地域特色融合，彰显本地独特的旅游文化。中国幅员辽阔，文化底蕴深厚，各地文化各具特色。丰富多彩的自然生态、名城古镇和传统文化是旅游度假区空间布局的资源依托，也是时间延展的产品载体。[1] 近年来，人文旅游逐渐受到大众喜爱，推动了文化主题乐园的发展。例如大唐芙蓉园，其位于陕西省西安市雁塔区大雁塔东南侧，是一个全方位展示盛唐风貌的大型皇家园林式文化主题乐园景区，5A级景区旅游活跃度盘点月报显示，2023年7月，大唐芙蓉园日均人流量指数在主题乐园类5A级景区中排名第一，高达719.7，比第二名长隆旅游度假区高出近一倍。[2] 中国特色文化主题乐园建立在人民日益增长的民族自豪感之上，其火爆的人气离不开传统文化的宣传推广。这反映出越来越多的人愿意选择在国内旅游，对本土文化充满热爱。

主题乐园的附加服务旨在满足游客在园内停留期间的各种需求，从而提

---

[1] 戴斌：《旅游度假区的中国风与世界范》，"旅游度假区的中国风与世界范"专题辅导报告会，河南郑州，2023年11月10日。
[2] 艾瑞咨询：《艾瞰系列：5A景区旅游活跃度盘点月报》，道克巴巴，2023年9月18日，http://www.doc88.com/p-31961266960675.html。

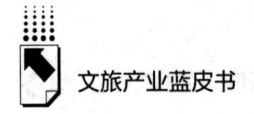

升游客的整体满意度，进而成为公园的重要收入来源。特色服务与景区文化的紧密结合能够凸显景区的核心主题，给游客留下深刻印象。例如，大唐芙蓉园摒弃了传统的门票收入模式，转而将主要收入寄托在文化演出上，以展示浓厚的唐风国韵。同时，园区内的建筑风格亦带动了周边民族服饰装造拍摄产业的消费热潮。这种地域文化特色使其他地区难以模仿，从而提升了景区的竞争力。

中国地域广阔，地区气候存在较大差异。2023年，主题乐园的受欢迎程度与景区的季节性效应紧密结合。越来越多的旅游者希望获得独特、个性化的旅行体验，特殊的景观、场景、文化活动等都可以成为一个城市或景区吸引游客的亮点。哈尔滨的主题乐园运营者将地域差异、地方的独特性文化不断放大，以冰雪为主题吸引南方地区的游客。第二十五届哈尔滨冰雪大世界于2023年12月18日正式开园迎客，园区总体规划面积81万平方米，规模为历届最大。2024年1月5日，在"2024中国冰雪旅游发展论坛"上，哈尔滨冰雪大世界被认定为世界最大冰雪主题乐园，成功挑战吉尼斯世界纪录。开园以来，以大学生为主的游客群体显著提升了当地旅游收入。主题乐园的广受好评主要体现在配套服务上。在餐饮方面，冰雪美食馆不仅提供了当地极具特色的马迭尔冰棍、齐齐哈尔烤肉、俄式西餐等，还有各地的各种中式、西式的美食满足不同口味需求。在娱乐方面，主题乐园不仅有冰雕景观，还有各类冰上演出和运动项目。游客至上的理念提升了哈尔滨冰雪旅游的影响力。此外，哈尔滨冰雪大世界的营销宣传呈现"城市化"趋势，冰雪主题不仅是乐园的主题，更是哈尔滨整个城市的主题，哈尔滨文旅局打造文旅IP，展示城市热情好客的形象，为游客提供身临其境的体验，成功带动了哈尔滨乃至周边城市吉林、长春的旅游消费。

哈尔滨冰雪大世界的成功为中国主题乐园的创建开启了一个全新的思维模式。在此之前，文旅部门以及相关政府部门在策划和打造主题乐园时，往往将注意力集中在固定的地址和建筑上。然而，哈尔滨冰雪大世界的成功案例告诉我们，可以从游客的心理需求出发，创新地打造具有限定性和地域特色的主题乐园产品，在主题乐园的规划和建设过程中，充分挖掘当地的历史、民俗、自然等资源，以打造独具特色的主题区，并运用短视频等营销手段精准地推送主题乐园的相关信息，吸引游客的关注。

二　主题乐园的可持续发展策略

《中国文化产业和旅游业年度研究报告（2023）》显示，全国规模以上文化及相关企业数量已超过7万家，文化及相关产业规上企业营收增速显著提升，但人均旅游消费、出入境旅游仍未恢复至2019年水平。[①] 也就是说，中国的旅游行业历经一年发展，仍有市场缺口，经济还在恢复当中。在旅游产业激烈竞争的压力和市场缺口所带来的发展机遇下，主题乐园产业需要参考各大景区的营销模式，挖掘景区从游客获取到价值转换的核心要义，探索一套适合主题乐园特色的可持续发展策略。

（一）合理利用现存资源，实现游客获取

主题是主题乐园的建设核心，但培育一个好的主题IP往往需要大量的时间，而在此期间能创造一定的价值。迪士尼于1923年创立，1955年建造了第一个迪士尼乐园，时隔32年。环球影业于1912年成立，1964年建造了真正意义上的第一家环球影城，时隔52年，其间经历了有声电影的出现、美国经济大萧条等多种因素的影响，主题乐园的成立也并非一帆风顺。国内目前的IP培育意识和能力相对美国而言较弱，并且将资金投入全新的IP中需要大量精力，中途变化系数也较高。利用现有资源打造具有鲜明特色的主题乐园才是现有产业发展的重中之重。

在旅游业中，文化产业开发尚显不足，目前文化资源利用系数不够。国内的主题乐园区域分布上东多西少，还有发展空间。中国文化具有历史性、地域性，吃穿住行、诗词歌赋看似为不同领域，实际上相互渗透，文化形态的延续与主题乐园的发展有异曲同工之处。不同地区的文化在一定程度上形成了各地区创建主题乐园的基础。以地域文化或历史文化为主题，诗词歌赋为主题乐园的游玩项目，吃穿住行构成主题乐园的附属服务。主题乐园的选址也十分重要，因为游客可能会因为交通时间问题优先选择其他景点，从而放弃主题乐园。主题乐园可以建立在已有的景区附近，和已有的景区进行联动，通过互联

[①] 北京京和文旅发展研究院：《中国文化产业和旅游业年度研究报告（2023）》。

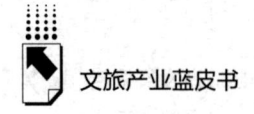

网或线下店铺进行联合售票，相互推广，或是门票与住宿等附加服务联合售票。高性价比的票价加上一体式服务更能吸引游客游玩。大唐芙蓉园的开发和发展对其他文旅城市有借鉴意义。大唐芙蓉园建立在大雁塔和大唐不夜城附近，减少了游客花费在路上的时间，景区之间也可以相互带动，共同承担营销支出，同步完成游客获取。

在当今旅游市场竞争激烈的环境下，开发具有独特性体验的主题乐园对于园区吸引游客具有至关重要的作用。从2023年的旅游情况可以看出，越来越多的游客开始追求新颖的旅游方式。大量的游客开启一种更新的旅游模式，即从先决定旅游城市再选择游玩项目转变成先确定自己想体验的活动再到相应的地方去享受。例如，淄博便宜又美味的烧烤成为游客们争相前往淄博的原因，泉州则凭借簪花文化的体验成功带动了当地文旅产业的发展。主题乐园可以打造独特的场景和氛围，如举行文艺演出、推出民族服饰穿戴等，针对这些独特体验进行营销宣传，加深乐园魅力，吸引更多游客前来游玩。

另外，可以鼓励拥有知识产权的运营商利用现有资源，挑选有价值的、合适的主题，加入主题乐园的产业链中去。还有一些手握大型IP但因为资金问题或者其他方面的考量无法建立主题乐园的公司，政府可以对其进行一定扶持，或是大型主题乐园主动寻求合作，与持有这类IP的运营商共同创立新玩法，采用跨界合作的方式吸引消费者。随着市场竞争的加剧，跨界合作已成为主题乐园发展的重要模式。通过与文化、旅游、影视、动漫等其他产业的紧密结合，主题乐园可以拓展自身产业链，实现优势互补、共同发展。如北京环球影城在3月11日开展了春季主题活动"王者荣耀·英雄盛会"，北京环球影城是中国最具影响力的主题乐园之一，《王者荣耀》也是广受大众喜欢的手机游戏，两者的商业合作加强了游客和IP的情感联系，给彼此带来了更多商业机遇。

对于想要扩大品牌影响力的主题乐园来说，在异地复制的过程中，可以结合当地特色，适应本土文化。如上海迪士尼乐园的玩偶会穿上中国风服饰，而东京迪士尼乐园的玩偶会穿上和服，等等。借鉴大型主题乐园的发展模式，异地复制的主题乐园可以求同存异，打造具有地区限定性的风格，吸引不同游客。

（二）提供多元化服务，实现价值转换

主题乐园运营商面临的关键挑战在于如何实现从游客获取向价值获取的转换。仅仅吸引游客到访不足以保证主题乐园的长期发展。运营商需要关注的是如何提供高品质的娱乐体验以挖掘游客的价值，从而实现盈利和可持续发展。

主题乐园的主要收入来源分为两大类：门票收入及周边服务收入。中国主题乐园门票收入通常占据70%~80%的比例，这使依赖门票收入成为市场增长的瓶颈。与此相反，国际主题乐园通过提供与知名 IP 相关的增值服务，使二次消费占比达到50%~60%。[①] 国内的主题乐园门票收入相对稳定。主题乐园内的购物、餐饮、住宿等周边服务消费较高，往往会被消费者放弃，加上中国消费者对主题乐园周边服务的消费习惯尚未完全形成，不少游客会选择一日游，自己带上餐食进园。周边服务作为隐藏在门票背后的更大收入支柱还未被完全开发出来。

主题乐园的品牌效应吸引了众多游客，在配套服务方面应根据市场需求和游客喜好不断推出新的周边服务，同时注重特色化和创新化，引导顾客消费，实现价值转换。当今景区服务同质化严重，与其他景区区别开来的附加服务能增强主题乐园的独特性，而顾客的独特性体验有助于激发其进行额外消费。可以选择饥饿营销，在某个特殊时段内，针对园区纪念品、美食打造限定产品、季节性产品，满足游客的购物需求。或是为一些周边服务赋予特殊意义，将游玩目的与周边服务进行捆绑营销，让游客心理上认为某些产品必玩、必看、必买。另外，可与热门电影、动漫、游戏等 IP 合作推出联名商品、主题餐厅等，通过与本土 IP 的合作，主题乐园可以实现品牌效应的叠加，为自身发展注入新的活力。运营商可对部分知名店铺提供营销方面的支持，协助其进行推广活动。这些措施不仅可以提升游客的游玩体验，还能进一步增加主题乐园的收入。

主题乐园可以通过舒适的体验与客户建立长期的合作关系，还可以通过提升服务质量、优化周边服务设施等吸引游客进行二次消费。例如，提供便捷的交通设施、舒适的休息区域、丰富的娱乐项目等。这些措施均有助于提高主题

---

① 头豹研究院：《主题乐园头豹词条报告系列》，https：//pdf.dfcfw.com/pdf/H301_AP2023 10091601109810_1.pdf。

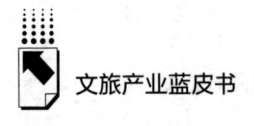

乐园的整体收入。

未来，随着科技的进步和消费者需求的变化，主题乐园的发展将更加多元化、个性化，以满足不同游客的需求。科技将会成为潜在的消费市场。主题乐园属于现代化景点，在发展中需要跟随科技化的趋势和社会需求的变化不断创新。近年来，虚拟现实、增强现实等技术广泛应用到文旅产业中，有助于提升文旅体验。主题乐园的运营商想要优先占领市场，就需要不断推进游玩项目的更新迭代，引进先进的游乐设施和数字化手段，构建技术壁垒，带动园区消费。例如，迪士尼乐园近年来推出了新的主题区域和互动项目，如"星球大战：银河边缘"，利用先进的VR技术，让游客仿佛置身于遥远的银河系，与《星球大战》中的角色互动，体验无与伦比的冒险之旅。这项技术的使用为主题乐园带来了更高的收益，吸引了大量科技爱好者。主题乐园的创新和发展对于提高游客满意度、增加市场份额、提升品牌影响力等都具有重要的意义。在主题乐园的发展过程中，运营方需密切关注市场动态，把握政策导向，创新经营模式，以满足消费者日益多元化的需求。在激烈的市场竞争中，只有不断创新，才能把握住未来的机遇，实现可持续发展。

随着消费者消费观念的升级和市场需求的多样化，主题乐园的周边服务收入有望进一步增长。因此，各大主题乐园应加大对周边服务的投入力度，优化收入结构，提高整体盈利能力。只有这样，才能充分发挥主题乐园的潜在价值，为广大游客带来更优质的游玩体验。

B.9
2023年中国乡村文旅发展报告

曹 洋*

摘 要： 乡村文旅是依托乡土景观满足游客乡土文化旅游需求的乡村经济新形态，在促进乡村社会经济发展中发挥着重要作用。2023年，中国的乡村文旅迎来强势复苏，呈现旺盛的需求态势，业态更丰富，模式更多样。但是，中国的乡村文旅还存在同质化严重、资金投入不足、专业人才缺乏等问题。为此，要通过加强规划与设计、丰富投融资渠道、注重人才培养、创新文旅融合方法和充分利用数字化技术等措施促进乡村文旅的高质量发展，更好地为乡村振兴赋能。未来，乡村文旅的发展要紧紧围绕"乡村文旅+"做文章，打造蕴含更独特的旅游体验价值和情绪价值的乡村文旅产业。

关键词： 乡村文旅 文旅融合 数字化技术

随着社会经济的发展，中国进入大众旅游时代，各种旅游新业态的出现满足了不同游客的多样性需求，具有慢生活特质和乡土文化气息的乡村成为不少旅游者的"诗和远方"。乡村旅游日渐兴盛，成为促进乡村经济发展及实现乡村振兴的重要抓手和路径，在实现共同富裕战略目标上发挥着重要作用。发展乡村旅游，不仅能够促进乡村经济的转型升级，还能推动乡村人居环境的改善，满足人们对美好生活的向往。2023年中央一号文件提出要"举全党全社会之力全面推进乡村振兴，加快农业农村现代化"，"实施文化产业赋能乡村振兴计划"和"乡村休闲旅游精品工程，推动乡

---

* 曹洋，工商管理学博士，中国旅游研究院（文化和旅游部数据中心）助理研究员，研究方向为健康旅游、乡村旅游、旅游市场营销与品牌。

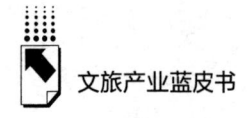

村民宿提质升级",对文化产业和乡村旅游的融合发展作出规划和部署。①文化在乡村旅游中发挥着重要作用。在文旅融合持续推进的政策背景下,乡村旅游开始深入挖掘地方特色文化,以文塑旅,推动文化的创造性转化和创新性发展,实现乡村文化和旅游的深度融合,彰显乡村文旅的时代价值。2023年,随着旅游经济的复苏,中国乡村文旅蓬勃发展,呈现新的趋势和特点,展现了强劲的韧性和深厚的发展潜力。

一 2023年中国乡村文旅发展回顾

(一)乡村文旅强势复苏,需求旺盛

国内乡村旅游在受疫情影响经历一段时间的沉寂之后,于2023年迎来强势复苏。携程网的数据平台显示,2023年的前三个季度,国内乡村旅游的订单量已恢复至2019年同期的264%,显示出强劲的复苏势头。② 在乡村文旅融合持续推进的背景下,乡村旅游的产品形态发生了很大的变化,从过去的农产品采摘体验、民宿住宿体验向乡村文化体验、活动休闲体验转变,具有地方特色及乡土特性的乡村文化成为乡村旅游产品的生产要素,推动乡村文旅蓬勃发展。从广东省开平市塘口镇自力村借助影视剧带来游客人数剧增,到贵州省榕江县台盘村"村BA"爆火,再到云南省丽江市"去有风的地方"火热出圈,文旅融合不仅为乡村带来可观的旅游增量,还彰显了游客对于具有文化特色的乡村旅游的偏爱。抖音发布的乡村文旅数据显示,2023年,在抖音短视频平台上,以乡村为创作题材的视频,不论是在内容上、播放量上,还是在游客打卡地点和打卡内容上,都呈现激增的局面。③ 乡村的古村落、民俗、非遗、民宿等更是成为游客关注的热点。各地文旅局局长及文旅达人成为乡村好风光的推荐人,更是把乡村文旅的宣传推介推向高潮。

---

① 《中共中央 国务院关于做好2023年全面推进乡村振兴重点工作的意见》,中华人民共和国中央人民政府,2023年2月13日,https://www.gov.cn/zhengce/2023-02/13/content_5741370.htm。
② 携程集团:《乡村旅游振兴白皮书(2023)》。
③ 抖音生活服务:《抖音2024乡村文旅数据报告》。

（二）乡村文旅业态更丰富，模式更多样

乡村聚落作为乡村文旅的重要载体和展示空间，在乡村文旅发展中具有举足轻重的地位。截至2023年10月，中国共有1597个全国乡村旅游重点村镇。同时，2023年中国有四个村落入选联合国世界旅游组织"最佳旅游乡村"名单，加上之前入选的四个，总数达到8个，位列世界第一。① 这些重点村镇和最佳旅游乡村为中国乡村文旅的发展提供了重要保障。

在乡村旅游发展的过程中，乡村文旅通过良好的生态和特色的文化来吸引游客并满足其旅游需求。作为新的旅游业态，在文旅融合持续推进的进程中，乡村文旅从过去的农家乐、农业采摘、乡村自然观光及乡村民宿体验向乡村非遗、乡村旅拍、乡村民俗、乡村文化体验等形式转变，各种乡村文旅新业态新场景的涌现为乡村文旅的发展注入了新的活力，农文旅的深度融合更是为乡村的发展及振兴提供了新的途径。特别是2023年，"村BA""村超"等"村味"体育活动、村头律动的广场舞、具有乡土文化气息的"村晚"、乡村非遗展演、艺术乡建以及农业文化遗产等，都在为乡村文旅新业态赋能。相关统计数据显示，2023年，全国"村晚"示范展示活动累计参与人次约1.3亿。② 在丰富乡村文旅业态的过程中，村落空间成为展演舞台，突出了乡村的文化性、生活性和生产性，更好地传承了乡村文脉，使人们记住"乡愁"。

在乡村文旅业态日渐丰富的同时，乡村文旅的发展模式也更加多样。农业是发展乡村文旅的核心要素，农文旅的深度融合是发展乡村文旅最基础和最重要的形态。近年来，旅游使以农业为基础的乡村更具文化性，文化也给乡村发展旅游注入了活力，农文旅的融合也增加了乡村文旅的魅力。随着信息技术及互联网技术的发展，乡村文旅的发展模式也发生了变化。2023年，乡村旅游强势复苏，呈现多样的发展模式。第一，文旅附农型模式。这类模式以农业自身的高产值为基础，文旅是因农而兴起的业态。第二，农辅文旅型模式。这类模式主要受农业自身条件的影响，因农业产业本身没有吸引人流的效力，只能

---

① 《我国新增4个联合国世界旅游组织"最佳旅游乡村"》，中华人民共和国文化和旅游部，2023年10月19日，https://www.mct.gov.cn/wlbphone/wlbydd/xxfb/jiaodianxinwen/202310/t20231019_949215.html。

② Mob研究院：《2023年中国文旅产业发展趋势报告》。

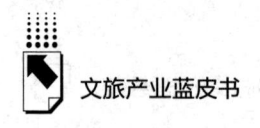

通过发展文旅来带动人流、物流及资金流注入乡村中。第三，综合发展型模式。这类模式主要依靠企业进入并在乡村发展农业现代产业园，通过园区的吸引功能带动乡村农文旅的综合发展。第四，农文旅合一型模式。此类模式中农业、文化产业和旅游产业融合发展。这是乡村发展旅游的主要模式。

二 中国乡村文旅发展存在的问题

（一）乡村文旅产品同质化严重

乡村聚落是乡村文旅发展的舞台和空间，乡村的慢生活和原生态的文化满足了现代人的旅游休闲需求。在旅游的影响和带动下，丰富多彩的乡村民俗、地方文化及乡村自然风光逐渐被运用到乡村旅游开发中，成为重要的旅游产品，特别是具有地方特色的乡土文化、非物质文化遗产和农业遗产等成为乡村文旅产品的构成要素，吸引大量游客消费和体验，让游客在乡村旅游休闲中体验乡村文化和风土人情，感受乡村文旅的魅力。但是，在文旅融合持续推进的背景下，由于缺乏专业性的规划，旅游乡村的文旅产品出现了严重的同质化现象，如经营主体一味相互模仿、旅游体验项目千篇一律、旅游文创产品大同小异、旅游民宿缺乏个性等，这些相似的文旅产品大大降低了乡村旅游的吸引力和对游客需求的满足程度，在一定程度上也影响了乡村文旅的可持续发展。

（二）乡村文旅资金投入不足

乡村旅游的发展，不论是旅游基础设施的建设还是旅游产品的开发都要投入大量的资金。特别是旅游基础设施，由于受到社会经济发展的诸多客观因素的影响，乡村的交通、人居环境等条件都相对落后，要发展旅游，就需要对乡村的基础设施进行建设和改善，而当前，乡村旅游基础设施建设的资金还比较缺乏。同时，要促进乡村旅游的发展，就需要开发具有一定旅游吸引力的乡村文旅产品，包括文旅线路、文旅体验项目、文旅文创产品等，从资源禀赋的调查、文旅产品的设计到特色化产品的开发，无不需要专业团队的投入，而这些也需要资金的投入做保障。当前，在整个乡村文旅建设和开发中，资金主要来源于政府的财政资金投入，投资融资渠道不够畅通，融合渠道比较单一，导致乡村文旅发展过程中出现了严重的资金不足，进而影响了乡村旅游基础设施的建设和文旅产品的开发，这在一定程度上影响了中国乡村文旅的高质量发展。

（三）乡村文旅缺乏专业人才

乡村文旅的发展对乡村整体性景观及乡村风貌的保护、乡村文脉的传承、乡村集体记忆的保存和乡村集体情感的凝聚具有重要作用。乡村的发展则离不开人，人是乡村建设的主体，是必不可少的资源要素。在乡村振兴战略中，人才是最重要的支撑，是乡村振兴的主力军，也是推动乡村文旅产业发展的关键。当前，很多旅游乡村经营的主体是留守乡村的中老年人，乡村吸引不了年轻人，进而导致乡村的发展缺乏活力。过往的粗放型乡村文旅产品很难从本质上满足游客的多样性需求，导致乡村文旅的发展受到一定程度的制约。特别是乡村旅游管理、乡村文旅资源挖掘、文旅产品创意设计、文旅产品市场开发以及旅游服务能力提升等方面专业专门人才的缺乏更加导致了乡村文旅产业未能从乡村的地方特色文化、非遗文化、民俗文化以及农业文化遗产中充分汲取养分，不仅影响了乡村文旅产品的多样性发展，也在一定程度上影响了乡村文旅资源的利用、开发和传播。乡村文旅人才还存在结构不平衡的现象。掌握文旅专业知识技能的高端人才严重匮乏导致对乡村文化资源的挖掘不够深入，乡村文化的旅游吸引力有待提高。和高速发展的乡村文旅的需求形成强烈对比的是，乡村文旅专业人才呈现严重不足的局面，对乡村文旅资源的开发、文旅产品的宣传产生了不利的影响，进而影响了乡村文旅资源的内涵延伸。

（四）乡村文旅融合深度有待提高

文旅融合为文化和旅游的发展提供新的路径。乡村文旅不是文化和旅游的简单叠加，而是通过多种渠道及方式将两者进行有机的融合。目前，乡村文旅发展更注重旅游形式，对旅游体验的内涵挖掘不足，重旅轻文，对文化产业的建设、文旅文创产品的设计与开发以及文化资源的利用形式较为单一，文化产品和旅游产品的融合不足且缺乏创新。同时，两者的融合方式基本还停留在表面，以传统活动为主，随着活动的结束相应的文旅活动也就结束了，没有从长远上实现

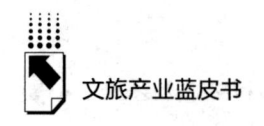

真正融合。这种简单的融合方式没有形成文旅融合的氛围，活动影响力低，降低了资源的利用效率，难以从根本上促进二者有机融合，影响了乡村文旅的高质量发展。①

（五）乡村文旅的服务能力亟待提高

乡村文旅的发展同样离不开旅游要素的共同参与，只有完善好乡村文旅的旅游要素，才能实现乡村文旅的可持续发展。当前，中国乡村在旅游厕所、游客中心、旅游停车场等旅游基础设施建设上还有待进一步完善，乡村旅游标识系统还要不断健全；相关服务人员的素养还需要进一步提高；旅游从业者对数字化及数智化等现代技术的使用能力需不断提高。只有全方位、多角度地对服务能力进行提高，才能满足游客的体验需求，进而促进乡村文旅的高质量发展。

三 促进乡村文旅高质量发展的路径

（一）加强规划与设计，促进乡村文旅良性发展

受乡村资源、环境及资金等多因素的制约，乡村文旅的发展离不开顶层的规划与设计。为此，各个地方政府要充分认识本地乡村的旅游资源禀赋，在制定乡村文旅发展相关政策时，要坚持规划先行，加强顶层设计，积极抓住国家旅游及乡村文旅发展机遇，提前做到科学谋划。同时，在开发乡村文旅项目和文旅产品的过程中，要充分挖掘本地的特色文化、民俗文化和非遗文化等各种文化资源，在以文塑旅、以旅彰文的过程中做出自己的特色，避免乡村文旅的同质化，促进乡村文化和旅游资源的深度融合，对乡村文旅资源进行统筹开发、差异化经营，确保规划与设计和项目能够一脉相承，落到实处，发挥其最大的功能，为乡村文旅的良性发展提供优质的保障。

---

① 张薇：《乡村振兴战略视域下乡村文旅产业发展存在的问题及高质量发展路径研究——基于白银市文旅产业发展的思考》，《甘肃农业》2023年第9期。

（二）丰富投融资渠道，加大乡村文旅的资金投入力度

要确保乡村文旅的发展，除了政府财政资金的统一投入外，还要积极发挥市场主体的调节功能，多渠道地为乡村文旅的发展筹集资金。首先，对于本区域内的重大乡村文旅项目，要积极地进行招商引资，吸引资金雄厚、有文旅发展基础的龙头文旅企业进行投资。其次，对于乡村文旅相关旅游要素改善所需要的资金，则需要通过市场，依托金融机构、旅游企业、旅游经营主体及乡村文旅所依托的社区居民等主体进行多方融资。对于村民，则可通过以奖代补、贴息等方式给予补助。最后，通过龙头企业的投资、政府的多渠道融资等措施加强对乡村文旅重点项目的资金倾斜，不断完善基础设施及各种配套设施建设，积极协调金融保险机构给予乡村文旅产业的发展更多的资金投入，确保乡村文旅在乡村旅游发展中的重要地位，实现文化和旅游的深度融合，为其高质量发展提供充裕的资金。

（三）注重乡村文旅人才的培养

作为乡村振兴和乡村旅游重要组成部分的乡村文旅，其要实现可持续或者高质量发展，为乡村振兴和乡村旅游的实现提供保障，就必须加强对乡村文旅专业人才的培养。人才是乡村文旅发展的重要支撑，起着决定性的作用。因此，首先要提高乡村居民的文化和旅游从业素养，让其在发展旅游的过程中充分发挥主观能动性，自觉地将本区域特有的乡土文化、非遗文化等融入旅游活动中，丰富乡村文旅的内涵。其次，要积极引导具有一定文化、旅游从业素养及管理经验的年轻人自觉地投入乡村文旅产业中，为乡村文旅产业的发展注入活力。再次，要主动作为，通过引培的形式积极为乡村培养一批高水平的文化产业管理、旅游管理及企业管理综合型人才，让这些人才看到乡村文旅发展的潜力，自觉地投入乡村文旅产业建设中。同时，要发挥综合型人才的示范作用，定期对从事与文旅有关活动的村民进行培训，不断提升乡村居民的旅游从业素养和整体素质。最后，地方政府要积极主动地与当地的高校进行联合，为当地培养一批既了解地方文化资源、熟悉文旅融合模式又掌握旅游管理理论知识和专业技能的应用型人才，积极地引导其投身到乡村文旅产业的建设中。通过加强文旅产业相关专业人才队伍的建设为乡村文旅的发展提供充足的智力支持和优质的人才保障。

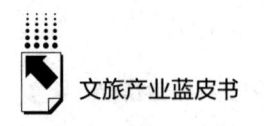

(四)创新方法,提升乡村文旅融合的深度

乡村文旅的发展要以文化产业和旅游产业的有机融合为基础。为此,要提升其融合的深度,对融合的方法进行创新,以保证乡村文旅的高质量发展。第一,积极打造乡村文旅品牌,发挥品牌的聚集效应,开发形式多样的乡村文旅产品。第二,充分利用现代媒体技术创新融合方法。当前,抖音、快手、小红书等自媒体平台自带流量,为乡村文旅的宣传提供了新的渠道,通过自媒体对乡村文旅产品进行实时发布和更新,通过线上和线下的有机结合扩展乡村文化和旅游融合的空间,为乡村文旅产业打造个性化的文旅融合发展新道路。第三,积极邀请文化和旅游专业的相关专家和学者为乡村文化和旅游产业的融合提供指导,与时俱进地对乡村文旅产业进行创新,助推乡村文旅产业高质量发展。

(五)充分利用数字技术,不断提升乡村文旅的服务能力

随着信息技术的发展,以互联网为依托的数字化平台正成为对旅游资源进行分配、整合和传播的主要载体。在互联网不断发展的背景下,乡村文旅的产业实践正在经历重塑的过程,数智化俨然已经成为乡村文旅重要的发展因素,为乡村文旅服务能力的提升提供了技术保障。通过数字技术,游客在旅游中可以快捷地掌握乡村旅游目的地的情况,了解乡村旅游目的地的文旅产品、非遗文化及各种文化旅游活动体验项目等,从而为自身旅游体验的增强赋能。同时,通过数字化平台,乡村旅游东道主可以准确地掌握游客的不同需求,了解还有哪些需要改进的地方,根据不同的旅游需求打造分众或者个性化的文旅产品,构建差异化的乡村文旅消费场景。同时,要充分利用数字化技术手段,在乡村文旅中加强对各种体验式、互动式、沉浸式旅游场景的构建,充分展示乡村的风土人情、乡土文化和各类文化遗产,提升乡村文旅的服务能力和水平,进而促进乡村文旅产业的消费升级。

四 乡村文旅的发展展望

乡村文旅发展的关键在于以文塑旅,要充分利用乡村的传统文化赋能乡村

旅游，使其蕴含更独特的旅游体验价值和情感价值。而"乡村文旅+"则是实现乡村振兴，促进乡村高质量发展的有效手段。因此，未来乡村文旅的发展要紧紧围绕"乡村文旅+"做文章。首先，要充分挖掘乡村各种文化资源，将独特的文化资源与旅游进行融合，创造新型乡村文旅经营业态，打造乡村文旅特色村，避免千村一面。其次，未来的乡村文旅要充分发挥数字技术的作用，打破文化和自然景观的界限，在保护乡村自然景观的同时积极地将文化融入乡村自然景观中，形成"自然与人文互动、融合及共享"的乡村文旅发展模式。最后，"乡村文旅+"要打破产业界限，积极地与多领域进行深度的融合，打造满足不同旅游需求的个性化旅游体验场景。如"乡村文旅+教育"，可以充分发挥乡村的文旅优势，与教育进行结合，积极发展乡村文旅研学旅游。再如"乡村文旅+农业"，要充分认识到农业是乡村的基础，积极利用乡村的农业文化遗产资源打造具有农业特色的乡村文旅产品。

总之，乡村文旅的高质量发展有助于乡村振兴战略的实施，大力发展乡村文旅产业，就要因地制宜地对乡村文化和旅游资源进行开发，打造具有地方和本土特色的文旅产品。同时，也要注重乡村旅游的基础设施建设和旅游服务能力的提升，勇于开拓和创新"乡村文旅+"的旅游业态，为助推乡村振兴、实现乡村高质量发展提供乡村文旅的智慧和力量。

案例篇

B.10 影视文旅融合视域下云南文旅发展路径
——以《去有风的地方》为例

刘屹峰　司若*

摘　要： 2023年，随着电视剧《去有风的地方》的热播，云南迅速成为春节假期旅游市场的焦点，展示了影视与文旅的有效融合。这部剧凸显了云南的自然美景、美食、民风和非物质文化遗产，创造了"一部剧带火一座城"的效应，同时促进了乡村振兴。然而，云南在影视文旅融合方面面临诸如品牌影响力缺乏、产业链不完善、长尾效应不足和管理服务体系不健全等问题。为应对这些问题，本文提出了加强建设产业链、建立影视文旅协同推进机制、搭建影视文旅宣传营销平台等策略，旨在深化云南省文旅融合，实现高质量发展。《去有风的地方》成为影视文旅融合的成功典范，但云南省还需进一步克服挑战、创新策略，以实现更全面的发展。

关键词： 影视文旅　云南文旅　《去有风的地方》　文旅融合

---

* 刘屹峰，澳门科技大学电影管理专业博士研究生，研究方向为影视产业；司若，博士，清华大学新闻与传播学院教授、博士生导师，清华大学影视传播研究中心主任，研究方向为影视传播、文化旅游等。

一 影视文旅融合概念与现状

（一）概念的界定

影视与文化旅游的融合（简称"影视文旅融合"）指的是影视产业、文化产业和旅游产业之间的深度整合和协同发展。这个过程涉及将影视元素与旅游景点及文化活动相结合，使用影视作品作为传播媒介，旨在提升旅游体验质量和文化传播的影响力，从而推动文化与旅游产业的互补发展。英国学者罗杰·莱雷（Roger Riley）等在《电影引致旅游》（"Movie Induced Tourism"）一文中，将影视文化旅游定义为利用电影、电视、文学作品等多种媒介强化游客体验，深刻影响并激发他们访问拍摄地点的旅游行为。[1]

在媒介社会学领域，"媒介朝觐"是指观众前往媒介作品中重要场景的行为。这一现象展现了影视与文化旅游、城市媒介和社会媒介之间的互动。"媒介朝觐"揭示了影视作品中的场景对观众产生的深刻影响，观众通过亲临拍摄地点，参与摄影等活动，共同创造了集体记忆，并给虚构场景以真实感。影视作品在这一"仪式化"过程中，不仅有助于旅游者自我认同的塑造，还加深了他们对旅游地点及其与人的关系的理解。

"影视+文旅"这一产业模式起源于20世纪50年代的美国，环球影业公司开放环球影城作为旅游景点，创造了宣传与经济双重效益，奠定了影视文化旅游的基础。影视文旅产业作为传统影视和旅游产业的融合新业态，将影视作品作为旅游吸引的核心，通过影视作品触动观众，吸引他们深入体验和感悟与影视作品相关的真实场景，从而丰富其精神文化生活。

（二）影视文旅融合发展现状

马蜂窝旅行网和中国旅游研究院联合发布的《全球旅游目的地分析报告》显示，"综艺、影视剧、动画取景地的影响"是中国游客出游的第二大

---

[1] R. Riley, D. Baker, C. S. V. Doren, "Movie Induced Tourism," *Annals of Tourism Research* 4 (1998): 919-935.

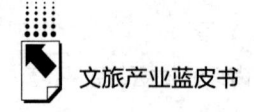

动机，24.5%的游客表示他们会在观看某部综艺、影视剧后对一个目的地突然动心。① 近年来，"影视+文旅"模式在全球及本土范围内被广泛实践，其影响力在多个案例中得到显著体现。随着《狂飙》《去有风的地方》《长安三万里》等影视作品的走红，它们的故事发生地江门、大理和西安等地区获得了广泛的社会关注，从而显著促进了当地旅游业的发展。这些影视作品不仅以其艺术性吸引观众，还起到传播地方文化与特色形象的关键作用，有效地塑造了观众对这些地区的视觉认知和情感联系。随着影视作品与旅游景点之间的紧密互动，这些地区逐渐成为网红打卡地，引发了游客的浓厚兴趣和访问热潮。这种文旅与影视行业的融合，不仅为地区带来了新的具有吸引力的旅游项目，也为文化旅游产业开辟了新的推广策略。作为影视产业的衍生产物及旅游业的主要分支，影视旅游已成为推动文旅产业融合发展的关键领域。这种跨界融合的策略成功地将热门影视作品与文化旅游产业相结合，通过影视内容对特定地点的深度呈现和情感联结，极大地提升了相关旅游目的地的品牌知名度、吸引力和旅游热度。

在过去几十年，云南旅游业中影视与文化旅游领域长期并行却鲜有深入交集。影视作品常选择云南的自然景点作为拍摄地点，追求画面的视觉美感和震撼力，这使一些原本不知名的地方因影视作品的成功而迅速走红，催生了"影视旅游"。② 然而，影视对景区的宣传和文化传导通常是有局限性的，缺乏对当地文化内涵的深入挖掘，这种局限性反映了当地旅游管理部门和相关机构在全局统筹上的缺失。在影视产业与文化旅游的合作模式中，两个领域之间缺乏实质性的融合，各自为政。旅游业专注于本身业务，对影视创作缺乏深入了解；影视业则主要关注取景需求，忽视了拍摄地可能带来的延伸效益。尽管有旅游业内人士尝试将影视元素与旅游产品相结合，但这种尝试通常仅停留在表面，未能深入发挥互动潜力。

《去有风的地方》这部在云南大理取景的电视剧在2023年初取得了巨大成功，剧集构建了温馨治愈的乡村生活氛围，其对大理自然风光和民俗文化的

---

① 《中国旅游研究院联合马蜂窝发布〈全球旅游目的地分析报告〉》，中国旅游研究院文化和旅游部数据中心，2017年10月26日，https://www.ctaweb.org.cn/cta/mtjj/202103/157c6b3e3c7543ca87b4d5803f0017a6.shtml。

② 赵春明：《浅析云南旅游与影视的融合发展》，《中国广播影视》2020年第13期。

生动展现，以及与云南美食和非物质文化遗产等文化元素的有效融合，激发了观众对慢生活和自然美景的向往。同时主流新媒体平台的宣传提升了剧集的影响力，使大理迅速成为热门旅游目的地，吸引大量游客前往，显著提升了当地旅游市场的经济效益。这部电视剧所呈现的产业融合发展案例成为影视文旅融合的成功典型，利用云南的丰富文旅资源推动"旅游+影视"产业的深度融合，已成为促进文化与旅游融合、实现资源优化利用和业态创新的有效路径，这无疑将推动文旅产业向高质量发展迈进。这不仅是影视作品在艺术上取得的成功，更在文化传播和旅游推广方面发挥了重要作用，为云南地区的品牌建设和文化旅游业带来了新的发展机遇。

二 《去有风的地方》对云南文旅发展的作用

《去有风的地方》这部电视剧凭借其田园治愈的主题和深入人心的故事情节在2023年初迅速占领了电视和网络平台的收视高地，收获了极高的评价和广泛的关注。它不仅以8.6的豆瓣评分和卫视收视榜的领先位置展示了其受众的广泛性，更成为全网讨论的热点。特别是在春节期间，云南成为旅游市场的焦点地区，其中大理因剧中的展示而成为游客的首选目的地。这部剧围绕虚构的云苗村展开剧情，但其取景地点却是真实存在的，包括大理的凤阳邑、沙溪古镇、喜洲古镇、洱海等。剧中对这些地方的精心展现，不仅呈现了大理最美的自然风光，还营造了一种悠闲恬静的氛围。这一切在抖音等社交平台上引发了巨大的关注，相关话题如"今年春节一起来云南旅游"和"总要去一趟有风的地方"在网络上广泛传播。

据统计，2023年1~12月，大理白族自治州共接待游客9530.34万人次，同比增长67.39%。[①] 一部剧带动了一座城市的旅游业发展，吸引了众多游客前来体验当地的风土人情。为了满足游客的需求，当地不断提升服务品质，丰富旅游产品供给，使大众与城市能够在影视与文旅之间实现"双向奔赴"。《去有风的地方》的成功不仅在于其剧集本身受欢迎，还在于它对大理城市形象的积极

---

① 叶传增：《一部剧与一座城的双向奔赴（以文塑旅 以旅彰文）》，人民网，2024年2月9日，http://ent.people.com.cn/n1/2024/0209/c1012-40176225.html。

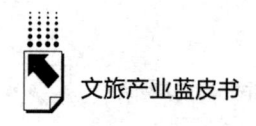

构建和传播。这部剧利用其深入人心的情节和美丽的风景有效地提升了大理乃至云南的知名度和吸引力。随着剧集的热播和话题热度的持续，云南与大理迎来了一波持续的旅游热潮，这种影响力的延续展示了明显的长尾效应。这不仅反映了影视作品与旅游业融合的成功，也为其他地区提供了宝贵的推广经验。

（一）影视IP助推城市品牌建设

"生活世界"（Lebenswelt）是现象学创始人埃德蒙德·胡塞尔（Edmund Husserl）的一个核心概念。生活世界是指人们日常生活中的自然态度和经验世界，它是客观现实和主观经验的交织。《去有风的地方》这部剧通过对大理本土生活的深入描绘，使观众体验到一个鲜活的、充满地方特色的生活世界。剧中将大理美如画的自然风光融入剧情，这种视觉美感的传达不仅提升了剧集的美学价值，也使观众在艺术审美过程中获得对"向往生活"的体验感。这种经验的传递符合现象学中对"回到事物本身"（Zu den Sachen Selbst）的追求，即直接呈现事物的本质。大理将"去有风的地方"打造成了一个名片，将乡村的治愈能力呈现给大家，吸引了不少来自城市的游客。

电视剧《去有风的地方》中的云南特色美食不仅是情节的推动者，也是人与人之间情感紧密联系的桥梁。在现象学中，重要的是个体的主观体验和对世界的直接感知。剧中，从许红豆独自体验水性杨花汤、黄焖鸡到大家共同享受土豆丝和番茄炒鸡蛋，从大麦分享云南米线到马爷为大麦制作面条，再到阿桂婶提供菌子和送给凤姨黄牛肉炖排骨，这些美食场景不仅是故事情节的组成部分，更展现了一种充满温馨和人情味的"生活世界"。在现象学的框架下，这些美食场景转化成了感官体验的媒介，通过视觉刺激，观众被引领进入一个充满"人间烟火气"的世界。这种氛围感不仅抚慰了观众的心灵，也拉近了他们与剧中人物的情感距离。美食在剧中的展现不仅是一种物理上的存在，更是一种情感上的共鸣和文化上的交流。观众通过屏幕上的美食场景，不仅感受到云南地区的饮食文化，也体验到人们质朴纯真的生活方式。当观众看到剧中的小院住户跟随宝瓶婶、阿桂婶学做鲜花饼，或是团队协作帮助凤姨摘青梅的场景时，他们不仅是在观看一个故事的展开，更是在经历一种文化共享与情感交融。这些场景通过现象学的视角呈现，既是物理世界的再现，又是内在情感世界的映射。电视剧《去有风的地方》

通过美食这一元素成功地构建了一个既真实又丰富的"生活世界",使观众能够在感官和情感层面与大理产生深刻的共鸣。这种美食文化的呈现,是画面对物理世界的描绘,也是人作为主体对感性认知的探索。

电视剧《去有风的地方》巧妙地捕捉并展现了大理这座城市独特的韵味与大众情感的共鸣点。剧中细腻而深入地描绘了乡村的治愈感、悠闲的生活步调以及朴实的民风,并将其无声地融入了整个剧情。这种呈现方式不仅给观众带来心灵上的疗愈,还成功地将大理的城市形象具体化和标签化,使其深深印刻在观众的心中。通过这部剧,大理展现的不仅仅是其自然风光的美丽,更是其文化内涵和生活哲学的深度,为观众提供了一次心灵上的旅行。大理州文化和旅游局副局长杨梅秀认为,除了剧集呈现的风光让人向往,这部剧的"慢"基调与大理乃至云南多年来打造的生活方式不谋而合,"田园生活、诗和远方是大理的气质,这种气质符合当下许多人对'慢生活'的向往,更容易引起人们的情感共鸣"。[①]

《去有风的地方》不仅是精神的乌托邦,治好了许红豆、大麦、马爷、娜娜、胡有鱼等一众外乡人的精神内耗,更是现实的放大镜,以云苗村为样本,将年轻人外流、留守儿童增加、人口老龄化等问题暴露出来,折射出当地"外面的人想进来,里面的人想出去"的"围城式"现状。这也是众多小城市以及广大乡村共同存在的问题。该剧从视觉传播的精神内核出发,既将对美好生活的向往传递给观众,又为政府、社会各界人士对影视IP与文旅融合带动城市发展的思考提供了新的方向。

电视剧《去有风的地方》首播后,以其深入人心的故事线和美丽的自然风光吸引了大量观众,掀起了一股追剧热潮。云南大理作为重要的拍摄地之一,原本就因其独特的自然景观与深厚的文化底蕴而深受旅游爱好者喜爱,在该剧热播之后更是获得了前所未有的关注。大理因此成为2023年开年全国范围内讨论热度最高、话题性最强的旅游目的地之一,借力影视IP的力量实现了文化和旅游产业的深度融合与相互促进,形成了"影视+文旅"的完美互动效应,进一步推动了大理地区旅游业的发展及品牌推广。

---

① 叶传增:《一部剧与一座城的双向奔赴(以文塑旅 以旅彰文)》,人民网,2024年2月9日,http://ent.people.com.cn/n1/2024/0209/c1012-40176225.html。

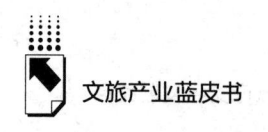

（二）促进云南文化的传播与推广

作为文化载体的电视剧承担着传播和推广文化内涵及观念意义的重要职责。电视剧的文化价值不仅在于艺术性地表现自然与社会生活，而且在于发掘和展示不同自然存在、社会生活方式以及多元价值观念，引发观众对人与自然、人与社会以及人的生命体验的深层次思考。

《去有风的地方》在传播云南文化方面取得了显著成效。该剧通过生动展示大理的自然风光、民俗和日常生活，为观众呈现了云南文化的多样性和丰富性。剧中的云南美食、民间工艺品、乡村生活等元素，不仅展现了云南多民族文化的独特魅力，而且增进了观众对该地区的认识。此外，作为大众文化的重要组成部分，电视剧的传播力和影响力极大。《去有风的地方》的热播使剧中的云南景观、美食和非物质文化遗产成为全国乃至国外观众关注的焦点，极大地提升了云南的知名度和吸引力。

1. 多元的地域文化

《去有风的地方》所展现的云南文化中饮食文化最为鲜明。剧中不仅展示了云南特有的野生菌类，还有乳扇、鲜花饼、火腿、米线等特色美食，这些美食不仅是剧情的一部分，而且是展示云南特色文化的窗口。云南独特的地理和气候条件孕育了丰富的食材，反映了当地"靠山吃山，靠水吃水"的生活方式。"今年春节一起来云南旅游""跟着许红豆吃大理鲜花饼""总要去一趟有风的地方"等相关热门话题也随电视剧的播出席卷全网，推动了云南文旅的发展。云南省文化和旅游厅发布的相关数据显示，2023年春节云南文旅市场创历史新高，全省共接待游客4514.61万人次，旅游总收入384.35亿元，同比增长249.4%，排名全国第一。[①]

白族建筑风格的展现是剧中另一亮点，进一步丰富了云南的地域特色描绘。剧集的主要取景地点大理，包括大理古城、沙溪古镇、喜洲古镇、洱海、凤阳邑等，都是展示当地民俗建筑风格的绝佳地点。特别是剧中的"韶华书店"，选址于一座历史悠久的百年老宅，完美地展示了白族建筑的典型特征。

---

① 《绿维文旅：旅游微短剧，风口上，景区如何飞起来？》，新浪网，2024年1月25日，https://news.sina.com.cn/sx/2024-01-25/detail-inaetqea1168637.shtml。

这些建筑大多采用石材墙体和木质门窗，精美的雕刻和传统的石灰粉刷以及白墙青瓦的经典搭配共同构成了一幅生动的云南民族建筑风情画。这些建筑不仅是生活的场所，更是文化和艺术的载体，反映了白族人民丰富的生活哲学和审美情趣。白族传统民居的建筑特点在剧中得到精心的呈现，其依山依坡的建筑风格不仅体现了与自然环境的和谐共生，而且展现了民族的智慧。

通过这样的深入展示，《去有风的地方》不仅让观众对白族建筑风格有了直观的认识，更是将云南的地域文化呈现给了全国乃至全世界的观众。这种对地方特色的深刻挖掘和艺术化表现，极大地提升了云南在文化传播和旅游吸引方面的地位。观众通过剧集不仅了解了云南的自然风光和民俗风情，还对云南的日常生活有了更加深入的体验和了解。

《去有风的地方》不仅是一部成功的电视剧作品，更是有效促进地域文化传播和旅游推广的载体。它通过生动的叙述和美学表现使云南的文化魅力得以跨越屏幕触及更广泛的观众，为云南地区的品牌建设和文化旅游业带来了新的发展机遇。

2. 非遗文化新载体

在《去有风的地方》中，剑川木雕、白族扎染和刺绣等独特的云南非遗文化得到生动的展现。通过将这些非遗元素与主线剧情紧密结合，剧集不仅讲述了传统手工艺的故事，还展示了非遗传承人在现代社会中的生存状态和情感世界。这样的叙述方式既展示了非遗文化面临的市场挑战，如手工艺与机械化生产的竞争，也展现了非遗文化在现代社会中的求新求变尝试，如通过电视节目、博览会等多种方式进行传播推广。其成功在于，它不仅仅是对云南非遗文化的展示，更是一种深入人心的文化传播。在剧中，传统的非遗文化如蜡染和甲马不仅作为背景元素出现，而且与剧情紧密结合，成为推动故事发展的重要内容。例如，蜡染艺术不仅展示了制作者技艺的精湛，还通过制作者的生活和故事线传达了这一传统艺术的深刻意义和现代价值。这种方式使非遗文化的呈现更加生动和具体，使其不再是遥远和抽象的概念，而是与观众的日常生活和情感体验紧密相连的元素。剧中还利用了现代媒介如短视频和直播等推广非遗文化，提高其市场知名度和销量。这些新媒体平台使非遗文化能够以更加直观和互动性更强的方式呈现给公众，尤其是年轻一代，从而提升了非遗文化的吸引力和影响力。

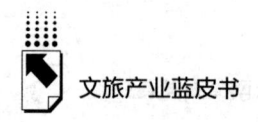

通过电视剧这一大众媒介，传统文化得以以一种新颖、吸引人的形式呈现给广大观众。这种现代化的传播方式有效地拉近了非遗文化与公众尤其是年轻人之间的距离，使传统文化在当代社会中获得了新的生命力和传承空间。《去有风的地方》不仅仅是一部电视剧，更是非遗文化传播和保护的一个成功案例。它展示了如何通过创新的方式将传统文化融入现代生活，为传统文化的保护和传承提供了新的视角和路径，为云南乃至中国的文化遗产保护工作提供了宝贵的经验。

三 云南影视文旅融合的成功经验、问题及对策

现象级影视剧对于拍摄地和故事发生地旅游热度的提升是立竿见影的，同时也是有规律可循的。"城市或目的地借助热播影视剧拉升旅游热度有两个层次，第一个层次是拍摄地或故事发生地的借势走红，第二个层次是目的地的旅游元素在剧中有细致入微的体现，从而带来消费者跟风消费。"①"影视+文旅"就是通过影视IP内容生产对城市审美空间进行重塑、对传统空间认知进行再造，通过"文化动能"驱动城市新型文化、文旅、文博消费，以城市为载体，用文化引领转变城市的发展逻辑，重塑城市的想象力与品牌力。

在云南省文化和旅游厅发布的2023年全省旅游经济成绩单中，云南省在旅游业发展方面取得了显著成就。接待游客达到10.42亿人次，相比2019年增长了29%；旅游总收入达到1.4万亿元，恢复到2019年的130%。在全国已披露2023年度旅游业"成绩单"的27个省市中，云南在接待游客上从2019年的第八位跃升至第二位，旅游总收入也位列全国第二。② 这些成绩的取得，不仅彰显了云南省旅游业的强劲发展势头，也体现了影视文旅融合模式的成功应用。

2023年，云南省采取多项举措，积极推动旅游业从传统的"门票经济"和"观光经济"向"综合消费经济"转变。云南依托其独特的自然景观和丰

---

① 《绿维文旅：旅游微短剧，风口上，景区如何飞起来？》，新浪网，2024年1月25日，https：//news.sina.com.cn/sx/2024-01-25/detail-inaetqea1168637.shtml。
② 孙江荭：《2023年，云南省接待旅游人次达10.42亿，旅游总收入达1.4万亿元》，腾讯网，2024年2月2日，https：//new.qq.com/rain/a/20240202A0955700。

富的人文资源,推出一系列富有特色的旅游产品和活动。例如,哈尼古歌之旅、景迈山秘境茶旅、云南特色"菌子季"等活动不仅展示了云南的自然美景,也深入挖掘了当地的文化内涵。同时,云南省还大力发展康养度假、研学旅游、红色旅游等新型旅游形式,结合特色美食、歌舞节目、文创集市、景区联动等,打造了多元化的文旅新业态。

然而,影视文旅融合在取得成功的同时也面临挑战。首先,需要在推广旅游的同时保护好自然环境和文化遗产,避免过度开发带来的负面影响。其次,云南省需要在旅游发展中找到更加均衡的方式,确保各地区旅游资源的合理利用,避免资源过度集中和环境退化的问题。最后,云南省还需继续探索旅游业的创新发展路径,提升旅游产品的质量和服务水平,以适应游客日益增长的多样化需求。

(一)云南影视文旅所面临的问题

1. 未形成代表性品牌影响力

影视作品对旅游市场的推广和带动作用能否发挥不仅取决于作品本身的质量,还要看作品与旅游市场结合的程度。云南虽拥有丰富的文化和历史资源,但这些资源并未在影视作品中得到充分的利用和展示,导致它们对旅游市场的带动作用不明显。金庸作品中的云南元素以及"五朵金花""阿诗玛"等经典文化元素虽然具有很高的文化价值和市场潜力,但并未得到有效的开发和利用。这些 IP 资源的开发不足限制了云南在文化旅游市场上形成独特品牌影响力。云南拥有"云南十八怪""陆军讲武堂""滇越铁路""聂耳故居""护国运动"等丰富的 IP 资源,但这些资源并未被充分转化为影视实景娱乐公园等旅游产品。通过影视作品的真实场景还原,可以打造出众多的文旅产品,进一步提升云南旅游的吸引力和品牌影响力。

2. 影视文旅产业链不完善

在"影视+文旅"发展模式下,云南省虽然拥有丰富的文化和自然资源,但面临影视和文化旅游产业融合不足的问题。这种融合不足表现在多个方面。首先是产业链环节的不完整。目前,云南的影视产业主要聚焦于取景拍摄,而对其他关键环节如制作、宣传及发行方面则缺乏有效的协调和整合。这不仅影响了影视作品的品质和市场效益,同时也限制了其对文化旅游产业的贡献。以

《三生三世十里桃花》的拍摄地桃花源为例,该景点由于管理不善,经常出现被水淹的情况,这使原本可以进行影视文旅结合的优势资源未能得到充分利用。景区与影视作品之间的联系多停留在表面,缺乏深度的开发和产业链延伸。影视公司往往只将自然美景作为拍摄背景,而景区也未能主动抓住机遇,将影视取景地转化为吸引游客的旅游产品。这反映出在"影视+文旅"模式下,云南省需要更加深入的产业融合和策略创新,以实现影视和文旅产业的互补发展和共赢。

此外,制作技术的落后、缺乏高科技数字摄影棚和现代影视产业基地,以及服装化妆道具、影视器材租赁、交通后勤等配套服务的不完善,进一步限制了影视产业的发展。更为关键的是,产业链的后续延伸不足。目前,云南省文旅领域的影视文创衍生品、影视体验旅游产品、影视主题旅游线路等方面的产品开发几乎是空白,未能充分发挥影视作品的溢出效应,也未能将影视文化的魅力转化为文化旅游产业的实际收益。这不仅减少了影视作品对旅游市场的贡献,也限制了文化旅游产业的多元化和创新性发展。

3. "影视+文旅"长尾效应不足

在云南"影视+文旅"融合的实践中,我们可以看到一些标志性的案例,其中最为显著的是综艺节目《爸爸去哪儿》。2013年11月该节目播出后,节目录制地普者黑迅速成为热门旅游目的地,2014年仅景区门票创收就达7000万元。紧随其后,2017年热播的电视剧《三生三世十里桃花》更是让普者黑游客量激增60%以上,带动丘北县当年旅游综合收入近30亿元。①

然而,这种"影视+文旅"的短期效应并不能长久维持,如何将其转化为持续的旅游吸引力,实现长尾效应,是云南影视文旅产业面临的一大挑战。影视作品的火爆程度会随着时间的推移而减弱,游客对于影视作品的热情也会逐渐降温。如果景区对影视作品的依赖程度过高,一旦影视作品的热度减退,景区的游客数量很可能出现大幅度下滑。大理政府对《去有风的地方》取景地的多元化开发为实现"影视+文旅"的长尾效应提供了一个很好的例子。该剧的热播使拍摄地云南大理成为游客心中的打卡胜地,旅游业收入也随之大幅增长。然而,当剧集热度减退后,大理政府将影视剧中所呈现的"有风小院"

---

① 赵春明:《浅析云南旅游与影视的融合发展》,《中国广播影视》2020年第13期。

"喜洲麦田"等地标景点进行保护性开发，通过举办各类文化活动、展览，以及引入创意产业等方式，使旅游热度得以延续，进一步提升了云南文旅的品牌影响力。

但这种成功的案例在云南并不多见。大部分影视作品对旅游市场的带动作用仅停留在短期效应上，未能实现长尾效应。这主要是因为云南省在影视文旅产业链的延伸开发上存在不足，未能将影视作品的火爆效应转化为旅游产业的长期收益。

为了实现影视文旅的长尾效应，云南需要在做强影视产业的基础上，深入挖掘影视作品的旅游价值。一方面，要抓住影视作品热播的时机，加大宣传力度，推动景区与影视作品的深度融合，让游客在参观景区时能够亲身体验到影视剧中的场景和氛围。另一方面，要注重影视作品的多元化开发，不能仅仅局限于拍摄地的旅游资源，还要将影视作品中的角色、故事、道具等元素转化为旅游产品，满足游客的个性化需求。

4.管理服务体系不健全

在云南省的影视与文旅融合进程中，一个显著的问题是各级宣传、文化和旅游、广电等相关部门在资源整合、信息交流以及服务支持方面的作用发挥不足。首先，在处理入滇拍摄的影视剧组的事前审批手续时流程繁复且效率不高，同时缺乏对文旅资源的有效信息提供和积极对接服务。其次，在拍摄过程中，对剧组的实时跟踪服务不足，无法及时解决剧组面临的实际问题，影响拍摄进程。最后，在影视作品播出之后，在主动进行宣传和延伸服务方面表现不足，未能充分将作品带来的关注度转化为旅游行业的实际效益。这些管理和服务上的短板，限制了影视与文化旅游融合效用的最大潜力发挥，阻碍了云南省在这一领域的进一步发展。

（二）针对云南影视文旅现有问题的改进措施

1.加强"影视+文旅"产业链建设

影视产业与文化旅游产业都依托一定的资源，通过创意设计形成一定的产品，并将这一产品通过市场营销的手段推向消费者，实现资源价值向经济价值的转化。基于此，可以找到影视产业链与旅游产业链在不同环节上的共同点，即"融点"。要促进云南"影视+文旅"产业链的建设，亟须突破两大产业发

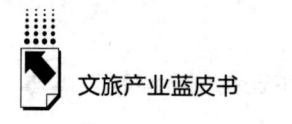

展边界，重构影视文旅产业链，形成影视产业与旅游产业全产业链深度融合发展新模式，具体如图1所示。

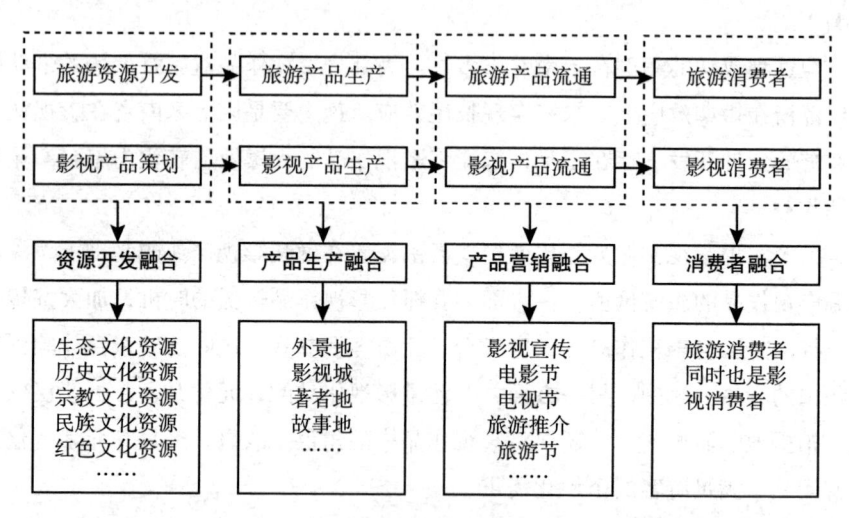

图1 影视产业与旅游产业全产业链深度融合发展新模式

旅游资源开发	旅游产品生产	旅游产品流通	旅游消费者
影视产品策划	影视产品生产	影视产品流通	影视消费者
资源开发融合	产品生产融合	产品营销融合	消费者融合
生态文化资源 历史文化资源 宗教文化资源 民族文化资源 红色文化资源 ……	外景地 影视城 著者地 故事地 ……	影视宣传 电影节 电视节 旅游推介 旅游节 ……	旅游消费者同时也是影视消费者

资料来源：黄小刚、靳柯《我国影视文旅融合模式解析与困境突围》，《电影评介》2021年第16期。

在资源开发融合层面，云南省拥有丰富的自然生态资源、历史人文资源以及现代人造资源，这些资源不仅是吸引游客的文化旅游元素，也为影视产业提供了丰富的创作灵感和拍摄背景。为了充分利用这些资源，建议深入挖掘云南的历史文化故事，并将其转化为影视作品的内容，这将不仅会丰富影视作品的文化层次，也会提升旅游目的地的文化价值和吸引力。同时，对于已有一定发展基础的影视基地，如玉龙湾公园影视城、西双版纳南联山影视基地、大理"天龙八部"影城等，建议提升其综合服务能力。应针对这些基地融入旅游、教育、娱乐等多元化体验内容，将其打造成为省内引领"影视+旅游"产业融合的示范基地。这样的发展策略不仅能增强影视作品与旅游产品之间的互动，还能有效促进文化旅游产业的创新和高质量发展。

2. 建立影视文旅协同推进机制

在产品生产融合层面，则需要加快建立有效的影视文旅协同推进机制，进而搭建影视文旅产业链上下游之间的桥梁。

2023年12月25日，大理州文化和旅游局发布公示，拟对2023年重大影视题材电视剧《去有风的地方》给予200万元补助。① 此举可谓文旅对影视产业的"反哺"，《去有风的地方》的爆火带动了云南的旅游市场发展，而地方政府也将文旅收入的一部分重新投入影视产业中，形成了一种良性循环。这种政策补助不仅能激励更多优质影视作品的制作，还能鼓励影视创作者深入挖掘当地文化资源，将其融入影视内容中，从而进一步促进文旅融合发展。为了更有效地推进影视文旅产业的融合，建立省级部门联席会议制度尤为重要。这样的制度能够确保不同部门之间的信息共享和资源协调，从而提升影视项目的拍摄条件和推广效果。同时，这种跨部门的合作还有助于更好地理解和应对旅游市场的需求，创造出符合市场趋势的文化产品。

云南省在2023年采取的举措彰显了对影视文旅产业融合的重视。通过实施文化产业高质量发展工程，云南省不仅为文化创意服务提供了肥沃的土壤，而且通过成立影视服务工作专班进一步专业化和系统化了对影视产业的支持。《云南影视拍摄服务指南》的编制和70个免费拍摄取景地的遴选，为影视制作提供了实质性的便利，降低了制作成本，促进了影视产业的发展。通过影视作品传播积极的价值观念和展现云南的新形象，有助于塑造地方文化的品牌，提高云南在国内外的知名度。

这些策略和举措对于促进云南文化产业的高质量发展尤其是促进影视文旅产业融合具有重要意义。它们不仅能提升影视作品的制作水平和内容质量，还能增强影视作品对旅游市场的吸引力，推动文化与旅游产业的互补发展。通过这些综合性的措施，云南省能够在保持文化传统的同时，创造出新的经济增长点，实现文化和经济的双重效益。

3. 搭建影视文旅宣传营销平台

自2017年起，云南省积极推进"游云南"App这一功能性旅游互联网平台的发展，将数字技术全面融入旅游产业的各个环节，从而为游客提供全阶段的智能化服务体验。其核心在于利用数字技术创造一个多维度、全方位的旅游生态系统，涵盖游客旅行的每一个环节，提供从计划阶段到行程中再到回程后的服务。

---

① 《云南大理：拟补助〈去有风的地方〉200万元》，"银幕穿越者"微信公众号，2023年12月26日，https://mp.weixin.qq.com/s/3m3Q8CbqKHumAdfhIPA7yw。

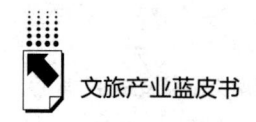

为了进一步促进影视旅游的发展，增强其宣传营销的效果与信息投递的精准度，可在App中增设专门的影视旅游专栏，展示云南的影视拍摄地点。通过整合电视剧或电影中的经典场景与其实际拍摄地点，这个栏目能为各个年龄层的影视迷们提供精心设计的旅游路线和丰富的旅行信息，帮助影视迷们更好地体验他们喜爱的影视作品的拍摄地。利用"游云南"智慧旅游平台及抖音、快手、微博等社交媒体平台，发布有关云南的旅游热点、美景、节庆、美食、非遗和民宿等内容的Vlog，对提高云南旅游的吸引力和知名度至关重要，建议采取互动式的宣传策略，例如在社交媒体上设立引人入胜的互动话题和短视频挑战赛，有效激发游客的参与热情，促使他们成为云南文化旅游的自发宣传大使。

此外，提升"亚洲微电影节"和"澜湄国际电影周"等活动的影响力，打造具有云南知名品牌形象的影视文化活动IP，并与腾讯视频、爱奇艺、西瓜视频、旅游频道等新媒体以及传统媒体平台进行深度合作，将有助于扩大云南文旅的宣传范围，吸引更广泛的观众群体。与此同时，创新宣传内容与形式也至关重要，例如制作高质量的旅游推广短片、互动游戏和提供在线体验，这些都能提供更为丰富和吸引人的旅游信息。此外，在社交媒体上举办有奖互动活动将进一步提升游客的参与度和互动性，增加旅游目的地的吸引力；或是利用大数据和人工智能技术分析游客的偏好和行为模式，定制更加个性化的旅游产品和宣传策略，精准地吸引目标客群，这可以为云南文旅市场带来更多潜在游客。通过这些多维度的宣传和营销策略，云南省能够更有效地推广其独特的文化和旅游资源，吸引更多国内外游客。

通过加强"影视+文旅"产业链建设、建立影视文旅协同推进机制以及搭建影视文旅宣传营销平台，云南省可以实现影视产品与文旅产品的生产融合，并完成产品营销的整合。这些策略将有效地促进云南的"影视+文旅"产业链融合发展，提升地区的文化与旅游产业的综合竞争力。

结 语

《去有风的地方》通过深入呈现大理的自然风光和民俗文化，成功塑造了云南的旅游形象，吸引了大量游客。该剧不仅在艺术上取得了成功，而且在文化传播和旅游推广方面发挥了显著作用。通过细致入微地展现地方特色，该剧成为影视作品助推地方文旅发展的典范。尽管《去有风的地方》取得了成功，云南影视文旅融合仍面临诸多挑战，包括尚未形成代表性品牌影响力、影视文旅产业链不完善、"影视+文旅"长尾效应不足以及管理服务体系不健全等。为进一步推动云南影视文旅融合，应加强"影视+文旅"产业链建设、建立影视文旅协同推进机制、搭建影视文旅宣传营销平台等，这不仅有助于提升云南的文旅吸引力，还能为地区经济和文化发展提供强有力的支撑。通过有效的融合策略和持续的创新，云南省有望在影视文旅融合领域实现更大的突破，为当地经济和文化的繁荣作出更大的贡献。

B.11
哈尔滨冰雪旅游资源整合发展研究

殷 蕾*

摘　要： 2023年冬季，哈尔滨凭借其独特的冰雪景观、丰富的旅游体验以及诱人的美食文化成为最热门的旅游城市。该市共接待游客1.35亿人次，同比增长145.78%，旅游总收入达1692.45亿元，同比增长239.03%，展现出惊人的经济复苏和旅游吸引力。哈尔滨以独特的"昵称文化"与游客建立亲密互动，将自然资源的优势转化为市场竞争力。黑龙江省文旅部门通过创新消费场景、提升服务质量系统性地发展旅游体验，吸引了全球目光，冰雪经济或将成为中国经济发展新亮点。

关键词： 哈尔滨　冰雪旅游　东北旅游

　　2023年冬季最火的旅游城市竟是最冷的哈尔滨，按常规口径监测，哈尔滨共接待游客1.35亿人次，同比增长145.78%，比2019年增长41.4%；全市实现旅游总收入1692.45亿元，同比增长239.03%，比2019年增长7.4%。①哈尔滨旅游的火爆无疑为2023年的旅游成绩增添了厚重的一笔，更将助力哈尔滨经济的高质量发展。哈尔滨为招待五湖四海的客人，将宠爱游客做到极致，亲切地称呼游客为"南方小土豆""小金豆""马铃薯公主/王子"等，而玩得开心的游客称哈尔滨为"尔滨""滨子""滨哥"。一个冬季旅游项目竟促成城市和消费者的亲昵互动，大东北和"小土豆"双向奔赴的背后是供给和需求的完美匹配，这让哈尔滨变成2023年后冬季非去不可的城市。哈尔滨的火爆是将自然资源转化成市场核心竞争力的典型。黑龙江省文旅相关部门千

---

* 殷蕾，黑龙江工商学院艺术与传媒学院讲师，研究方向为影视文化、新闻传播。
① 《"南北互跨游"点燃冬季旅游消费热情》，《经济参考报》2024年1月4日。

方百计创新旅游消费新场景，进一步挖掘旅游新潜力，提升旅游服务质量，与游客换位思考，系统性全环节发展旅游新体验，吸引国内外游客，引起全球媒体争相报道，冰雪经济或将成为中国经济发展的新亮点。

一 依托重点景区夯实城市标志性符号

（一）冰雪大世界

备受国内外游客关注和期盼的第二十五届哈尔滨冰雪大世界于2023年12月18日11：00盛大开园，开园当天三个小时迎来了4万游客。该届冰雪大世界以"龙腾冰雪 逐梦亚冬"为主题，园区占地面积81万平方米，总用冰量和雪量为25万立方米，成功挑战吉尼斯世界纪录，被认定为世界最大的冰雪主题乐园。哈尔滨冰雪大世界作为世界级的冰雪胜地，从1999年落地至今，享誉中外，虽然每年只有短短两个月的最佳游览季，却从最初的冰雪乐园发展到如今的冰雪王国。哈尔滨冰雪大世界的冰建离不开前期的采冰活动，松花江的水流稳定，水质清澈，在冬日里不断生成冰体又被打破，最终形成了密度均匀、晶莹剔透的冰体，是建造冰雪景观的最理想原料。每天千余名的采冰工人、近500辆运输车将冰块源源不断运往冰场，投入冰雪大世界的建设工作之中。[①] 同时，为冰雪大世界尽早开园迎客，搭建工作昼夜兼程、各项工作紧张有序地推进，此届冰雪大世界建造历时最短，开园最早，却打造出史上规模最大的冰雪童话王国。

1. 冰建技术的创新

如今的哈尔滨冰雪大世界已成为哈尔滨最亮丽的城市名片，是历时25年的探索与研发，结合冰雪、文化、科技等打造出的世界顶级的冰雪主题乐园。主塔"冰雪之冠"高43米，相当于14层楼的高度，用冰量1.3万立方米，采用工艺复杂的体块旋转盘升结构建造而成。[②] 由于主塔光源数量多，很多人担

[①]《"冰城"哈尔滨：松花江上奏响采冰交响曲》，新华网，2023年12月15日，http：//www.xinhuanet.com/photo/2023-12/15/c_1130028972.htm。

[②]《真没想到，你竟是这样的"冰雪之冠"！》，哈尔滨国资微信公众号，2023年12月21日，https：//mp.weixin.qq.com/s/vNzUNtlstqPSQTYJdmRelw。

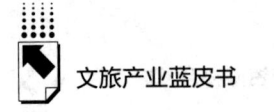

心冰会融化，而哈尔滨冰雪大世界工程及研发设计人员经过20多年的探索研究，无数次的测试、检验，通过特殊工艺技术手段，实现了最终呈现效果：在冰建整体亮度高的同时，灯具的发热量有效降低。"冰雪之冠"是冰雕师在极寒条件下、几十米的高空中一刀一铲、一锤一凿手工打磨出来的，凝聚了哈尔滨冰雪大世界冰雕师25年的匠心。1.3万立方米的冰塑造了全世界独一无二的冰建景观，也凝聚了无数冰雕师的精湛技艺。

2. 热门冰雪项目的升级

2023年，哈尔滨冰雪大世界娱冰玩雪项目有20余种，全新升级的王牌项目超级大滑梯的滑道由8条增至14条，最长滑道达521米，这意味着能玩上冰滑梯的游客比往年增加近一倍；雪花摩天轮焕新升级，推出亲子、爱情、KTV、商务四大主题轿厢，带游客穿越云端，鸟瞰冰雪天际线；升级打造的冰雪欢乐汇互动娱乐区引进冰上卡丁车、雪地摩托、雪圈漂移、雪地四驱车和雪地悠悠球等冰雪娱乐体验项目，能满足游客不同的游玩需求，特别是冰雪汽车芭蕾秀，由中国顶级汽车特技表演团队呈现，开冰雪汽车特技秀场先河。作为历届哈尔滨冰雪大世界最热门的演出项目，"哈冰秀"演出强势回归，邀请来自12个不同国家的50位优秀艺术家参演，导演、灯光、音响、舞美等中外主创人员20余人参与。"哈冰秀"演出在冰雪秀场内为中外游客奉上国际级高水准的视觉盛宴。

3. "特殊一幕"——大型户外冰雪蹦迪现场

除美景外，冰雪大世界内"大型户外冰雪蹦迪"也是游客最期待的活动，万人穿羽绒服集体跳兔子舞的场面着实震撼，从开园开始频频登上热搜，户外运动本就可以抵御严寒，加上"左右哥"的幽默喊麦，现场气氛瞬间达到高潮，游客纷纷加入舞蹈之中，尽情释放欢乐，得到全身心的放松，感受到冰雪大世界的独特魅力。这场娱乐盛宴更是南北方文化的交流与碰撞，让游客与本地人快速实现情感上的沟通，感受东北人的热情好客。

4. 热情周到的服务

开园当日三小时游客峰值达到4万人，由于排队时间过长，游客无法玩到想玩的项目，现场有人大喊"退票"。针对此事件，哈尔滨文旅局领导赶赴现场督导，哈尔滨冰雪大世界公开致歉，园区连夜整改。值得一提的是，在公开信中，哈尔滨冰雪大世界除了致歉，还谈及三项整改措施：一是即日起，园区内娱乐项目采取现场排队和延时服务方式，设置排队信息提示，对游玩项目分时、分段提醒，满足游客体验需求；二是园区内增加安保、接待、志愿服务人员，充实游客流量较高点位的服务力量，为游客提供维护秩序、问询导览等暖心服务；三是增加投诉受理服务台和客服人员，设置投诉电话，线下线上同步受理解决游客诉求，真诚接受广大游客的监督。仔细审思这些措施，游客一定很受用，因为能够深切感受到被尊重、被放在心上。为让游客能够在冰雪大世界获得更好、更方便的娱乐体验，哈尔滨冰雪大世界的停车场面积达到21万平方米，划分出2800个停车位，社会车辆、公交车、出租车、网约车停车区域规划分明，可以充分满足游客的停车需求。同时，售检票大厅设游客服务中心，及时高效地为游客提供寻人、寻物、医疗救助、免费充电、讲解导览等服务。

（二）中央大街

2024年元旦假期，哈尔滨文旅市场持续火爆。据哈尔滨市文化广电和旅游局提供的大数据测算，截至元旦假日第3天，哈尔滨累计接待游客304.79万人次，实现旅游总收入59.14亿元。[①] 游客接待量与旅游总收入达到历史峰值，达冰雪类旅游景区新高度。哈尔滨中央大街以"百年老街迎亚冬，冰雪盛宴庆新年"为主题，陆续推出冰雪艺术节、冰雪主题快闪中心、冰雪时尚秀场、温暖小屋爱心热饮等主题活动，融入多元文化，与冰雪旅游相融合，充分展示百年老街的旅游消费新潜力。作为哈尔滨璀璨的建筑瑰宝，这条百年老街承载了哈尔滨的历史与文化，也连接了哈尔滨的过去与未来。游客在领略独特建筑风格的同时也能感受它浪漫、时尚、典雅、高贵的气质。中央大街是中国保留最完整的欧洲风情历史街区，全长1450米，建成于1900年，集购物、餐饮、娱乐、文化于一体。2024年初，中央大街格外热闹，花灯璀璨、流光溢彩，美轮美奂的巴洛克城市建筑与冰雪景观融合，游客可以品尝百年马迭尔冰棍，欣赏各式各样的游街演出等。值得一提的是中央大街上的"贴心服务"：商家和当地居民免费为游客发放暖宝宝、食物，另有其他免费体验游玩

---

① 《59.14亿元！2024年元旦假期，哈尔滨火爆出圈！》，搜狐网，2024年1月2日，https：//www.sohu.com/a/748987717_349336。

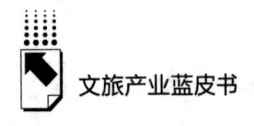

项目。大多数游客会走到中央大街的尽头来到松花江的江面上,为了吸引游客,松花江上升起了热气球,让游客大饱眼福,点亮了城市旅游新名片。

(三)圣·索菲亚大教堂

圣·索菲亚大教堂是哈尔滨的标志性建筑,备受网友喜爱,也是游客必打卡的景点,始建于1907年,是一座拜占庭风格的东正教教堂,1996年经国务院批准被列入第四批全国重点文物保护单位。网友说想拍圣·索菲亚大教堂的绝美夜景,哈尔滨便用无人机将人造月亮升起,每天都可以拍出绝美夜景。人造月亮的背后是科技与时尚的结合。人造月亮令网友直呼神奇,一经出现就频频登上热搜,吸引众多游客前来参观。哈尔滨此举让游客既能感受圣·索菲亚大教堂独特的建筑文化,还能体验人造月亮的神奇创意,成功将圣·索菲亚大教堂变成哈尔滨的网红打卡景点。

(四)侵华日军第七三一部队罪证陈列馆

哈尔滨爆火后,随之而来的是侵华日军第七三一部队罪证陈列馆的爆火。在游客冰天雪地里花几个小时排队进去参观的同时,这段沉重的历史记忆被唤起,人们铭记历史、缅怀先烈的心意不会因为寒冷的天气而停止,陈列馆的志愿者们将一束束白菊免费送到游客手里,这样的场景和做法要比历史书上的文字更加深入人心,现场的一件件铁证摆在面前大家才会了解到真正的历史,没有一个人可以从陈列馆中平静地走出来。侵华日军第七三一部队罪证陈列馆的火爆不仅让中国人铭记历史,更是让世界人民看到日本侵略者曾经在中国的暴行。侵华日军第七三一部队罪证陈列馆最后的展厅里专门设置有留言板,一个一个的中国人沉重地写下"勿忘国耻,吾辈当自强",或许这才是旅行真正的意义。

(五)哈尔滨工业大学

随着哈尔滨观赏冰雪的游客日益增多,哈尔滨工业大学的博物馆、航天馆和哈工大中心成为游客们必去的打卡地。哈尔滨工业大学为了进一步响应社会期望,开放火爆全网的"航站楼"暖廊、图书馆、14850平方米"巨大"滑冰场和部分食堂等平时不对外开放区域,不需预约、不限名额,开放后,哈尔滨工业大学航天馆最高日接待量超过 1000 人次。哈尔滨工业大学作为百年名校，文化底蕴深厚，公共空间的开放对哈尔滨的旅游业发展具有积极的助推作用，亦可培养广大青少年科技报国的理想，对开阔青少年视野具有重要意义。哈尔滨工业大学的全面开放也向国内外游客展示了我们国家的国防科技实力，增强了国民自信，开创了寓教于游的冰雪旅游新业态。

二　供给与需求的动态匹配提升旅游业整体水平

（一）美食

除了各大著名景区外，饮食文化更是一个城市旅游业的代表性名片。如红砖街早市上各种各样的地方小吃、哈尔滨红肠、东北锅包肉、铁锅炖大鹅、东北烧烤、麻辣烫、冰糖葫芦等，大部分的游客通过互联网了解到东北的这些美食，慕名而来，没来过东北的游客对这些美食也有所耳闻，美食作为城市旅游的重要代表，吸引了四面八方的游客。由于南北方存在饮食差异，哈尔滨首先在美食上做了大量的改变以适应南方游客的口味，如甜豆腐脑、冻梨摆盘、加勺的烤地瓜等，以及商家一改往常的语气对南方游客用极宠溺的口吻说"公主请吃"，这种"变"让南方游客感受到尊重与热情，宾至如归，更是东北旅游业新的发展动力。美食作为一个城市的独特魅力，极具代表性。对于广大人民而言，令人垂涎欲滴的美食更让人久久不能忘怀，每一口都能尝出当地的文化、历史和风土人情，让人更能深入了解这座城市。东北美食本身极具地方特色，只有不断地推广，打造专属东北美食的旅游新品牌，才能使美食成为推动旅游业发展新的增长点。

（二）各少数民族民俗风情表演

黑龙江省是一个多民族散居的边疆省份，包含满族、朝鲜族、蒙古族、回族、达斡尔族、锡伯族、赫哲族、鄂伦春族、鄂温克族和柯尔克孜族等世居的少数民族。随着哈尔滨的火爆，这些少数民族也逐渐走入游客的视野，从鄂伦春族的驯鹿表演开始，各少数民族轮番上阵，这些极具特色的少数民族文化很

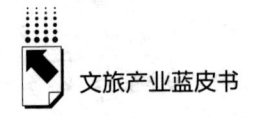

少向世人展示，一经出现便成为广大网友喜爱的对象，吸引大量游客前来感受其独特的文化和魅力。这些少数民族是中华民族的重要组成部分，他们的公开表演让哈尔滨的冰雪旅游又多了一张重要的城市名片，为城市旅游增添了独特的魅力。

（三）动物嘉宾坐镇

哈尔滨文旅的创新之处还在于对动物资源的开发，东北虎、白狐、麋鹿、企鹅、骆驼、黑马、鸵鸟、丹顶鹤等可爱的动物们卖萌接待游客，让游客赏冰玩雪之余还能和它们亲密交流，深得大朋友和小朋友的喜爱。动物本身就是高流量 IP 的代表，逃学企鹅、飞马踏冰、东北银狐这些高流量 IP 一经出现便引爆网络，为哈尔滨的文旅市场吸引大量游客，增添一抹童话色彩。哈尔滨文旅对"动物+"模式的探索初见成效，别出心裁的创意为哈尔滨文旅市场良性循环形成新的流量密码。

（四）东北独特的洗浴文化

美团数据显示，元旦假期，哈尔滨排名第一的热搜词是"洗浴"，搜索量同比增长375.5%。洗浴交易额同比增长404.6%，订单量同比增长324.1%，交易用户数同比增长331.1%。[①] 搓澡和冰雪一起成了东北的符号。

洗浴在东北已经成为日常重要的休闲娱乐项目，全国闻名，复杂且讲究的洗浴过程既能消除疲劳又能强身健体，南方游客对于东北的洗浴文化非常向往，冲、泡、蒸、搓、按的洗澡顺序对于很多南方游客来说也是第一次体验。受东北天气的影响，温暖的室内休闲娱乐项目非常受欢迎，逐渐发展成洗浴、餐饮、亲子、娱乐项目的集合体，大家一边洗澡一边喝茶，既可增进感情，又可得到全身心的放松。搓澡技师这个职业也解决了大量的就业问题，2024年1月初，社交平台上急呼"搓澡大姨人手不足"，于是哈尔滨连夜从沈阳调集1000名搓澡大姨支援，这又为搓澡添加了些戏剧化色彩。洗浴文化的加入也使外地游客对哈尔滨的好感度和向往值拉满。

---

① 《"尔滨"火爆出圈 冰雪热能撬动东北经济吗？》，《第一财经日报》2024年1月8日。

三　南北方深度融合，全国联动发展

（一）各省萌娃集结

广西3名老师带领11名"小砂糖橘""勇闯"哈尔滨引发全网的关注，无论他们走到哪里，都会引发全网"大家都来数孩子"的热度，随后四川的"小熊猫"、云南的"小野生菌"纷纷抵达哈尔滨，一波接一波的萌娃来哈尔滨深度研学游，也让哈尔滨的热度持续高涨。随之而来的是网友给各省萌娃用家乡的特产命名，又在网上引发了激烈讨论。孩子们带来的更是各省的文化和教育的深度交流与融合。由于"小砂糖橘"在黑龙江得到无微不至的照顾，广西壮族自治区为感谢黑龙江省对孩子们的厚爱，赠送11车20万千克的新鲜水果，黑龙江省回赠10万盒新鲜蔓越莓，又一次引发网友的热议，网友笑谈"生活在黑龙江这么多年不知道蔓越莓产自东北"，直呼祖国真是地大物博，东北蔓越莓的搜索量也随之暴增。这次南北方的深度联动为各地文旅市场都带来了流量，引爆了全国的文旅市场。

（二）东北各省大力支持，旅游资源共享

哈尔滨爆火后，东北各省为迎接游客，纷纷送来当地旅游资源，为哈尔滨的冬季狂欢增添了新的活力。如辽宁的凤凰、吉林的雾凇等，东北其他省的支援源源不断地汇聚在哈尔滨，构成一幅壮美的图景，彰显了东北人民的团结和互助精神。这是一次全方位的合作与支援，跨地区的协同努力不仅是对哈尔滨的支持，更是对整个东北地区共同发展的见证，哈尔滨展现出不同寻常的活力，这股活力与底气来源于整个东北地区的互相扶持。东北各省助力加哈尔滨自身的努力为哈尔滨带来繁荣与欢笑的同时，更是将东北的热情、团结的品质展现得淋漓尽致，让这座城市充满热情与温暖，也是对东北精神的真挚展现。

四　"线上+线下"多维度宣传

（一）互联网思维：流量IP的设定

从2023年的淄博到2024年的哈尔滨，这些网红城市的"出圈"体现出互

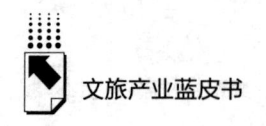

联网短视频助推文旅发展的作用。短视频作为互联网传播的重要方式,拥有庞大的用户群体。目前,众多的网红城市都是依托短视频的渠道实现快速传播的,哈尔滨也不例外。不同于其他网红城市,哈尔滨本身就是重要的历史文化名城,又借着短视频的东风让全国人民发现这座古老的北方名城。哈尔滨利用互联网的宣传思维,找准城市定位推出了大量的流量IP,比如逃学企鹅、歌声里的哈尔滨等,通过短视频的宣传,一经播出就引爆网络,快速引发游客兴趣。

(二)消费者思维:满足游客需求

设定流量IP之后,黑龙江省文旅厅也没有松懈,而是利用网络的即时互动功能,随时随地在评论区关注游客的需求,尽可能地满足游客。这也体现出东北人的待客之道,因此网友将哈尔滨亲切地称为"尔滨""滨哥""滨子",游客来哈尔滨会说一句"滨哥,我来了"。也正是因为这种让游客感受到被尊重和被重视的态度,哈尔滨才成为"顶流"的旅游城市,良好的服务意识和高效的社会服务体系让哈尔滨在全国众多旅游城市之中脱颖而出,热度持续高涨。

(三)文艺演员齐助阵:头部网红的宣传

东北的文艺事业在全国文化产业中也占据重要地位,众多东北文艺演员纷纷为家乡旅游做宣传,德云社和刘老根大舞台的众多重量级的文艺演员在哈尔滨连续演出,让游客在欣赏完美景后走进剧场开怀大笑,体验东北二人转的魅力。这些文艺演员本身就自带流量,他们的到来为哈尔滨的宣传工作起到锦上添花的作用。在冰雪大世界零下二十几度的户外演出,他们毫不畏寒,激情演绎,着实令人感动,敬业精神也值得敬佩,这足以见证他们对东北人民对哈尔滨的支持。

在冰雪大世界开园之前,当地大量的网红进行引流,设计了100多条热门话题。前期的宣传与预热让哈尔滨冰雪大世界开园之始便立刻占据热搜榜单,一个接一个的网络热梗为城市的旅游宣传带来强劲动力。除当地网红的宣传,全国各大头部网红纷纷前来哈尔滨打卡,一波接一波的流量随着网红到来,也吸引了大量的游客奔赴哈尔滨。

（四）游客的赞美：双向奔赴

哈尔滨一心一意为游客服务的做法暖了游客的心，也给各地文旅带来启迪。各地游客在哈尔滨感受到家的温暖，这种极致的旅行体验让游客也不吝赞美，用一条条视频和评论将哈尔滨送上"顶流"之位，哈尔滨旅游事业的快速崛起离不开游客的自发宣传。哈尔滨转变市场意识和服务意识，以客户需求为导向，善待游客，留住了客人，让"头回客"变为"回头客"、冷资源变为热经济，冰天雪地也成为金山银山。

五　持续创新特色项目，让"爆红"成为"长红"

（一）重点景区的管理与建设

2024年1月哈尔滨的游客激增为重点景区的管理工作带来极大的挑战，住宿、餐饮的价格也成了游客关注的热点。机遇与挑战并存的当下，经济实惠的游玩项目、细致入微的服务态度成为哈尔滨文旅业今后的发展目标。重点景区需持续创新，利用科技手段强化管理，以文化做支撑，创新娱乐项目，规范住宿、餐饮业的市场秩序，不随意涨价，不漫天要价，以行业的自律加市场的监管多方位提升城市的管理能力和政府的号召力，更好地为旅游业提高口碑，让游客常来常新。

（二）绿色环保的开发理念

冷资源变成热经济的同时，更要坚持绿色环保的开发理念。哈尔滨自然景观丰富，是重要的生态旅游打卡地，更要注重资源节约和生态保护，实现旅游经济、社会和环境的协调发展，不过度开发，实现资源的高效利用和循环利用，倡导游客绿色出行、绿色消费。在城市转型发展过程中，加强对旅游产业的优化调整，推动低碳经济发展，通过生态文明建设实现旅游业的可持续发展。

（三）循环创新的发展思路

哈尔滨旅游因冰雪而热，随着天气的逐渐转暖，不少人担心哈尔滨的这波

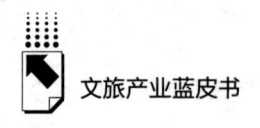

热度会下降甚至消失。如何让哈尔滨的文旅市场持续火热值得深思。哈尔滨四季分明，夏季的哈尔滨更是著名的避暑胜地，因此，哈尔滨市文旅局发布了一份旅游时间表，除冰雪旅游，从1月到12月，一年四季都为网友推荐了哈尔滨不同的风景。依托地理优势开发新的旅游项目，形成良性循环的旅游产业，促进新消费，打造文旅产业新的发展支柱。

（四）打造国际化的旅游名城

哈尔滨作为一座国际化的名城，有"东方小巴黎"的美称，其不仅在国内火爆，也被国外的媒体争相报道，"哈尔滨旅游"一度成为国外社交媒体谈论的热门话题，吸引众多的外国游客前来体验。第四十届中国·哈尔滨国际冰雪节盛大开幕，多国受邀要客及外国游客到哈尔滨参加节日活动，哈尔滨空港口岸迎来2024年首批跨境旅游热潮。据哈尔滨出入境边防检查站统计，2023年11月哈尔滨以观光休闲目的入境外国游客约占入境外国旅客总数的20%，到12月占比已增长至50%，预计到2024年1月，占比将增长至60%以上。冰雪节期间，以观光休闲目的入境外国游客人数相较2023年11月增长将超300%，日均出入境游客人数将达到1800人次。[1] 哈尔滨文旅市场的持续火爆在推动各国人文交流中扮演着重要的角色。哈尔滨拥有独特的历史文化遗产、丰富多彩的风土人情、多元的文化、包容的城市性格，应深度挖掘旅游资源，除服务好本国游客外，还要源源不断地吸引全世界的游客，和全世界人民约会哈尔滨，创造冰雪"暖"世界的故事。

结　语

哈尔滨的"火"是因为"诚"，政府的真诚服务和民众的诚心支持让五湖四海的游客在寒冷的冬季感受到东北人的真诚，游客与城市的双向奔赴让我们感动。哈尔滨的火爆为东北地区文旅产业带来新思路。哈尔滨这番"火"并不是偶然的，而是政府统筹规划和全省人民积极参与的结果，冰雪文化融合建

---

[1] 孙中大、陈尚楠、石琪：《预计增长超300%　哈尔滨冰雪节迎跨境游热潮》，黑龙江新闻网，2024年1月5日，http：//www.hljnews.cn/whly/content/2024-01/05/content_747700.html。

筑、美食、科技、休闲、娱乐、研学、体育等全方位项目，服务的硬件和软件同时到位。哈尔滨的文旅市场不仅代表这座城市，也代表整个东北地区，东北其他地区的旅游资源也各具特色，应跟随哈尔滨的火爆，发挥各省优势，形成东北地区文旅产业全链条，开创东北文旅产业新模式。哈尔滨作为旅游城市和亚冬会东道主，为2025年亚冬会的成功举办做好了充足的准备。哈尔滨这座城市充满无限潜力，将不断创新，推动冰雪经济高质量发展，开创冰雪旅游新高度。

B.12 "和美乡村"新图景的视听传播创新
——以文旅纪实节目《袅袅余音又一村》为例

郭 燕 刘梦雅 李静贤*

摘　要： 党的二十大提出"建设宜居宜业和美乡村"的战略部署，强调人与自然环境、社会环境的和谐共生。习近平总书记对"新质生产力"概念的提出和内涵阐释，为视听传播创新赋能乡村全面振兴注入了新的活力和动力。智媒传播时代，新型文旅产业成为科技创新应用的前沿阵地。《袅袅余音又一村》作为传统卫视视听传播项目的创新传播案例，旨在通过文旅融合展现和美乡村的风土人文，满足农民的物质需求和精神追求，同时推动乡村经济高质量发展。这不仅是对中国传统"和文化"的深入挖掘和现代化诠释，也是新质生产力在乡村振兴中的具体实践。

关键词： 和美乡村　视听传播　文旅　《袅袅余音又一村》

引　言

党的二十大对全面开启社会主义现代化建设新征程、全面推进乡村振兴作出战略部署，提出要"建设宜居宜业和美乡村"①。"和美"不仅体现了乡村空间功能宜居宜业，更强调了作为中国传统文化和生态载体的乡村风土人文，旨在更好地满足农民的物质需求和精神追求。"和美"是对中国传统"和文

---

* 郭燕，河北大学艺术学院副教授，研究方向为影视艺术；刘梦雅，河北广播电视台（集团）卫视频道中级导演，研究方向为广播电视；李静贤，郑州大学新闻与传播专业在读研究生，研究方向为电视与微影像。

① 习近平：《高举中国特色社会主义伟大旗帜　为全面建设社会主义现代化国家而团结奋斗——在中国共产党第二十次全国代表大会上的报告》，人民出版社，2022，第31页。

化"的深入挖掘和现代化诠释，它强调了人与自然环境、社会环境的和谐关系，体现了寻求和谐、稳定、平衡发展的中国智慧。"建设宜居宜业和美乡村"作为有效推进乡村全面振兴的新时代新路线，进一步丰富了乡村建设的目标和内涵。与此同时，一批具有示范效应和地方特色的"和美乡村"建设成果业已成为国内多元文旅资源的重要组成部分，也是文化和旅游类视听传播的表现对象。以河北卫视文旅纪实节目《袅袅余音又一村》为例，该节目通过电视节目、网络短视频和其他视听内容的融合传播，旨在表现多地"和美乡村"的自然风光、文化底蕴、民俗活动以及现代化建设新面貌，激发"从观众到游客""从欣赏到体验"的文旅资源转化潜能。

一 "和美乡村"新图景的文旅产业引领力

2023 年，国内涌现了"淄博烧烤""盛唐密盒""村 BA""村超""哈尔滨冰雪大世界"等诸多令人瞩目的文旅领域"出圈"事件。这不仅显现了文旅产业的创新活力，也揭示了国内诸多文旅资源的开发潜力和引领力：具有地方标识和文化多样性的文旅资源不断涌现，有效匹配了消费者对文旅体验的新需求。

近年来，一批历史文化古镇、名城在打造"和美乡村"方面发挥着突出引领作用，也逐渐形成具有深厚内涵和强大吸引力的文旅资源。"和美乡村"建设承载着自然风光、人文历史、民俗风情等丰富的文化元素，以及新时代乡村发展的理念和追求。针对文旅产业而言，"和美乡村"所呈现的是自然与人文、传承与创新的统一，亦即将传统文化与现代元素相结合，打造独具地方特色的乡村文旅产品和路线，使"乡村游"更具时代感和生命力。同时，技术创新也在乡村文旅行业得到广泛应用，以新质生产力引领的地方特色文旅活动也吸引了大量游客，提升了乡村的吸引力，为乡村文旅的发展提供了技术支撑。"和美乡村"建设不仅打造了游客追寻乡村风情、体验乡村文化的理想之地，更是推动乡村经济发展和文化繁荣的重要力量，具有广阔的市场前景和发展潜力，如引导当地居民参与旅游服务，实现了经济、科技、文化、生态等多方面的共赢，为乡村振兴注入"新质生产力"。未来，伴随"和美乡村"建设的不断深入和完善，乡村文旅资源将会得到更加充分的利用和开发，为乡村文

旅的发展带来更多的机遇和挑战。

"和美乡村"新图景的文旅产业引领力不仅体现于其创新活力和资源潜力,更体现于其对乡村社会、经济、文化等多方面的全面带动。通过开发富有地方特色的旅游产品,如农家乐、手工艺品、特色农产品等,不仅为乡村创造了丰富的经济收益,还吸引了大量外来游客,促进了乡村与外界的交流与合作。同时,这种交流也带动了乡村基础设施的改善,提升了乡村的整体形象和乡村生活品质,为乡村的可持续发展奠定了坚实基础。这种文化传承与创新不仅提升了乡村的文化软实力,也增强了乡村居民的文化自信,为乡村的全面发展提供了强大的精神动力。"和美乡村"通过发展旅游业,促进了乡村内部的交流与合作,增进了村民间的了解与信任,为乡村社会的和谐稳定提供了有力保障。

"农旅结合"是"乡村游"的最主要形式之一。将农业生产与乡村旅游相结合,不仅可以使游客体验采摘、耕种等农事活动,还能使其品尝到新鲜的农产品,享受田园生活的乐趣。"民俗体验"和"节庆活动"是近年来"乡村游"的创新路径,通过深入开发乡村的历史文化资源,如传统手工艺、民俗活动等,以参观工作坊、展览等形式让游客参与其中;此外,通过结合乡村特有的节庆文化,如庙会、丰收节等,吸引游客参与,同时带动相关商品和服务的消费,提升乡村的知名度和影响力。"和美乡村"文旅产业尽管展现出巨大的发展潜力,但也面临一系列问题,如基础设施落后、表现力和传播不足、环境保护与开发不平衡等,亟待解决。

二 文旅产业视听传播新范式

具有地方特色的优秀传统文化是乡村居民文化自信的根基,也是"和美乡村"新图景的核心内容。在当今的数字化、网络化、智能化的媒体生态背景下,视听传播作为重要手段之一,可以更加生动形象地展现"和美乡村"的丰富内涵和独特魅力,对于"和美乡村"建设的文化内涵拓展尤为重要。比如,通过纪录片、短视频、直播等形式,可以展现乡村的自然风光、人文景观、特色文化等,让更多的人了解乡村、关注乡村、支持乡村的发展。同时,视听传播也可以成为乡村文化与现代文化交流的桥梁,通过创新传播方式和手段，将乡村的传统文化元素与现代审美观念相结合，创造出具有时代特色的视听内容，推动乡村文化的传承与创新。

在国家大力倡导文化产业与旅游产业融合发展趋势下，视听传播已成为推广地方文化和旅游资源的重要引擎。长期以来，文旅纪实节目在传播视听精品内容、传承传统文化、提升大众审美以及促进文明交流与互鉴等方面都具有重要意义。2023年8月，中国互联网络信息中心（CNNIC）发布了第52次《中国互联网络发展状况统计报告》，数据显示，截至2023年6月，中国网民规模达10.79亿人，互联网普及率达76.4%。[1] 面对日益增长的互联网用户规模，如何利用视听传播广泛推广和精准推介地方文化和旅游资源，成为产业界和学术界共同关注的问题。

"科技驱动推进乡村全面振兴、加快农业农村现代化，也必须直面发展要求和发展环境的新变化。"[2] 2023年9月，习近平总书记在黑龙江考察调研时首次提出"新质生产力"概念，并深入阐述了其重要内涵。新质生产力是创新起主导作用的生产力质的跃迁，是摆脱传统经济增长方式，符合中国经济高质量发展要求的生产力，也是数字时代更具融合性、更显新内涵的生产力，旨在引领发展战略性新兴产业和未来产业，为中国经济社会发展注入新的活力和动力。在智媒传播时代，面对"媒介即讯息"[3]（Media is Message）、"技术即内容"（Technology is Content）的新型生产关系，以及"内容科技"（ConTech）作为新质生产力，新型文旅产业已成为科技创新应用的前沿阵地。如何以新技术和新业态赋能文化和旅游资源，提升对中华现代文明的表现力、传播力和影响力，已成为传播学、艺术学、数字媒体和旅游管理领域共同关注的重要议题。视听传播作为推广文化和旅游资源的重要工具，在数字化、网络化、智能化媒体环境中获得了新机遇，得到了广阔的理论和实践空间。

在当前的媒体环境中，互联网已成为人们获取信息和娱乐的重要渠道。随着网民规模的不断扩大和互联网普及率的提高，利用视听传播创新手段推广地

---

[1] 第52次《中国互联网络发展状况统计报告》，中国互联网络信息中心（CNNIC），2023年8月28日，https://www.cnnic.net.cn/n4/2023/0828/c88-10829.html。

[2] 姜长云：《科技驱动乡村全面振兴应直面发展要求和发展环境新变化》，《农业发展与金融》2024年第2期。

[3] 〔加〕麦克卢汉：《理解媒介：论人的延伸》，何道宽译，商务印书馆，2000，第33页。

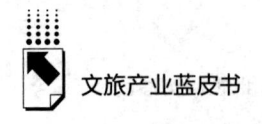

方文化和旅游资源具有巨大的潜力和优势。借助互联网平台的互动性、即时性和个性化特点,开展多样化的视听传播活动,如旅游直播、短视频推广、VR/AR体验等,以吸引更多年轻、活跃的网民关注和参与。在视听传播中,传统文旅纪实节目往往侧重于自然景观和观赏性人文景观的呈现,而对声音景观的创新性展现相对不足。声音作为传播中不可或缺的元素,在营造氛围、传递情感、讲述故事等方面具有独特的作用。因此,在新的视听传播范式中,应该更加注重声音景观的挖掘和创新性呈现,通过声音与画面的有机结合,为观众带来更加立体、丰富的文旅体验。

在传统媒体时代,文旅产业视听传播的内容主要来自地方媒体或者主流媒体,比如地方广播电台和电视台,其传播内容多聚焦于当地文化和自然风光。而在新媒体时代,文旅产业视听传播内容更加多元化,呈现"多维"的特点。"互动性"和"去中心化"是文旅产业视听传播创新发展的一个重要方向。近年来,在文旅产业视听传播领域,各类视听节目与旅游景区的互动越来越频繁,传播路径呈现双向互动的新特征。传统视听内容的传播主体是传播者,而在新媒体时代,用户不再是简单的信息接收者,而是内容的生产者、传播者和消费者。文旅产业视听传播一方面为游客提供了信息服务,另一方面也通过传播让游客深度了解文旅信息、体验文旅服务。这种双向互动不仅使文化传承得以延续,也促使观众成为内容的生产者和传播者。"去中心化"的传播模式颠覆了传统媒介中心化的传播模式,实现了用户生产内容和内容消费用户的双向互动。以短视频为例,抖音、快手等短视频平台鼓励用户创作短视频,形成了一种人人都是传播者、人人都是创作者的全民参与氛围。而文旅产业视听传播作为一种创意经济,其主体也逐渐由单一主体向多元主体转变,如抖音平台上文旅类短视频的创作者数量不断增加。这种多元化的传播主体和传播方式不仅可以满足观众多样化的视听需求,也将文化产业和旅游产业融合发展推向深入。再者,视听传播创新还体现在传播理念的创新上。传统的乡村传播往往以宣传为主,而"和美乡村"新图景则更加注重与受众的沟通与交流。这包括通过线上线下相结合的方式组织各种文化活动、增强乡村旅游体验等,让受众能够亲身感受乡村的魅力,从而增强对乡村文化的认同感。同时,还注重引导受众参与到乡村建设中来,通过众筹、共建等方式让受众成为乡村发展的参与者和受益者。

三 案例分析：《袅袅余音又一村》的视听传播创新与新媒体实践

《袅袅余音又一村》是河北卫视基于党的二十大报告提出的"全面推进乡村振兴""建设宜居宜业和美乡村"重大任务打造的音乐文化乡村纪实节目，于2024年第二季度每周六21：30在河北卫视、冀时客户端大小屏同步播出。该节目获评国家广电总局"2024年第二季度广播电视创新创优节目"①。该节目以独特的视角和手法为观众呈现了一幅"和美乡村"的新图景，并在视听传播创新方面作出积极的探索。在视听传播创新探索上，声音景观作为重要的传播元素与视觉景观相互呼应，共同构成了节目的整体框架，实现了对"和美乡村"新图景的"视—听"展现。首先，节目以"绝色中国"为主题，将蕴含东方审美与文化的"中国传统色"与"美丽乡村"景致相融合，携手四位青春音乐人遍访中国12个极具特色与美感的村落，通过沉浸式体验与音乐采风为"美丽乡村"打造12首专属歌曲。节目在"讲好中国故事""传播好中国声音"的创新探索方面，充分展现了文旅纪实节目内容表现的张力与潜力。在《袅袅余音又一村》每期节目中，四位青春音乐人都携手走进一处分别坐落在贵州、河北、安徽、宁夏、浙江和河南的乡村。系列节目通过挖掘乡村振兴的典型案例、创意产业、动人事迹、民俗文化等汲取创作灵感，为每个村子打造一首融合多元文化与青春态度的村歌。比如，安徽黟县古村落一期节目以中国传统色"青黛"为主题色，以"千年黟梦在徽州"为主题，展现了青砖黛瓦下的传统古村落保护与乡村振兴的融合发展之路，唱响了文化振兴之歌。再如，河北崇礼一期节目以"瑞雪白"为主题色，以"琼花瑞雪兆丰年"为主题，展现了京津冀协同发展下持续高涨的冰雪运动热情与不断升温的冰雪旅游和文化资源（见表1）。

---

① 《国家广播电视总局办公厅关于公布2024年第二季度广播电视创新创优节目的通知》，宣传司，2024年9月4日，https://www.nrta.gov.cn/art/2024/9/4/art_113_68784.html。

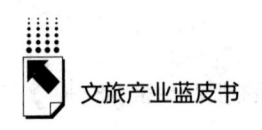

表1 《袅袅余音又一村》12期节目情况一览

期号	省（区）	拍摄地	主题色	主题	核心内容
1	贵州	化屋村	石绿	一江碧水入画来	绿水青山生态旅游
2	河北	张家口崇礼区+沽源县	瑞雪白	琼花瑞雪兆丰年	冰雪经济
3	安徽	黟县古村落西递村+南屏村+塔川村	青黛	千年黟梦在徽州	传统古村落保护、徽文化
4	宁夏	吴忠白寺滩村	葡萄水	黄河两岸竖青藤	农产业
5	浙江	杭州紫荆村	碧山	竹韵悠悠满笛乡	竹笛文化产业
6	宁夏	中卫市沙坡头	黄琉璃	万里黄沙变金滩	沙漠文旅
7	河北	正定塔元庄村	朱红	滹沱河畔幸福浓	城乡融合
8	河北	衡水董学村	沧浪	千载儒风万古明	中国传统文化
9	河南	汝州	天青	一抹天青润芳华	汝瓷文化
10	河北	邢台南和	桃红	万千宠爱，南和相伴	宠物产业
11	河北	井陉县南横口村+吕家村	石蜜	太行古村焕新生	陶瓷艺术
12	河北	保定大激店村	曙红	千秋风华绽新生	古城戏曲文化、非遗剪纸

资料来源：笔者根据节目相关内容自行整理。

《袅袅余音又一村》不仅为观众呈现了全国多地的自然美景与风土人情，更是以独特的视角和手法将"声音景观理论"从生态学视角到文化研究视角进行了深入的阐释。

从生态学视角来看，《袅袅余音又一村》中的声音景观体现了人与自然的和谐共生。音乐作为文艺作品的重要载体，在提升人们审美体验、陶冶人们情操、塑造人们品格等方面都具有不可替代的作用。《袅袅余音又一村》作为一档大型乡村文旅纪实节目，以"文旅+音乐"为节目带来了全新的艺术表现形式，也为观众带来了全新的视听体验。在节目中，观众可以听到风声、水声、鸟鸣等自然声音，这些声音构成了节目中的基础声音景观。这些声音不仅传递了自然的宁静与和谐，也体现了人类活动与自然环境的相互影响。节目通过捕捉这些声音，展现了全国多地生态环境的多样性和丰富性。

然而,《袅袅余音又一村》并不满足于仅仅呈现自然的声音景观,它更进一步地从文化研究视角对声音景观进行了深入的解读。除了自然声音外,节目中还融入了当地的人文声音,如方言、民谣、传统工艺制作的声音等。这些声音不仅反映了当地的历史文化和社会生活,也构成了节目中的文化声音景观。节目之外,"以音乐为载体"也正是文旅融合之下综艺创作的新范式。节目组不仅邀请了专业的音乐人,还与当地文化部门、知名企业、非遗传承人等一起探索音乐与乡村产业融合发展的新模式。比如,通过"音乐+文旅"打造"音乐+"模式,将音乐产业与文旅产业结合起来,从而打造一条音乐助推乡村振兴的可持续发展道路。

《袅袅余音又一村》以"沉浸式采风"为形式,串联起了中华优秀传统文化、生态文明建设、民族团结等重大主题,对乡村振兴进行了艺术化、综艺化、浪漫式、中国式的创新表达。节目第一期走进了贵州省的化屋村。化屋村是一座悬崖下的苗族村寨,拥有"乌江源百里画廊"的绝美风景。节目着重表现了"绿水青山"的生态底色,以中国传统色之一的石绿色为主题色,并以"一江碧水入画来"为主题,跟随四位青春音乐人通过泛舟山水、苗族歌舞、露营基地、苗绣蜡染、板凳拳舞几项体验内容寻找音乐创作灵感。载歌载舞的视听内容表现之下,节目还徐徐展开了化屋村吸引上百万游客,从而带动了乡村旅游、苗族歌舞、苗绣蜡染等多样态产业振兴,逐渐从"贫困村"发展为远近闻名的"亿元村"的乡村振兴画卷。最终,节目为化屋村打造了集风景美、人情美于一体的专属村歌《锦绣水岸》,并在绿水青山中用青春洋溢的歌声唱出"和美乡村"与"绝色中国"。青春音乐人在音乐采风与音乐创作中,进行了田间地头的社会实践,厚植了爱农情怀,把作品写在了希望的田野上。

结 语

"和美乡村"新图景作为新时代宝贵的文旅资源,以其独特的魅力和深厚的内涵,正逐步成为引领乡村全面振兴的强大动力。它不仅展示了乡村的自然之美、人文之韵,更通过创新的方式将传统文化与现代元素融合,为乡村注入文旅新活力。在文旅产业的推动下,乡村经济得到快速发展,乡村文化得到有

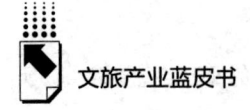

效传承，乡村社会也呈现更加和谐稳定的景象。与此同时，在多元媒体技术驱动下，文旅产业视听传播从"内容为王"到"体验至上"转变，呈现以内容为导向、以技术为依托、以价值为引领的融合特征。随着5G、AR/VR和生成式人工智能等新兴技术的发展，文旅产业视听传播必将不断融合创新，催生新型传播范式，从而实现文旅产业的高质量发展。

B.13
蟳埔小渔村的文旅融合创新之路
——基于在地文化的网红旅游目的地发展研究

张文成　鄢婷婷　黄俊毅*

摘　要： 文旅融合呈现新的发展趋势，旅游市场的需求也在不断演变。2023年，福建泉州一座名为蟳埔的小渔村脱颖而出，从默默无闻的小渔村摇身变为网红旅游目的地，这给网红经济下旅游目的地的发展、基于在地文化的文旅融合创新带来了新的启示。本文描述了蟳埔小渔村发展成网红旅游目的地的过程，从在地文化的"符号化""具身化""价值化"三个角度剖析其旅游流量密码，并对其未来走向进行探讨与展望，提出探索路径保护非物质文化遗产、强化管理推动可持续发展、持续创新助力数字化传播的管理策略。在解析当前网红旅游目的地出圈现象的基础上，给旅游目的地文旅融合和可持续发展理论赋能。

关键词： 蟳埔村　非物质文化遗产　文旅融合　符号化

　　文旅行业在经历了三年深度萧条后，终于迎来了长冬后的春光，亟须重新审视旅游、重新开启旅游、重新塑造旅游。旅游研究是一项以活态的实践知识建构为特色的应用型研究。[①] 基于此，本文试图揭示蟳埔村的流量密码，探寻文旅可持续发展之路。这样的探寻源于旅游实践，旨在帮助人们更好地理解旅

---

* 张文成，香港理工大学酒店及旅游管理博士，福建省高层次人才，漳州美伦山庄总经理、莆田学院管理学院客座教授，国家注册企业培训师，研究方向为文化旅游及旅游知识生产；鄢婷婷，香港理工大学酒店及旅游管理博士研究生，研究方向为服务体验、旅游消费者行为；黄俊毅，厦门大学嘉庚学院旅游管理专业副教授，研究方向为文化旅游开发。

① 张文成、肖洪根、李咪咪：《博文概览　见微知著——从旅游专业博士论文看旅游研究知识生产与应用》，中国旅游出版社，2023，第149页。

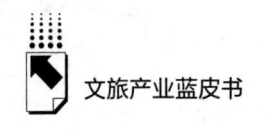

游这一社会文化现象，在旅游的空间实践中寻求个体心灵的栖息、社会群体的重建、文化传统的延展、认同张力的缓释、可持续发展生机的涌现。

一 蟳埔小渔村的文旅蜕变之路

（一）蟳埔村的地域特点与历史特色

泉州市丰泽区东海街道的蟳埔村位于福建晋江入海口，地处泉州湾鹧鸪山下，三面环海，因盛产红蟳、蚵虾而闻名，据《西山杂志》，清朝嘉庆年间便有"前埔者，蟳埔也"的记载。千年古村落蟳埔距泉州市区不足10公里，占地面积约2.3平方公里。截至2023年，全村约有1700户，总人口约6500人。

作为丰泽区最大的行政村落，蟳埔村曾被"誉为"泉州最后的城中村，褒贬难辨。蟳蚼女号称福建三大渔女之一，以蟳埔女头饰、服饰和蚵壳厝为特征的蟳埔女习俗尽管早在2008年就被文化部列入第二批国家级非物质文化遗产代表性项目名录，但其与蟳埔村的旅游一样一直不温不火，曾几何时，其知名度和美誉度远不如邻近的惠安女，正所谓"养在海边无人识"。

蟳埔村曾是"海上丝绸之路"的起点，蟳埔人一辈子与海打交道，生活习俗中留下了不少海洋文化的痕迹。蟳埔女的服饰俗称"大裾衫、阔脚裤"，头饰俗称"簪花围"，这些闽南渔女特有的装束体现了海边生产劳作的特点，头饰中常用的素馨花、含笑花、粗糠花据说是宋元时期阿拉伯人蒲寿晟带来移植于当地的，流露出异域文化的气息。蟳埔蚵壳厝是最富有特色的闽南民居，它具有抗风防水、冬暖夏凉、墙体坚固等特点，极适宜海边多风潮湿的气候环境。据考证，蟳埔蚵壳厝所使用的大蚵壳并非泉州原产，而是宋元时期古刺桐港的远洋商船返航时转载来的。

（二）蟳埔村文旅"爆红"现象概览

蟳埔村的"爆红"源自2023年春节前的一个偶然性事件。一本名为《上城士》的杂志在其开年大片中，展示了赵丽颖身着一袭红衣，头戴簪花围，置身于闽南特色红砖古厝之中的画面。赵丽颖古朴新颖的造型完美融合了传统与时尚，令人眼前一亮。自此，这个原本默默无闻的村庄迅速走进大众的视野。一时间，众多网红、博主纷纷前来体验戴簪花围、穿大裾衫阔脚裤，蟳埔簪花围成为新时尚，社交平台上相关图文与视频火出圈，蟳埔瞬间引发了广泛关注，成功吸引了主流媒体的注意，以蟳埔簪花围为代表的具有表演性和艺术性的文化展演与呈现借助知名演员的影响力迅速传播，瞬间火爆全网，蟳埔这个昔日藏在"深闺"中的小渔村发展成为新的旅游目的地。

蟳埔村一朝出圈天下知，在网络社交平台已破10亿浏览量。据不完全统计，周末及节假日，入村客流量迎来了20多倍的涨幅，每天约有5万名游客前来蟳埔打卡；2023年春节后，不到六个月时间，售卖簪花围的店铺猛增到150余家；一众网红纷纷前来取景拍照。当地政府抓住"海丝"申遗成功机遇，成功策划并举办2023年"海丝·蟳埔"民俗文化节，活动结束后一个月内，抖音平台上关于蟳埔的宣传视频点击量高达3亿次，全网总曝光量接近5亿次，此次活动成功吸引了众多游客关注，体验者纷至沓来。①

蟳埔女作为泉州海丝文化的活化石，像首歌，像首诗，更像一幅画，承载着宋元海丝文化的历史，是别样的"风、雅、颂"。蟳埔女"家住鹧鸪大海汀，阿姨少小贩鱼腥。罗巾竹笠新妆好，不插闲花鬓越青"的生活场景与蟳埔女盘头插花、戴丁香耳坠、穿大裾衫阔脚裤的形象相互映衬，形成了独特的风情，成为泉州乃至福建文旅目的地新的顶流。蟳埔火了，火得突如其来，火得恰逢其时，不得不引发我们对旅游的再思考。蟳埔的出圈现象看似受益于知名演员效应的偶然性，但实际上其火爆却是顺理成章的。满城遍是簪花围，"蟳埔现象"引起了游客和学者的注意，蟳埔"火"的流量密码成为业界、学界关注的焦点。

二 蟳埔村文旅"爆红"现象的文化动因探究

（一）在地文化符号化

新的社交媒体发展背景下，短视频、直播等已然成为传播的重要表达方

---

① 吴剑锋、周义、庞梦霞：《人气比肩鼓浪屿！闽南小渔村"一夜花开"》，《新华每日电讯》2023年12月26日。

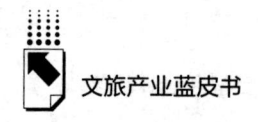

式，蟳埔村落内日常生产生活的真实情景和色彩丰富的头饰、服饰成为吸引受众关注的重要因素。现如今蟳埔村的日常生活场域已成为游客关注、打卡、传播的焦点，蟳埔女将自己的日常生活场域向游客开放，游客在场参与簪花围装扮，与在地居民零距离亲密接触，体验及参与蟳埔女生活的日常，获得了最真实最质朴的旅游体验。游客又借助抖音、小红书、朋友圈等自媒体渠道，展现对在地文化现象的参与，表达对蟳埔传统地方文化的认可。

蟳埔村落长期延续传统的生计方式、家庭性别分工、宗亲关系、民间信俗等，这些都构成了蟳埔地方文化的主要内涵①，而这些在地文化是通过蟳埔女在日常生活场域中具有艺术性和表演性的展演，将居民生活的"后台"与旅游展演的"前台"结合起来，成为游客凝视的焦点的。

在地文化符号化的表征是旅游目的地形成的要素之一。现有研究成果表明，体验参与和情感导向的旅游符号的形象传播具有极高的吸引力，能够引导游客打卡式游览，进而激发网络互动行为（如拍照、签到等），以满足群体认同的心理需求。同时，游客对目的地传播符号的热度感知也会随之发生变化，从而产生与目的地传播符号的同步效应。② 显然，蟳埔女已成为蟳埔村在地文化符号化的表征。蟳埔地方文化有其鲜明的地域性、符号化特征，符合当下审美需要及传播规律，既是丰富生动的地方生活的一部分，又是蟳埔女的文化意识和审美表达，成为游客对在地文化认同的情感坐标，也在游客和蟳埔地理空间之间形成了"相融"和"互建"的关系，具有较为强劲的生命力。

（二）在地文化具身化

在新媒体时代，以内容为核心的价值理念愈发凸显，旅游体验的在场感和真实性成为旅游流量获取的核心要素。由此，旅游领域的热点词层出不穷，如"沉浸式体验""极致体验"等，强调的均是游客的主体地位，关注在地文化的具身化。旅游体验研究的具身范式倡导将旅游研究贴近日常生活，既注重游

---

① 张文成：《望江寻朴 蚵厝人家——蟳埔女族群认同与地方文化保护研究》，中国旅游出版社，2020，第131页。
② 陆宇彤等：《家喻户晓能否门庭若市？"网红城市"旅游形象符号演变与圈层结构研究》，《旅游科学》2024年第6期。

客高潮体验的研究，也关注其日常体验的探讨，凸显在地活动的全面性。① 蟳埔村的在地文化具象于蟳埔女的服饰、头饰、生计方式等，不仅有鲜明的符号化表征，而且比较容易与游客形成具身互动。如蟳埔女的服饰、耳饰、簪花围经过改良后更具有时装性，游客乐于透过摄像机镜头展现蟳埔文化新的时尚元素，乐于打卡，乐于借助自媒体进行传播，乐于分享，"簪花围、大裾衫、阔脚裤"成为国内外社交平台的新时尚，进而激发了更多新的旅游意愿，为蟳埔村持续不断带来新的流量。

游客对在地文化的具身体验涵盖了游客对目的地的信任、理解、期望及想象等多方面因素，对旅游者的旅游动机和决策选择具有直接影响。② 在地文化之所以吸引游客，原因在于深厚的文化底蕴③，游客对文化的探寻与体验让蟳埔村成为新的旅游目的地。蟳埔村在地文化空间作为地方身份的表达，赋予了蟳埔地方文化客观存在的原真性地位，既是承载着蟳埔女传统文化习俗的生活场域，也是与游客共同参与在地文化的再创作、再生产的文化生产空间。空间展现和空间生产使在地文化具备旅游吸引物特性，在一定程度上增强了蟳埔人对于自己文化的自豪感和认同感；将居民生活的"后台"与旅游展演的"前台"有机关联起来，满足了游客寻求全新或更深的在地文化具身性体验的需求，吸引了游客，也给蟳埔人带来了新的生计选择，促进了蟳埔文化和旅游的创新发展。

（三）在地文化价值化

蟳埔在成功吸引"流量"关注之后，迅速将其转化为"留量"，这是全体蟳埔人共同努力的成果。在蟳埔，游客得以领略在城市生活中难以获得的独特价值。在旅游业日益发展的今天，游客在寻找的不仅仅是一个旅游目的地，更是一种生活体验，具有表演性与艺术性的闽南小渔村真实的生活场景为游客呈现了别具一格的旅游具身体验，此种在地文化的体验价值正是吸引游客纷至沓来的旅游

---

① 樊友猛、谢彦君：《旅游体验研究的具身范式》，《旅游学刊》2019年第11期。
② J. L. Crompton, "An Assessment of the Image of Mexico as a Vacation Destination and the Influence of Geographical Location Upon That Image," *Journal of Travel Research* 17 (1979): 18-23.
③ 朱桃杏、陆林：《近10年文化旅游研究进展——〈Tourism Management〉、〈Annals of Tourism Research〉和〈旅游学刊〉研究评述》，《旅游学刊》2005年第6期。

魅力之所在。在旅游业的推动下，这种认同感将不断加深，让更多的人了解和接纳不同的文化，实现文化交流与融合并带动当地经济的发展。蟳埔女被视为在地文化象征，这一形象强化了当地村民对在地文化的认同感。在地村民的自觉关注和积极参与也为当地经济发展作出了贡献。这种对在地文化的认同不仅仅包括当地村民对家乡的热爱和自豪，也包括游客对目的地文化的接纳和欣赏。在地文化的价值既体现在经济发展上，也体现在对文化核心价值观的认可和传承上。在地认同让游客在短暂的旅行中找到归属感和共鸣。这种认同感既来自对当地文化的热爱，也来自对美好生活的向往。在蟳埔，游客可以感受到当地人热爱生活、敢于拼搏的精神风貌。这种流量密码的核心在于关注游客的体验和体验价值。游客从蟳埔女的日常生活中能捕捉到生活最本质、质朴的东西，感受到蟳埔人"爱拼能赢"的精神特质，产生心灵的共鸣。

三 蟳埔村文旅"爆红"现象的管理机制剖析

（一）探索路径保护非物质文化遗产

我们需以全新的视角审视文化保护和传承，即不仅要依赖资本、权力等外在力量，更要寻求非遗保护的内在路径和内生力量。蟳埔地方文化的保护离不开当地政府的大力支持，需要地方性的文化视野，并加速推进基础保护工作。以生计方式、宗亲关系、家庭性别分工等为内涵的在地文化的认同是非物质文化遗产保护的重要内生路径。[①] 内生路径下地方文化的自我保护与传承确保了非物质文化遗产的可持续发展。

蟳埔特有的生计方式和家庭性别分工在蟳埔村生活场域的投射，固化并强化了蟳埔在地文化的认同。随着现代性的渗透，生计方式这一地方文化存续的基石发生变迁是历史发展的必然。首先，蟳埔女作为地方文化的持有者和传承者，对将地方文化融入日常生活发挥着举足轻重的作用。对蟳埔在地文化的认同与保护工作亟待完善。其次，地方文化保护需保持生活场域下的原真性。通

---

① 张文成：《望江寻朴 蚵厝人家——蟳埔女族群认同与地方文化保护研究》，中国旅游出版社，2020，第141页。

过蟳埔女生活场域中的在地文化展演，将村民日常生活的"后台"直接展示在游客面前，给游客以"存在真实"的极致旅游体验，增强游客对蟳埔在地文化的认同感。蟳埔在地文化在城市化进程中得以保存，得益于原汁原味地保留下来的蟳埔人对生活的认知，这种共同认知促进了文化传承，维系了在地文化的凝聚力，并影响了蟳埔人的日常生活价值观念与行为。蟳埔在地文化的独特性、差异性通过鲜明的符号化表征来吸引游客，客观上推动了地方文化保护。最后，在地文化认同是非物质文化遗产保护的关键。宗亲关系维系了在地文化认同的社会组织制度，民间信俗、服饰与头饰成为在地文化鲜明的符号化表征。蟳埔女在其间凸显了独特的力量，她们是蟳埔在地文化最坚定、最忠实的维护者、传播者和监督者。蟳埔在地文化是社会构建的产物，源于地方独特的生计方式和宗亲关系，是地方文化的核心，具有象征和实践意义，能激发游客对蟳埔在地文化的认同感。通过蟳埔女生活场域的展示，游客获得真实的体验，对蟳埔在地文化的认知与感悟从外部的凝视上升至精神的升华，产生文化上的共鸣。这种内生力量有助于推进地方文化的自我保护与传承，确保非物质文化遗产的可持续性。

（二）强化管理推动可持续发展

其一，要完善文旅融合产业链。通过旅游渠道，文化价值转化为商业价值，促进乡村审美价值生产与再生产，形成良性循环。[①] 蚵壳厝建筑群、蟳埔女习俗等特色文化资源均可转化为文旅产业价值，人流、物流、资金流、信息流等的汇入又能丰富蟳埔村多元的文旅业态。通过政府、企业、社会组织、村民、游客共同打造，地方特色文化资源可转化为产业价值，因此要重视对服务业、文化创意及生态产业的挖掘。簪花围相关店铺、摄影跟拍、妆造、服装租赁等业态逐步完善，同时，精品旅游线路、文旅街区、特色文创餐饮等业态亦在持续发展中。其二，要推动乡村社区旅游可持续发展。社区应与旅游利益相关方构建稳定合作关系。在维护非物质文化遗产和自然景观完整性的同时，要重点关注周边社区的需求，确保非遗对当地经济的可持续发展产生积极影响。另外，各方需共同努力，确保培训、雇用和收入分配的公平性，让遗产保护的成果真正惠及广大民众。蟳埔人借助旅游业的发展，成功地将自己的地方文化

[①] 王桂芹、黄欢：《规划驱动乡村文旅融合策略》，《经济地理》2023年第12期。

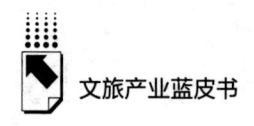

展示给世人，赢得了广泛的认可与尊重。而这种认可与尊重又反过来激发了他们对在地文化的自豪感和认同感，这不仅是对社区利益的保障，更是对文化遗产的尊重和传承。

（三）持续创新助力数字化传播

数字化传播的引入十分必要，其不仅可以提升传播效果，而且可以为非遗文化的传承带来更多的可能性（如元素搭配、穿着方式以及文化交流和互动的形式等）。首先，积极推进数字非遗平台的构建及优化，通过抖音、小红书、微博等平台实时关注游客动态及意见反馈，打造以文化传播为主旨、互动体验为核心的数字非遗生态，让更多的潜在游客了解蟳埔并前来体验。其次，进一步丰富数字化传播方式，例如以影视助力文旅产业发展，影视与文旅的结合不仅具备强大的引流效应，而且可以为蟳埔的发展带来新的契机。借助蟳埔独具地方特色的生活方式在生活场景中的呈现，为影视产业孵化基地、文化创意工作室以及人工智能等领域的创新创业共享空间提供丰富的灵感来源。最后，推动建立全民参与的内容创新机制，为数字化传播奠定坚实的基础。泉州市政府于2013年制定了《蟳埔民俗文化村保护整治规划》，还特别设立了传统建筑保护专项资金，蟳埔社区携手居民共同发起了旨在保护民俗文化的系列行动，以确保文化资源的传承与创新，这些措施都为旅游流量变现奠定了基础。在保护的基础上，为了进一步提升蟳埔女习俗的影响力，2019年6月，一场名为"最美簪花围、海丝后花园"的蟳埔女盘头大赛在蟳埔成功举办。这次大赛不仅让更多的人亲身体验了簪花围的独特魅力，也促使簪花围技艺实现更为丰富的创新，还培养出一批技艺精湛的大师级人物。他们持之以恒地传承与发扬这一珍贵的文化遗产，勇于创新，吸引众多游客的关注，切实实现了乡村文化与旅游的深度融合。① 此外，当地还涌现出众多积极参与的社区志愿者。渔女们为适应海边生活而改良创造的服饰，如讨蚵装、大裾衫、阔脚裤、黄斗笠、鸡公鞋等，现今形成了独特的蟳埔女服饰文化景观。②

---

① 《泉州市丰泽区人民政府办公室关于印发丰泽区"十四五"文化旅游产业发展专项规划的通知》，泉州市丰泽区人民政府，2022年3月3日，https://www.qzfz.gov.cn/zwgk/zfxxgkzl/zfxxgkml/ghjh/202203/t20220322_2710554.htm。
② 陈芳、吴志明、陈方芳：《蟳埔渔女传统服饰形制及其文化内涵研究》，《丝绸》2018年第1期。

结 语

蟳埔的出圈现象彰显了文化和旅游融合的卓越成效，然而这巨大的流量背后实则蕴含着诸多内在密码可供探寻。其中，蟳埔原真性的生活场域和具有表演性、艺术性的民俗文化吸引了主流社交媒体的广泛关注，为其独特的在地文化魅力传播插上了网络的翅膀，再加上政府和全体村民的共同参与，不断挖掘新的增量和市场机遇，成就了今日的繁荣景象，使蟳埔村跻身游客热衷的旅游目的地。文化密码和管理密码是流量背后的两大推手。

蟳埔村火了，也留给我们诸多思考。第一，是转瞬即逝的"网红经济"还是持续火热的"文化密码"？这一波蟳埔簪花围热印证了文化旅游发展的层次化内涵。[①] 蟳埔村独特的在地文化成为新型的旅游吸引物，推动全网流量向富有个性和辨识度的地方文化和人文景观倾斜，在短视频、直播等社交媒体加持下，快速且贴切地迎合了旅游者的兴趣点，创新整合成满足旅游者需求的旅游产品。第二，以非遗为特色的在地文化如何转换成旅游吸引物？旅游市场需求逐渐从"走马观花"式的快速浏览升级转向为对在地文化的体验和自我价值的实现与提升，在此背景下，拥有具有辨识度和符号化表征的在地文化的蟳埔村，遵循从符号化到具身化再到价值化的路径，成功转型成了一个网红旅游目的地。第三，网红旅游目的地如何提升自己的可持续发展能力？无论是"进淄赶烤"还是"尔滨出圈"，都凸显了人们对全新或更深入地体验在地文化的渴望，"滨雪奇缘"接力"淄博烧烤"成为当下流量经济的"顶流"。同时，我们也要看到，顶流仅是冰山一角，冰山之下其实是流量经济下旅游目的地社区和居民紧抓机遇，不断满足游客需求，将"流量"转化为"留量"，为游客创造极致体验而持续创新寻求新的增量，从而提升了旅游业的可持续发展能力的成功实践。

综上，在地文化的符号化、具身化和价值化是蟳埔村火了的核心和根本原因，政府、社区和居民对非物质文化遗产的保护和创新发展为蟳埔村火爆出圈

[①] 张朝枝、朱敏敏：《文化和旅游融合：多层次关系内涵、挑战与践行路径》，《旅游学刊》2020年第3期。

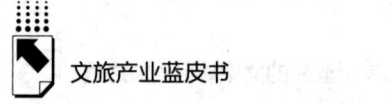

保驾护航，使其得以行稳致远。若将在地文化比作网红蟳埔村的"机身"，遗产保护和文化创新则是"两翼"，而网络传播是提升速度和控制方向的"机头"，可持续管理是确保发展的安全和效率的"机尾"（见图1）。在流量经济推动旅游业兴盛的大环境下，蟳埔村所面对的不仅是如何将网络流量导入实体消费的挑战，还有在保护传承村落历史文化的基础上实现与当地社区经济共同发展的探索。

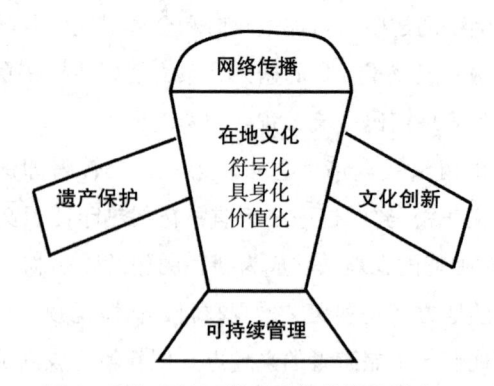

图1　网红经济下旅游目的地的流量密码

B.14 "演出+文旅"消费模式经验探析与机制研究

——以山西太原为例

禹雅慧 闫春辉[*]

摘　要： 2023年，"演出+文旅"成为新型消费模式，尤其是大型演唱会、音乐节对文旅消费的拉动更为明显。"周杰伦太原演唱会"为山西带来直接经济效益的同时，对后续中秋国庆"黄金周"假期的消费也实现了显著拉动，通过这场演唱会，山西太原的城市美誉度大幅度提升。这与演唱会期间地方政府统筹管理，各政府部门多方协同，演唱会后持续发力，加强市场监管、提升接待能力密不可分。根据山西省太原市的经验，想要将演出"流量"变为"留量"，需要稳扎稳打，夯实文旅产业基础，丰富个性化、差异化的文旅产品供给，打造文旅IP，建设地方品牌，实现线上线下的联动营销。

关键词： 演出　演唱会　文旅

2023年，在整体经济恢复的背景下，包括演出在内的文娱产业消费强劲复苏，演出市场迎来爆发式增长。据中国演出行业协会票务信息采集平台数据监测，2023年前三季度全国营业性演出场次[①]、票房、观众人数均较2019年同期显著增长。其中，场次达34.24万场，同比增长278.76%，相较2019年

---

[*] 禹雅慧，澳门科技大学人文艺术学院博士研究生，山西传媒学院副教授，研究方向为影视管理、文化旅游；闫春辉，华舰智能制造（山西）有限公司董事长，研究方向为文化产业、人工智能。

[①] 演出包括11个门类：话剧、儿童剧、音乐剧、戏曲、舞蹈、音乐会、演唱会、音乐节/livehouse、相声/脱口秀、体育赛事、展览。全国营业性演出场次不含体育赛事和娱乐场所演出。

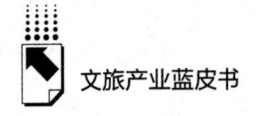

同期增长121.0%；演出票房收入达315.41亿元，同比增长453.74%，相较2019年同期增长84.2%，并已超过2019年全年票房收入的200.41亿元；观众人数1.11亿人次，比2019年同期增长188.5%。①

对于演出举办地来说，演出在带来门票收入的同时，能够在短时间内产生流量聚合效应，推动短期旅行的持续升温，并有效拉动所在城市甚至全省旅游、交通、住宿、餐饮等一系列文旅业态消费增长，从而催生出一种"演出+文旅"的消费新模式。其中，大型演唱会、音乐节等活动因其稀缺性，对文旅综合消费的拉动效应更为显著。② 以山西为例，2023年，华舰体育控股集团③共承办了李荣浩（5月）、张韶涵（6月）、周传雄（7月）、林志炫（8月）、周杰伦（9月）、赵传（9月）等歌手的9场大型演唱会，累计观演人次超35万，跨城观演的外地观众约23万人次，占比高达65.7%。其中，2023年9月21~24日于太原举办的"周杰伦嘉年华世界巡回演唱会（太原站）"（以下简称"周杰伦太原演唱会"），为山西带来了直接经济效益的同时，也对山西文旅消费实现了显著拉动，通过这场演唱会，山西太原的城市美誉度大幅度提升，太原被歌迷们称为"被周杰伦偏爱的城市"。这一案例可作为2023年全国"演出+文旅"消费新模式的典型。

一 梳理：以演出激活文旅市场

（一）演出期间的多方协同

2023年，周杰伦先后在海口、呼和浩特、天津、太原、上海5座城市举办个人演唱会，在新浪微博周杰伦超话10月16~23日开展的"哪个城市演唱会氛围最高"调查中，45%的歌迷将选票投给太原，居五城之首。演唱会期

---

① 郑海鸥：《演出市场 供需两旺（大数据观察）》，《人民日报》2023年11月21日。
② 据中国演出行业协会票务信息采集平台数据监测，2023年前三季度全国大型演唱会、音乐节演出场次1137场，观演人次1145万。观演人群的流动量与往年相比增速显著，平均跨城观演率超过60%。郑海鸥：《演出市场 供需两旺（大数据观察）》，《人民日报》2023年11月21日。
③ 华舰体育控股集团，2020年正式挂牌成立，是山西省体育产业的重要经营主体，致力于以体育现代服务业为重点，推进体育产业与教育、文旅、金融、养老、健康等融合发展。

间，相关话题频频登上媒体热搜榜，广大歌迷及网友纷纷点赞太原。演唱会结束时，周杰伦在现场对太原市委、市政府表示感谢。演唱会的成功举办，主要得益于太原市政府的统筹管理，文旅、公安、商务、交通、消防、应急、市场监督、卫生健康、环卫等多部门协同联动、形成合力，确保演唱会期间各项服务保障工作有序开展，全面提升了游客的体验感。

在安保方面，现场安保团队涉及消防、交警、网警、通信、治安等9个部门，各部门在演唱会开始前的预案多达21条。从演唱会预售票开始，安保团队就做了风险评估和舆情预测。仅针对天气就做了两套预案：下小雨，就把提前准备的雨衣发给内场歌迷；下大雨，就部署近万名观众按照既定方案临时疏散。演出过程中，安保团队在会场实时监测排查短路、火灾等安全隐患。

在市场秩序监管方面，文旅部门联合属地公安、市场监管等部门，对炒票、虚假宣传等违法违规行为进行打击。社会治安保障人员提早布控，2场演唱会共有102个黄牛落网，切实保障了消费者合法权益。

在公共服务方面，为了给游客提供更好的出行体验，太原市加密了演唱会场馆周边公共交通布设，延长了公交、地铁营运时间，开通了18条演唱会公交专线，开放机关事业单位内部停车场，并鼓励出租车、私家车提供免费志愿服务。在政府倡导下，"滴滴打车"调度车辆至演唱会指定接驳点，以保障演唱会期间的交通，纾解散场后的交通压力。

在产品供给方面，山西省文旅厅主办了"国风吹晋元宇宙"活动，山西文旅集团推出"歌迷嘉年华·心动宠粉季"活动，并设置了极具山西本土特色的展示街区、特色产品街区和网红美食街区等沉浸式主题展区，既提升了歌迷的参与度，让他们感受到山西传统文化的独特魅力，又为山西各种特色产品做了宣传。

更具创新的是，加强了政、企、银、商联动协同，广泛引导上下游各类服务业相关机构、企业的参与。

首先，围绕演唱会打造网红景观，营造全市的演唱会氛围。演唱会期间，太原市钟楼街、铜锣湾购物中心、龙湖万达、亲贤茂业、天美杉杉奥特莱斯等多家商场将"奇幻之旅周""功夫周""巨星周""蒸汽朋克周""时空穿梭周""星际开拓周""周同学""艺术大师周"八个造型各异的巨型周杰伦卡通人偶雕像摆放在门前，供游客拍照打卡。夜晚，汾河两岸的高楼上都会出现

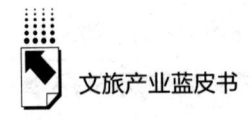

"你好，杰迷，欢迎打卡太原""致杰迷，敬青春"等霓虹灯组成的巨幅标语。

其次，相关机构、企业联合推出系列促销活动和消费新场景，针对歌迷推出涵盖吃住行游购娱的优惠套餐、券包，创新开展演唱会门票"一票多享"促销活动，推动演唱会、音乐节等产品创新升级，满足消费者多样化、个性化的消费需求。例如：演唱会期间，凭演唱会门票可免费乘坐太原市所有公交地铁，全省35家景区如晋祠博物馆等针对持演唱会门票的游客推出免费游览福利，太原市部分酒店针对持演唱会门票的游客推出会员价优惠。

最后，太原市文旅局还联合多家企业，在机场和高铁站，为每一名抵并的持演唱会门票的游客赠送一份"山西特产大礼包"，包括水塔老陈醋、水塔&醋恋"苹果醋青金桔汁饮料"、水塔虫草醋口服液、荣欣堂太谷饼、六味斋一口香牛肉，既暖心，又为山西特产做了营销和推广。

演出期间，全市各部门多方协同，通力合作，将工作做到了零失误。在舆情监测相关的旅游话题中，含有周杰伦的全部文章约有5.26万篇，其中自媒体相关文章占比最多，无负面舆情。①

（二）演出期间对旅游消费的拉动

主办方实名售票系统数据显示，"周杰伦太原演唱会"有近20万名观众，其中66%的观众是"跨城观演"。山西省智慧旅游云平台监测数据显示，周杰伦演唱会当周太原累计接待游客251.6万人次，环比前一周增长40.31%。滴滴出行数据显示，演唱会期间，太原市出行需求相比2022年同期上涨近140%，环比前一周涨幅超40%。②

太原市税务局以"周杰伦太原演唱会"期间前后增加3天（9月18日至27日，共10日）为数据观察周期进行统计，增值税发票数据显示，周期内，全市累计开票金额1148.89亿元，环比上10日（9月8日至17日，下同）增长151.47%，增加绝对额692.03亿元，其中，与"周杰伦太原演唱会"密切相关的行业开票金额为74.34亿元，环比增长338.32%。

---

① 《深入实施"体育+"发展战略，把"体育+演唱会"作为激活消费有效抓手》，《山西晚报》2024年1月1日。
② 《周杰伦演唱会期间太原滴滴呼叫量突破年度峰值》，中国新闻网，2023年9月26日，https://m.chinanews.com/wap/detail/cht/zw/ft10084727.shtml。

在住宿业中，临近演出场地山西体育中心的酒店开票金额环比增长幅度最大（见表1）。

表1　山西体育中心周边酒店开票金额环比增长情况

单位：千米，%

酒店	与山西体育中心距离	开票金额环比增长比例
蔓兰酒店（晋源店）	0	222.71
洲际酒店	6	94.56
星河湾酒店	6	56.05
蔓兰酒店（万柏林店）	9	53.68

考虑到部分人群在吃、住、行、娱等方面不索要发票的消费习惯，"周杰伦太原演唱会"至少直接拉动太原市酒店、交通、餐饮、旅游、购物等业态经济收入50亿元。

（三）演出后的持续发力

"周杰伦太原演唱会"之后5天就是中秋国庆"黄金周"假期（9月29日至10月6日）。这是山西文旅2023年"五一"假期之后的又一场大考。为了有效解决"五一"假期被游客吐槽的宰客、景区管理不善、交通不便等问题，山西省、太原市加强市场监管，为游客的衣食住行提供便利。

其一，为了迎接中秋国庆"黄金周"，山西省、太原市政府分别召开了"文旅行业安全生产暨中秋、国庆假日市场工作电视电话会议"，对假日文旅市场和安全生产工作进行了安排部署，要求加强文化旅游市场监管、执法监督检查等工作。太原市文旅局组织全市文旅行业工作者两千余人参加了"安全生产线上培训会"。

为了加强文旅市场监管，及时了解游客体验和需求，山西省文旅厅在全省A级旅游景区售票窗口、停车场、核心游览区等场所及旅游客运车辆显著位置张贴了二维码，收集游客对景区、旅行社、导游的评价、意见。太原市文旅系统加大文旅市场督导检查力度，共出动检查组127个，检查人员399人次，检查市场主体444家，确保了文旅市场的安全稳定运行。在此基础上，太原市还

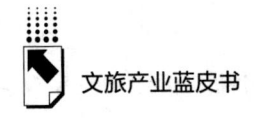

通过新媒体、微信等媒介渠道发布文明旅游提示、安全警示等信息100多条。

其二，为了保障"黄金周"期间的游客出行，山西省晋中市、晋城市、长治市、运城市、临汾市、盂县等地加开了公交旅游专线。为解决游客停车难的问题，平遥古城增设了应急停车场，大同古城开通了线上智慧停车平台。长治太行山大峡谷景区为快捷运送全峡谷游客，在景区已有的50辆摆渡车基础上又征调了30辆旅游车。临汾市则安排了5000余名志愿者，在重点景区、机场、高铁站、汽车站等人员聚集场所为游客提供服务。

上述措施保障了2023年中秋国庆"黄金周"假期旅游市场的井然有序，也抓住了"演出"激活市场的机遇，将"周杰伦太原演唱会"的歌手"流量"转化为"留量"，推动了又一波旅游消费增长，同时使山西省、太原市的影响力和美誉度显著提升。

据统计，2023年中秋国庆假期，太原市主要景区，包括公园、旅游休闲街区等，共接待游客609.5万人次，比上年的125.93万人次增长384%，门票营收11403.75万元，比上年的2444.17万元增长366.6%。其中，钟楼街①作为太原市地标性商业文化街，共接待游客72万人次，在全国111个国家级旅游休闲街区热度排名中名列第5。②

"黄金周"期间，太原市首次登上"2023中秋国庆双节热门旅游城市排名榜"，39家旅游星级饭店客房入住率为82.3%，餐饮上座率为80.7%。这一波"流量"惠及全省，山西省全省66个重点监测景区累计接待游客613.74万人次，累计门票收入2.43亿元。③

二 思考："流量"变"留量"需夯实基础内外兼修

"演出"只能起到为主办地"引流"的作用，如何让"头回客"变成

---

① 太原钟楼街，位于太原市迎泽区，因一座钟楼得名，始于宋元，盛于明清，兴于民国，是太原市地标性商业文化街。经更新改造，于2021年9月重新开放，包括1条主街、25条小街巷，亨得利、六味斋、恒义诚、华泰厚、乾和祥等中华老字号散落其间。该街已入选第二批国家级旅游休闲街区。
② 《全国最火爆，太原排第5!》，太原市文化和旅游局官网，2023年10月11日，https://wlj.taiyuan.gov.cn/wlzx1/20231011/30072402.html。
③ 资料来源：山西省文化和旅游厅。

"回头客",让演唱会的"流量"转变为城市经济的"留量",是各主办地需要思考的问题。"文旅要发展,内外得兼修,软硬要结合,上下要联动,左右需协同。各个层面、多个领域要不断巩固共识,增强合力。"①

山西省、太原市能借这次"周杰伦太原演唱会"火出圈,不仅得益于政府在这次演唱会筹备过程中的统筹管理与各部门多方协同,更得益于山西省、太原市自2010年转型发展以来对文旅产业的重视、引导、扶持,对公共配套设施的完善,对文旅环境的治理,对文旅资源的开发,对文旅内容的宣推,等等。

(一)夯实文旅产业基础

山西省拥有丰富的煤炭资源,长期以来作为国家的能源、重化工基地和装备制造业基地,形成了以煤炭产业为主导的资源型经济体系。但煤炭产业"一家独大"的经济结构使山西省其他产业发展缓慢。2010年,国务院批准山西为"国家资源型经济转型综合配套改革试验区",山西省委、省政府作出以转型发展为主线、以跨越发展为目标的战略部署,发掘包括文旅产业在内的新兴产业作为经济主导产业。虽然经过十余年的发展已见成效,但相比其他省份,山西省的文旅产业起步较晚,基础尚不牢固,在硬件、软件两方面均有待提高。

1.硬件上完善配套设施

演出对文旅市场的激活更多的是短期效应,是在相对较短的时间内聚集大量的观演人群并以此带动周边旅游消费。完善的硬件配套设施能够提升城市的接待能力。

"周杰伦太原演唱会"主办地在省会太原,太原市从2003年开始进行城市道路改造,形成了纵横交错的立体交通网络。演出场地山西体育中心于2012年开始投入使用,可容纳6万人。周边交通便利,配套设施完善,在区域内能够满足大量游客衣食住行的现实需要。然而,从全省范围看,山西文旅产业的综合配套尚不完善。2023年"五一"假期,游客吐槽最多的也是涉及

---

① 《山西省政协常委、省文化和旅游厅厅长王爱琴:用好优势,强化服务,做让游客满意的旅游》,"新黄河客户端"百家号,2024年1月26日,https://baijiahao.baidu.com/s?id=17891390446 34436345&wfr=spider&for=pc。

住、行两方面的问题。

其一，山西文旅产业发展受地理环境限制，文旅资源虽众多但是较为分散，难以规模化开发。文旅资源分散导致文旅行业规模化开发、产业化运营的难度很大。山西外有黄河、太行山、吕梁山天堑环绕，内有中条、太岳等山脉纵横，不仅相对周边各省而言比较隔绝，省内各地也相对隔绝、自成一体。

如此地理特点使山西从古至今较少受战乱影响，对于山西文旅资源的保护曾起到重要作用，但也导致山西文旅资源较为分散。反观相邻省份陕西，其优质旅游资源相对集中在西安，而太原的优质旅游资源不足山西的1/10。除省会太原外，山西的其他城市亦然。主打晋商文化的晋中，其平遥古城、王家大院、乔家大院、三多堂、常家庄园分布在一区四县，平均距离约为50公里；主打佛教文化的大同，其云冈石窟、悬空寺、恒山、华严寺、应县木塔、九龙壁分布在两区两县，平均距离约为60公里。地理环境造成的文旅资源分散已经成为文旅产业发展的桎梏。完善交通配套设施是山西省旅游业发展的第一步。

山西省要打破这一桎梏，一要推动省内外区域交通网络、运输结构、服务能力优化升级；二要统一规划并完善市域内交通网络，实现铁路、公路、机场、城市公交地铁等不同交通方式的便捷换乘、顺畅衔接；三要加强交通干线与旅游区域、景点之间的衔接；四要健全重点文化体育场馆、商业集聚区、旅游景区的交通集散体系；五要增强公路沿线服务区、客运枢纽等场所的服务功能，提升接待能力。

其二，景区内部的配套设施也亟须优化。并非要大兴土木，新开发大型的主题乐园、度假区等综合体，而是要因地制宜，在保持原有景观稳定性的同时，提升游客游赏的安全性、质量和舒适度。如根据景区容纳量新建、扩建停车场，改建能够对接现代化票务系统的游客通道，根据无障碍环境建设标准实现无障碍设施覆盖，等等。

2. 软件上改善文化环境

要实现文旅产业发展，提升游客满意度，除了在硬件上完善配套设施，提升接待能力，还要在软件上改善文化环境，提升服务水平，优化游客体验，这也是文旅产业发展的重要基础。

其一，良好的自然环境为山西成为旅游大省创造了条件。过去，由于山西的产业结构以重工业为主导，山西在高速发展过程中忽视环境治理，污染问题严峻。自转型发展以来，经过多年生态文明建设，山西拥有了良好的人居环境，如今的山西山清水秀。2019年，在中国首届"发现'美丽城市''美丽乡镇''美丽景区'"大型推选活动中，太原市是18个"中国美丽城市"之一。2020年"第五届中国国家旅游年度榜单"中，太原获评"2020中国国家旅游年度臻选旅游城市"。2023年"中国最具幸福感城市"榜单中，太原亦榜上有名。2024年1月23日，太原上榜"中国气候宜居城市"，是全国唯一入榜的省会城市。山西省气象服务中心资料数据显示，太原市城区在气候宜居禀赋、气候不利条件、气候生态环境、气候舒适性、气候景观五大类41项评价指标中，综合评价指标优良率达78.0%，优率达53.1%。其中，气候宜居禀赋优良率78.9%，气候不利条件优良（低、中等级）率77.8%，气候生态环境优良率57.1%，气候舒适性优良率100%，气候景观优良率100%。①

其二，山西省在社会环境治理方面加大力度。社会环境是指社会政治环境、经济环境、法治环境、科技环境、文化环境、语言环境、卫生环境等因素的总和。在2023年"五一"假期期间，面对短时间内涌入的大量游客，山西省部分地方管理效能、服务水平的不足集中涌现，给山西文旅造成了负面影响。山西省、太原市政府吸取教训，统筹管理，多方协同，在"周杰伦太原演唱会"期间及随之而来的"黄金周"期间，确保市场秩序规范良好和衣食住行等价格稳定，有效保障了文旅市场的安全、稳定、繁荣，展现出山西省特别是太原市的文旅服务能力。

文旅部门既非具有强控制力的垂直管理部门，也不是拥有强执法权的部门，而市场秩序的整顿、文旅环境的改善是一项全方位、系统性工程，需要政府各个部门发挥合力，久久为功，最终打造成服务型的政府，实现"政通人和"，只有这样，才能满足文旅行业规模化开发、产业化运营的要求。

（二）丰富个性化文旅IP

要推进文旅产业发展，丰富文旅产品供给，打造IP是文旅融合的发展趋势下提升旅游产品附加价值的有效方法。

---

① 《唯一上榜省会城市！太原市获评"中国气候宜居城市"》，太原市民政局，2024年1月24日，https：//mzj.taiyuan.gov.cn/szyw/20240124/30098410.html。

IP是法律专业术语"Intellectual Property"的缩写，被译为"知识产权"，在港澳台地区被译为"智慧财产权"。它是"一种无形产权，指智力创造性劳动取得的成果，并且是由智力劳动者对其成果依法享有的一种权利"①。但目前无论是在业界还是学界，IP概念都已衍生出新的含义："集价值观、形象、故事、多元演绎、商业变现等于一体的无形资产。"② IP概念"在内容生产层面强调跨媒介叙事，在传播层面注重与受众建立情感连接，注重粉丝参与及众创文本对IP的扩容作用"③。文旅IP的打造应注重现实空间与媒介空间的互联互通。在现实空间层面，文旅IP是诉诸视觉、听觉的整体性、系统性的区域形象。在媒介空间层面，文旅IP是基于角色、故事、价值观等诉诸情感、情绪的区域形象，便于与受众建立情感联结。

1. 根植自身资源

文旅IP的打造需要因地制宜，需要植根于当地的文化资源、产业基础。山西历史悠久、底蕴厚重，文化发展一脉相承，拥有农工并举、商儒结合、乐武相济等多元复合的人文特征，且旅游资源丰富，其种类之多、维度之大、品类之全在国内首屈一指，包括古城大院、名山大川、宗教艺术、边关城防、红色遗址、民俗文化等。截至2023年，山西拥有3处世界文化遗产、531处国家级重点文物保护单位（数量排名国内第一），现存古建2.8万处，其中元以前木构古建筑遗存495座，占全国总数580座的85%。还有10个5A级景区、10个国家地质公园、19个国家湿地公园、26个国家森林公园、6座国家历史文化名城。

山西进一步整合文旅资源，将传统文化与现代潮流相结合，布局了夜经济、潮经济等多元文旅业态，筹备了许多夜间特色文化活动、市集活动。太原市也持续提升城市烟火气，建设人气旺、烟火气浓的特色街区。先后打造了钟楼街、太原古县城十字街、晋阳里等热点休闲街区，上述三个休闲街区都登上了文化和旅游部公布的"国家级旅游休闲街区"名单。

---

① 《什么是知识产权》，中华人民共和国中央人民政府，2005年6月24日，https://www.gov.cn/test/2005-06/24/content_9321.htm。
② 白晓晴、向勇：《空间与媒介维度下文旅IP的体验置景研究》，《福建论坛》（人文社会科学版）2022年第6期。
③ 白晓晴、向勇：《空间与媒介维度下文旅IP的体验置景研究》，《福建论坛》（人文社会科学版）2022年第6期。

2. 挖掘文化内涵

对旅游资源进行运用，不仅要在外在层面进行符号的塑造和经营，更要致力于挖掘符号背后的文化内涵与文化意义。打造具有文化内涵、文化意义的文旅 IP，要通过拓展和优化旅游者的体验维度来实现。体验是文化旅游的核心。

山西各地为景区量身打造了多部沉浸式体验剧，将实景融入剧情，增强游客对景区的体验感。如平遥古城的《又见平遥》、五台山的《又见五台山》、皇城相府的《再回相府》、太原晋阳湖的《如梦晋阳》、晋城司徒小镇的《又见老山西》。其中，《又见平遥》于 2023 年 9 月入选"全国旅游演艺精品名录"，成为全国 40 个入选项目之一。

3. 策划新形象

打造文旅 IP，应注重 IP 的独特性和可识别性，既可挖掘当地的文化资源，也可创造新的文化内涵，创建新的 IP 形象。最具代表性的就是日本熊本县打造的人格化的熊本熊 IP。这个 IP 将熊本县的城市形象人格化，使其成为一个超越空间范畴的城市形象，且通过跨媒介叙事使其成为城市与旅游者情感联结的载体。

此次"周杰伦太原演唱会"期间，太原市围绕演唱会主题打造了一个"宠粉"的城市形象。虽然没有创造实体形象，但也在物理空间和媒介空间中为歌迷建立起线上线下联动的叙事世界。线下，八个巨型周杰伦人偶雕像、汾河两岸高楼的霓虹标语、应时应景打造的网红打卡地，激发了人们的旅游热情；随门票送上的"给所有'杰迷'的一封信"、演唱会结束时无人机表演展示的"太原欢迎你""常回来看看"字样，满足了游客的情绪价值需求，与游客产生了情感共鸣，从而激发了游客在线上互动的行为，实现了太原市品牌的全网共创，极大地提升了太原市的品牌影响力、传播力。

（三）实现线上线下联动营销

旅游作为一种高度个人化的行为，也在被媒介逐渐改变。当下的文旅行业，已经不再是以自身资源为主等游客上门的 1.0 时代，也不再是通过旅游网站进行线下宣传的 2.0 时代，而是以内容运营为主的 3.0 时代。这一阶段的文旅宣传，主要通过组建专业的运营团队，发挥内容创意优势，实现线上平台和线下实体活动的融合，以扩大内容的传播范围和影响，同时通过大数据了解游客需求，及时改进和更新旅游产品。在这个阶段，旅游行为与数字媒介体验息息相关，"打卡"成为旅游过程中必不可少的一部分。因此，在策划、开发文旅IP时，不仅要考虑如何通过具象的物质空间规划营造氛围，以增强视觉吸引力与氛围体验感，还要考虑如何通过媒介文本对IP进行提炼、整合，使其在媒介空间中产生意义，从而与旅游者建立情感联结，实现线上与线下的联动。

在共同打造文旅内容生态的过程中，政府、达人、普通用户、平台、旅游企业之间是一种相互促进、相互依存的关系（见图1）。政府发布权威信息，积极引导舆论，通过制定文旅政策和规划提升文旅品质，推动文旅产业发展，通过加强宣传和推广提高旅游业的知名度和吸引力。达人负责创作优质素材，扩大曝光效应，同时扮演意见领袖的角色，借助自身知名度和影响力，通过分享旅游体验、提供专业的旅游建议、代言旅游产品为其他用户推介高品质的文旅内容。普通用户既是消费者也是创作者，通过分享旅游经历、拍摄旅游视频、撰写旅游攻略等方式为其他用户提供实用的旅游信息和建议。平台则提供流量扶持，创新营销方式，通过提供旅游资讯、在线预订、社区交流等功能为普通用户提供更为便捷的旅游服务。旅游企业塑造品牌形象，提高宣传带货能力，使文旅内容生产走向团队化、专业化。旅游企业通过与达人合作，推出更多优质的旅游内容，提供旅游产品和服务，以满足普通用户的需求。

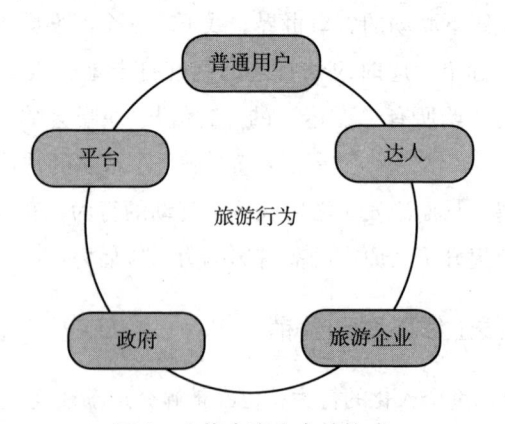

图1 文旅内容生态的构成

目前，山西省、太原市文旅部门均开设了官方微信公众号、视频号以及抖音、小红书账号。2023年全年，太原市文旅局微信公众号以2685篇文章、

114.8万次阅读以及682的WCI（微信影响力指数）在全省泛政务旅游类微信公众号中位居第一。山西省文旅厅微信公众号全年头条阅读量超过43万次。①

2023年5月，山西文旅与"东方甄选"合作，新东方创始人俞敏洪亲自带队直播，全国网友在线上沉浸式"云游"山西，直播6天，实现了官方与达人的联动。"东方甄选"在太原古县城、晋祠、云冈石窟等景区现场直播带货，共销售"山西好物"达1.3亿元，短视频播放量超6亿次，"#东方甄选山西行"话题播放量达3亿次，"#山西行"话题播放量登上热搜榜单20次，"董宇辉""山西文旅""东方甄选山西行""山西会是下一个淄博吗"等关键词也登上热榜（见图2），线上线下联动宣传效果显著。

图2　"东方甄选山西行"关键词云图

资料来源：巨量引擎城市研究院。

但与河南、山东等文旅官方账号比较，山西文旅官方账号线上宣传的引领作用不足，内容多是跟风之作，至今未有能"火出圈"的作品，且不同平台

---

① 资料来源：《2023年山西文旅新媒体年度榜单》。

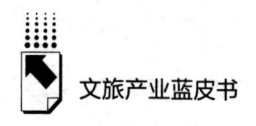

账号内容同质化严重。例如，在"周杰伦太原演唱会"前后，山西省文旅厅通过微信公众号发布3类信息5条内容，包括景点推荐、景区福利信息、周杰伦巨型人偶摆放地等；通过视频号发布1条"周杰伦太原演唱会"宣传曲视频；通过抖音官方账号"山西文旅"发布17条相关视频，同样包括景点推荐、周杰伦巨型人偶摆放地的视频，借助周杰伦的音乐宣传山西景点的视频，"国风吹晋元宇宙"的宣传视频；通过小红书发布8条笔记，其中5条内容与抖音发布内容一致。太原市文旅局通过微信公众号发布太原市景点攻略、周杰伦歌曲中的山西元素、演唱会首场航拍秀等5条内容，通过视频号发布董宇辉来太原看周杰伦演唱会1条内容；通过小红书发布1条"周杰伦太原演唱会"宣传曲视频，与山西省文旅厅视频号内容一致。

线上活动是线下文旅消费的预热，作为IP所有者的官方，要考察网络传播生态中的文化热点，将流行文化、网红文化等融入其中；要了解技术效用和渠道类型，所创作的内容文本要符合新媒体智能化、小屏化、碎片化的传播特点，且针对不同平台发布的内容也要适应该平台的特点。

三 总结：文旅产业发展需稳扎稳打厚积薄发

从单一的重工业经济结构到大力发展文旅业，山西省逐步走好转型之路，经过多年发展，2023年，以"周杰伦太原演唱会"为契机，以长达8天的中秋国庆"黄金周"为舞台，山西交出了一份好看的答卷。

实践证明，"演出+文旅"作为一种新型消费模式，能够促进演出与文旅市场的融合发展，实现从引流到转化的良性循环、从文化项目到整体服务的良性循环。但是，通过"周杰伦太原演唱会"的案例，我们也应看到，承办演出只可作为城市旅游消费的"引流"项目，其主要作用是激活文旅消费市场，只能是地方文旅工作的一个重要切口。推进当地文旅产业发展，不可能只靠承办一场或几场演出就能实现。盘活文旅产业，让游客游得好、留得下，最终要依靠城市强大的接待能力、丰富的文化产品和有效的营销。

文旅产业的发展需要稳扎稳打，厚积薄发，这样才能实现可持续、内涵式、高质量发展。

B.15
文旅融合与可持续发展路径研究

——以香港西九文化区为例

何昶成　刘若琪*

摘　要： 香港西九文化区作为一项重要的文旅发展项目，不仅在地理位置、设施规模以及设计理念上展现出其独特之处，而且在推动香港文艺事业和旅游业融合发展方面发挥了重要作用。香港西九文化区的未来发展潜力巨大，但仍面临开发期过长、功能性较弱、影响力不足等问题。面向未来，西九文化区应以提高质量和提升效能为发展方向，聚焦于核心功能开发建设、文艺人才交流培养以及精品文旅 IP 打造等方面，推动西九文化区的高质量发展。

关键词： 香港文旅　西九文化区　文化传播　人才培养

近年来，香港西九文化区以丰富的文化底蕴和独特的艺术氛围吸引了大量游客。作为由香港特别行政区启动的一项大型文化艺术综合项目，西九文化区涵盖了多个文化设施，提供了世界级的文化艺术场所，同时支持多种艺术表达形式，助力香港文化的繁荣与创新，成为香港独特的城市名片。本文将围绕香港西九文化区的文旅发展概况、特点、问题等方面展开研究，并对其未来发展提出展望和建议。

---

* 何昶成，北京市社会科学院文化研究所助理研究员，北京师范大学戏剧与影视学博士，研究方向为传媒文化、文化产业；刘若琪，清华大学人文学院本科生，研究方向为影视传播和文化产业。

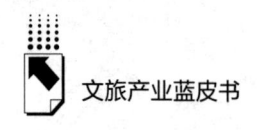

一 香港西九文化区文旅发展概况

（一）香港西九文化区建设背景与现状

香港西九文化区位于九龙半岛西部，毗邻维多利亚港，占地约40公顷，是香港迄今为止最大的城市发展项目之一。西九文化区作为香港特别行政区政府的一项策略性投资项目，自2004年开始推进概念落地，以2008年10月正式成立西九文化区管理局为标志，项目基本完成了相关条例及体制建设。而同年颁布的《西九文化区管理局条例》显示，西九文化区自身定位为一个综合性的艺术文化区，提供充分的休憩用地和商业发展区域，为艺术和文化提供综合性创新环境。其职能包括促进香港长远发展为国际艺术文化大都会，发掘及培育本地艺术界人才，促进文化及创意产业的发展，同时加强内地、香港与任何其他地方之间的文化交流及合作，强化香港作为旅游目的地的地位。[1] 西九文化区在香港特别行政区政府的资助下正大力发展，为香港市民和来自世界各地的游客提供服务。

近年来，文化旅游作为一种新兴的旅游形式，受到越来越多当地或访港游客的青睐，游客不再满足于传统的观光游览，更加注重体验当地的文化和艺术活动。香港西九文化区的发展顺应了这一趋势，文旅新地标相继亮相，为游客提供了丰富多样的文化体验。2019年，香港西九戏曲中心建成开放；2021年，国家"十四五"规划纲要中首次提出支持香港发展中外文化艺术交流中心[2]，为西九文化区的建设和发展进一步提供了机遇，香港M+博物馆也在该年度正式开放；2022年，历经4年筹划的香港故宫文化博物馆正式开放。2023年，香港与内地"通关"政策[3]为西九文化区带来了新的发展契机。这一变化直接促进了来自内地的客流量的增长，为西九文化区的文化设施运营和文旅产品市

---

[1] 西九文化区管理局：《西九文化区管理局条例》，电子版香港法例，2008年7月11日，https：//www.elegislation.gov.hk/hk/cap601！sc。
[2] 《中华人民共和国国民经济和社会发展第十四个五年规划和2035年远景目标纲要》，人民出版社，2021。
[3] 《关于优化内地与港澳人员往来措施的通知》，国务院联防联控机制综合组，2023年1月5日。

场提供了实时的检验与反馈。内地游客将西九文化区当作香港旅游的"打卡点",表明西九文化区的文化标识已在内地游客中形成广泛的认知与影响,这对于提升香港文旅产业的品牌价值和区域吸引力具有积极意义。当前,香港西九文化区已具雏形,不仅丰富了香港乃至整个亚太地区的文化景观,也为文旅产业的融合与创新提供了宝贵的实践案例。

西九文化区的规划方案计划在2015年前完成文化区一期12个核心文化艺术设施建设[①],截至2023年已落成戏曲中心、自由空间黑盒剧场、M+博物馆和香港故宫文化博物馆四个场馆,稍滞后于原计划进度。财政收入方面,西九文化区五年财务概要显示,其营业收入呈现持续增长态势,当然其营运开支也进一步加大,年度赤字在2022~2023年较2021~2022年有所降低。西九文化区2022~2023年财报显示,该区年收入大幅增长412%,达5.53亿港元,其中约半数收入来自场馆入场费及筹款,另外一半来自商业收入;M+博物馆和香港故宫文化博物馆的成本回收率表现良好,分别为46%和44%[②],已经达到世界其他发展成熟的文化机构的水准。

(二)香港西九文化区主要功能

香港西九文化区主要功能表现在两个方面。

一是体现文化旅游功能。西九文化区将文化活动打造成了吸引游客的重要因素,充分融合了文化活动与旅游业发展。其中旅游业是西九文化区重要的建设部分,该区建设源起于1996年香港旅游协会进行的香港旅客访问调查,其随后建议立法会兴建文化表演场地。在建设文化场馆的同时,西九文化区注重游客和观众体验的提升,将相关的配套服务也列入建设当中。目前,香港西九文化区推出了官方公众号和小程序,以更好地连接游客与文化场馆。这一数字化平台不仅为游客提供了便捷的信息获取途径,还进一步完善了西九文化区的文旅服务,游客可以通过官方公众号和小程序轻松获得游览方案推荐、节展预告、餐饮信息等;而游览方案的设计更

---

① 《西九龙文娱艺术区核心文化艺术设施咨询委员会建议报告书》,香港特区政府,2007年9月12日。

② 《香港故宫文化博物馆上财年成本回收率逾四成》,"光明网"百家号,2023年10月12日,https://baijiahao.baidu.com/s?id=1779516579985914672&wfr=spider&for=pc。

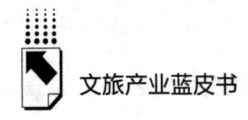

加注重文化与旅游的深度结合：通过整合文化场馆、博物馆、艺术展览等资源，为游客打造了多样化的游览线路，满足了不同游客的兴趣和需求，使每一次游览都能全面感知香港西九文化区的丰富文化内涵。值得关注的是，节展预告成为吸引游客的重要因素，通过发布丰富多彩的节目单和活动预告，让游客们提前了解文化区的游乐信息，从而有效提升西九文化区的受关注度和吸引力。

二是丰富城市景观功能。作为综合性的艺术文化区，除了通过文化活动助力当地旅游业发展以外，西九文化区在城市景观、商业发展等方面也发挥了重要作用，进一步体现了香港城市的独特魅力。由于其毗邻维多利亚港的重要地理位置，西九文化区成为当前香港城市景观的主要组成部分，以其独特的建筑外观诠释了视觉艺术，实现了人文景观与海滨景观的有机融合。例如，M+博物馆巨大的屏幕从对岸的九龙半岛即可看到，这一标志性的设计在香港的城市风景线中占据了独特的位置（见图1）。另外，配套性的酒店、零售、商业建设进一步提升了游客的体验，以"一站式"服务满足了游客多样化的需求。

图1　M+博物馆屏幕在香港城市景观中格外突出

资料来源：作者自摄。

二 香港西九文化区文旅发展特点

西九文化区是香港文旅产业发展的一大亮点，它不仅承载着本土文化的繁荣，也有国际化的独特定位，可以说是"以文塑旅、以旅彰文"[①] 理念的优秀案例。

（一）本土层面：综合发展，融入城市

香港著名的文旅区包括大坑火龙文化馆、海洋公园、大馆等，其中大馆是一个以艺术和创意为主题的文化区域，致力于推动本土文创产业的发展，内有艺术画廊、设计工作室、文创企业等，为本地艺术家和设计师提供了一个展示和创作的平台。相比之下，西九文化区作为一个综合性的文化艺术集群，不仅汇聚了丰富的文化机构和艺术团体，还拥有大型的博物馆、艺术馆、剧院等文化设施，又临近购物中心、广东道及弥敦道、尖沙咀星光大道等主要商业区，实现了业态功能的多样化、差异化，实现文化展览功能的同时，也满足了游客对商业购物的需求。从内容上看，西九文化区也以其多元主题而闻名，区域内融合了专注于传统戏曲的场所如戏曲中心、涵盖历史内容的香港故宫文化博物馆，以及致力于现代艺术的机构如 M+博物馆，还包括多功能表演艺术场地。可以说，这种综合性的文化生态展现了对不同艺术形式的包容和推崇，反映了对传统和现代艺术的全面关注，并满足了多元观众群体的不同需求。

香港西九文化区与周边社区乃至整个城市的关系尤其紧密，它并非一个独立的文化设施集群，而是与城市的生活脉搏同频共振。在建设西九文化区时，规划者注入了"城市网格"的概念，规划了超过60%的公共空间[②]，这意味着它不仅仅是一个为人们提供文化享受的场所，也是一个融入城市日常生活的开放空间，彰显出能为游客提供休闲、社交和艺术享受场所的城市功能。该设计

[①] 习近平：《高举中国特色社会主义伟大旗帜 为全面建设社会主义现代化国家而团结奋斗——在中国共产党第二十次全国代表大会上的报告》，人民出版社，2022，第45页。
[②] 《香港西九龙，城市生长三十年》，"有方空间"微信公众号，2023年12月19日，https://mp.weixin.qq.com/s/uOKU15J0GjC213cw_ O-MtA。

理念有效消融了西九文化区与城市的边界,极大地提高了城市的文化吸引力和居住质量。

(二)区域层面:文旅先导,产业多样

西九文化区不仅是香港的文化地标,也是粤港澳大湾区文旅产业的重要组成部分。西九文化区在粤港澳大湾区具有重要的战略位置,与周边城市积极开展合作,推动文旅产业的共同发展,成为连接香港与相邻城市如深圳、广州等的文化桥梁:它不但提升了香港本地的文化品质,也向整个粤港澳大湾区输出高水平的文化内容,促进了香港与大湾区相邻城市之间的文化交流;通过与深圳、广州等城市的文化机构、创意产业企业建立紧密联系,西九文化区可以成为各地艺术家、创作者和文创企业进行合作和共同创作的平台,推动粤港澳大湾区范围内艺术产业的共同繁荣。而粤港澳大湾区内的其他文旅产业各具特色,更是与西九文化区形成了互补,这些文旅产业与西九文化区的国际化和专业化水准相结合,能使整个区域的文化吸引力和竞争力得到显著提升。如2023年12月在深圳举行的"深游香港"文化旅游推广活动中,香港特区政府驻粤经济贸易办事处主任苏惠思强调了香港西九文化区在深港联系中的重要意义,并预告了2024年将在此地举办"粤港澳大湾区文化艺术节"。①

在策划建设方式层面,西九文化区和粤港澳大湾区其他文旅产业有显著区别,反映了不同发展策略和定位所带来的文旅产业多样性,丰富了粤港澳大湾区的旅游资源。粤港澳大湾区传统的文旅产业发展多是根据现有资源和传统文化基础进行建设,在保持地方特色的同时,也在探索如何与现代旅游和文化相结合。如澳门氹仔文旅区等地,更多地依托原有的文化资源和旅游基础进行改造提升或者扩建。又如佛山影视基地等项目,则是基于当地已有的文化资源和产业优势进行建设,该地区以武术和传统戏曲等文化元素而闻名,因此佛山影视基地在建设过程中就紧密结合了地方文化特色和现有的产业链,既保留了传统文化的韵味,又注入了现代影视产业的活力。西九文化区则是经过详细规划,采用自上而下的策划模式,其定位、功能和运营都是根据香港作为国际文

---

① 《"深游香港"文化旅游推广活动在深圳举行》,"中国日报网"百家号,2023年12月17日,https://baijiahao.baidu.com/s?id=1785523976235453617&wfr=spider&for=pc。

化都市的长远发展目标进行设定的。因此，西九文化区建设呈现了最新的城市设计理念，顺应了未来艺术和文化发展趋势，力求在国际舞台上展现香港的文化软实力。

（三）国际层面：自主管理，面向世界

与内地的文化园区相比，香港西九文化区在管治模式和发展方向上具有独到之处，并彰显了文化园区的差异化发展路径。

由香港特区政府成立的西九龙文娱艺术区核心文化艺术设施咨询委员会希望西九文化区建设效仿国际路径，因此建议以新管治模式管理和运作各项核心文化艺术设施，将其独立于政府架构之外并赋予其自主权。[①] 西九文化区建设规模较大，需要更高的投资和维护成本，因此在建设中专门成立了管理部门，力求在城市建设和文化创意之间寻求平衡。"作为一个自负盈亏的文化综合体，西九文化区的长远可持续运作依赖稳固的财政基础。混合功能的组合，包括各类文化场馆、酒店、办公、住宅、餐饮和文创零售及多功能活动空间的租赁，帮助西九实现稳定营收。"[②] 从开发层面来看，西九文化区管理局不仅在土地使用上进行了精心规划，还吸引不同种类的投资介入，形成了文化与商业共融的发展格局，力求实现自给自足的持续性开发。而从运营层面来看，园区内不同的文化设施也根据具体情况采用了不同的运营模式，包括自负盈亏、津贴或混合模式运营等，以适应西九文化区建设时间长、建设项目多的特点。

从定位来看，内地文化园区如北京798艺术区和上海苏州河文化走廊的开发主要依靠政府的参与与规划，结合了对老旧工业基地的改造，体现出政府在文化产业发展中的引导作用。而西九文化区并非重建项目，而是全新打造的综合性艺术区。西九文化区位于香港心脏地带，紧邻维多利亚港，地理位置优越，国际化程度高。这一区域融合了东西方文化，具有独特的国际文化多元性。内地的文旅产业园区通常更侧重于各自的地域文化特色，如北京的798艺术区强调当代艺术与工业遗产的结合，西安的大唐不夜城凸显历史文化特色，

[①] 曾红：《香港西九龙文娱艺术区（西九文化区）发展模式研究》，硕士学位论文，中央美术学院，2009。

[②] 《Farrells聚焦丨法雷尔香港西九龙三十年城市设计实践》，"Farrells法雷尔"微信公众号，2024年1月4日，https://mp.weixin.qq.com/s/1bUk7YfRldM2U7rzpTie1A。

而秦皇岛的阿那亚社区关注打造文化与休闲相结合的生活方式。西九文化区则不仅着力于展示本土文化，更将目光投向国际，努力成为全球文化交流的枢纽。西九文化区通过举办国际艺术节、引进世界级艺术展览和表演，以及建立与世界各地文化机构的合作伙伴关系，显著提升了香港的国际文化地位。此外，西九文化区内的多个设施，如香港故宫文化博物馆、M+博物馆等，都强调国际视野与本土特色的结合，进一步巩固了其作为国际文化交流平台的角色，正如M+博物馆的基本理念："这是一座香港人的博物馆，牢牢地扎根于本土，并且坚定地立足于本地的独特文化，根据全球性的观念，从香港的角度出发，再向外发展至中国其他地区、亚洲及世界各地。"①

三 香港西九文化区文旅发展的挑战

香港西九文化区的发展不仅关系到城市的文化繁荣，也关系到区域经济的活力和可持续发展。然而，西九文化区的建设和发展仍存在一些挑战及问题，值得我们关注。

（一）开发期过长

西九文化区的建设自提出以来始终受到外界的密切关注。由于西九文化区位于维多利亚港沿岸这一独特的地理位置，其项目发展状况对于香港文化建设乃至区域景观和经济发展都有极为重要的影响。但西九文化区管理局目前采取的分阶段开发的策略成效并不显著。即使M+博物馆和香港故宫文化博物馆已经有较高的成本回收率，也不足以支持项目的建设成本，依然需要政府财政拨款，其主要原因是实际建设时餐饮、休闲、零售等能够创造收入的商业建设滞后，导致原计划的收入并未实际落地。

事实上，在文旅行业，市场的变化速度相对较快，如果项目不能及时投入运营，就可能错失市场机遇；随着时间的推移，迅速崭露头角的其他区域文旅项目也可能带来一定的竞争压力。西九文化区项目过长的开发周期导致了项目

---

① 〔美〕史蒂文森：《文化城市——全球视野的探究与未来》，董亚平、何立民译，上海财经大学出版社，2018，第121页。

成本的上升，建设期间的施工活动、资源占用等情况更是对整个维多利亚港附近景点乃至当地经济都带来一定的影响，在某种程度上降低了社会公众对该项目的发展信心。

（二）功能性较弱

尽管西九文化区引入一系列旅游设施和文化活动，但该区域的实际功能仍相对较弱，特别是拓展香港文化旅游目的地、增强文化传播等方面均未充分体现。一方面，由于未能与当地其他旅游景点有机衔接，加上文化区各场馆联系性不强，未能给观众带来完整的旅游体验，西九文化区对于游客的吸引力并未达到预期效果。另一方面，文化区所承载的文化传播功能尤为关键，而西九文化区在文化传播方面则尤为不足。归根结底，现有管理局的主要职位多由外地工作者来港担任，项目设计也由港外公司承包，本地人才比例较低，因此未能充分整合香港本土文化的元素，不利于发挥本地文化的优势以实现文化传播的功能。

（三）影响力不足

由于文化定位模糊、衍生能力不足等，目前西九文化区的知名度和影响力尚未达到建设规划时的预期标准。

一方面，西九文化区的文化定位较为模糊，受香港所处环境影响，其区域文化在中西交流中未能形成独特符号。以亚洲第一家专注于视觉文化的全球化博物馆M+博物馆为例，该馆致力于打造艺术、设计、建筑和动态影像的文化中心，但实质上，其近年来的作品收藏与展览却饱受争议，博物馆自身的文化定位也较为模糊，未能塑造鲜明的品牌形象，因此难以形成关注度。

另一方面，衍生能力不足也是制约西九文化区影响力的一个因素。文化影响力与衍生能力紧密相连，衍生能力涉及IP孵化、文创产品开发等方面。而目前西九文化区在IP和文创领域还未能形成较大规模的产业链，文化衍生品的创意和开发生产也相对有限，未能形成一定的品牌效应。

四 提质增效：香港西九文化区文旅发展的未来

鉴于当前香港西九文化区文旅发展所面临的问题和挑战，笔者认为，应将

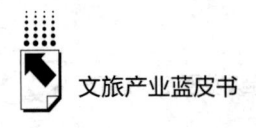

提高质量和提升效能作为香港西九文化区文旅发展的未来方向，并主要聚焦在以下三个方面。

（一）聚焦核心功能开发建设

香港西九文化区的文旅发展应聚焦核心功能进行开发建设，以体现更为深入的文化价值和实现更为高效的运营机制。当前，文化区的首要任务即强化其文化核心，通过对传统和现代文化元素的深入挖掘和运营提升区域文化的创造力和传播力，以此提升文旅效能。

目前，香港故宫文化博物馆在文化功能开发中融合传统艺术与现代文化，以丰富多彩的展览实现跨文化的对话，如举办"凝视三星堆""从波提切利到梵高：英国国家美术馆珍藏展"等展览，成功地吸引了各地游客的目光。而其他文化机构如戏曲中心、艺术公园等在文化功能的彰显上仍相对较弱，可考虑在展览策划、艺术家驻地项目等方面寻求合作，引入更多中西文化传承元素，开发更多兼具深度和广度的文化活动，将西九文化区打造成为真正具有文化辨识度的地标。

（二）聚焦文艺人才交流培养

对于一个以文化区为主导的旅游项目而言，打造文艺人才交流和培养的空间也尤为关键。

一方面，推出更多国际文艺活动，推动中外文艺人才的沟通交流。国家"十四五"规划纲要提出要支持香港发展中外文化艺术交流中心。当前西九文化区已具备一定的软硬件设施条件，为中外文艺人才交流提供了契机，以此可考虑推动全球文化/艺术峰会、大型文艺展览/讲座等交流活动举办，邀约国际顶尖文艺专家、学者等共聚西九文化区，开展人才交流合作。

另一方面，打造文艺孵化平台，培养文艺创新管理人才。在2023年全国两会中，全国人大代表霍启刚提出"增加香港文化艺术人才储备"的建议，鼓励香港加强与内地的联系，共同培养艺术人才。[1] 作为连接中西文化的重

---

① 《霍启刚：增加香港文化艺术人才储备 推进与内地交流》，中国新闻网，2023年3月5日，https://www.chinanews.com/dwq/2023/03-05/9965951.shtml。

镇,香港有促进国际文艺交流合作、培养国际化文艺人才的独特优势,而近年来西九文化区的规划建设也逐渐聚焦到人才培养层面,如香港故宫文化博物馆主办的"双城青年文化人才交流计划",注重香港和北京艺术青年的联结,为香港与内地的文化人才交流提供了范例。因此,借助西九文化区的建设优势,可考虑打造一个更加开放和多元的文艺人才培养体系,在引入国际一流的文艺资源的同时,打造更多文艺实训基地/平台,助力提升文艺人才的创新管理能力,从而推出更多高质量的文艺作品/活动,促进西九文化区的可持续发展。

(三)聚焦精品文旅IP打造

文旅产业的繁荣不仅要有明确定位、人才集聚,还要有丰富的文化资源和创意思维。当前,西九文化区仍未能形成有效的文化记忆点,而精品文旅IP的打造则有助于文旅产业形成商业落点,提升文化区域的辨识度。

IP具备话题和流量优势,能在文旅产品的生成和发展中不断再造与衍生,并与游客建立起强关系链,让游客在IP中消费、沉浸与传播。香港本身就有鲜明的文化特色,其中电影文化、歌曲文化等更是在全球有很大的影响。而目前西九文化区中由M+博物馆、香港故宫文化博物馆、戏曲中心所共同组成的文化中心,已然为推动国际化文旅发展奠定重要的基础,接下来想让该区域在文化交流和传播上扮演好主场角色、讲好中国故事,文旅IP的打造应是主要方向。

笔者认为,西九文化区的IP可主要围绕"精"和"品"两个层面打造。一方面是"精",文旅IP打造讲究精益求精,可考虑从香港的发展历史中汲取养分,在节庆文化、影视文化、戏曲文化等当中提炼、挖掘出独特的文化元素并融汇国际视野,以此孕育出具备强烈辨识度的文化IP,形成西九文化区的独特符号。另一方面则是"品",以形成的IP为基础,开发更多相关联的文旅产品,以此满足不同游客的多元需求。成"品"需要细和慢,要在产品推出后不断营销、发酵,打造持久影响力。

香港西九文化区作为一个多元文化的文旅综合体,展现了兼容并蓄的国际化态度。这不仅仅是一个吸引观光游览的文旅园区,更是香港乃至粤港澳大湾区重要的文化枢纽,为本土和国际文化交流提供了广阔的空间和舞台,承担着重要的文化使命。面向未来,随着西九文化区的进一步完善和建设发展,相信该文旅区会为地区文旅繁荣与多元发展作出更多积极贡献。

B.16
寓教于旅：广州红色文化旅游精品线路的文化传承与地方协同发展研究

范韵诗*

摘　要： 近些年，人们对于外出旅游的需求从观赏逐步向寓教于旅转变，在旅行中学习一段历史成为大多数旅行者的旅游初衷。2023年，为了满足游客需求，推进文旅融合，用活、用好红色资源，丰富红色文化内涵，广东省文化和旅游厅推出数条广州红色文化旅游精品线路。从历史意义和现代意义来看，红色文化旅游精品线路的推出，对人们铭记历史、传承文化、进行思想教育和推动地方发展具有至关重要的作用。然而，从旅游体验感角度来看，这些精品线路仍旧面临缺乏整体规划、特色活动不足和配套设施不完善等问题。要解决以上问题，应在注重沉浸式体验、加强基础设施建设与人才培养、结合新媒体技术创新红色文化旅游精品线路宣传方式等方面下功夫。

关键词： 红色文化　文旅融合　旅游精品线路

一　文化旅游精品线路推出背景

据文化和旅游部统计和发布的数据，2004年到2019年，中国参与红色旅游的人次已从每年1.4亿增长到每年14.1亿。① 由此可见，中国人民对于学习革命历史、感受革命文化的愿望与需求日益增强。2021年，文化和旅游部发布的《"十四五"文化和旅游发展规划》提出，坚持以文塑旅、以旅彰文，推

---

* 范韵诗，澳门科技大学电影学院博士研究生，研究方向为文化传播、电影美学。
① 《文旅部：2004年到2019年每年参加红色旅游人次从1.4亿增长到14.1亿》，人民网，2021年3月23日，http://ent.people.com.cn/n1/2021/0323/c1012-32058203.html。

动文化和旅游深度融合、创新发展，不断巩固优势叠加、双生共赢的良好局面。政策规划和市场需求不断推动文化和旅游走向更广泛、更深层、更综合的融合发展。"文化是旅游的灵魂，旅游是文化的载体。在文旅融合的大背景下，红色文化旅游的开发与优化是弘扬和传承中华优秀传统文化，对增强文化软实力，促进红色文旅产业融合具有重要意义。"① 随着社会经济的快速发展，人们对生活品质的要求越来越高，对精神需求越发重视。文化消费是满足大众精神需求的主要途径，文化观光、鉴赏也逐步融入游客的旅游目的中。在中国旅游业进入黄金发展期的同时，百姓对文化旅游的高品质和深度体验提出了更高的要求，"沉浸式深度游"应运而生。文化旅游精品线路则是实现"沉浸式深度游"的有效方式，在帮助游客打造思维、塑造感官体验、增进情感的同时，引导游客产生思想认同、文化认同、身份认同和情感共鸣。

广州市文化广电旅游局在2023年5月19日中国旅游日当天，正式发布2023年"读懂广州"文化旅游精品线路，其涵盖11个区，根据市内95个A级旅游景区和全市重要的文博场馆共设计出112条线路。② 此举让广州的旅游之路变得更加清晰流畅，使游客在不错过每一处美景的前提下，对广州红色文化历史有如思维导图般的了解。文化旅游精品线路倡导游客通过深体验、微度假、慢生活的方式，多维度、全方位读懂千年羊城的独特风韵，积极赋能广州建设成为国际水准的旅游目的地，推动文化旅游市场持续繁荣、再创新绩。

二 广州红色文化旅游精品线路概况与精品性体现

广东是近现代民主革命的策源地、马克思主义的主要传播地、工农运动的兴起地、改革开放的前沿地，也是红色文化延续年代最长、序列最完整、种类最齐全的省份之一。广州是全国红色历史资源较为丰富的重要城市，在"读懂广州"112条线路中必不可缺的便是与红色文化相关的线路。这些线路基本是围绕中共三大会址、广州农民运动讲习所旧址、黄埔军校等著名历史遗址而

---

① 张怀鹏、侯媛媛：《文旅融合背景下胶东红色文化旅游开发探析》，《江苏商论》2022年第8期。
② 《2023年"读懂广州"文化旅游精品线路新鲜出炉！》，广州市人民政府，2023年5月22日，https://www.gz.gov.cn/zlgz/gzly/lyxl/content/post_8988662.html。

设计的,其主要涉及的历史名人有毛泽东、周恩来和孙中山。"读懂广州"中排第一的线路类别为"读懂红色广州",其中共有9条红色线路,围绕"故人已去、往事已矣、创新时代、铭记历史"的主题而定。线路具体情况如表1所示。

表1 2023年"读懂广州"文化旅游精品线路中"读懂红色广州"9条红色线路

线路序号	线路名称	线路行程
1	"红色广州·革命之城"之旅	广州起义纪念馆(广州公社旧址)—毛泽东同志主办农民运动讲习所旧址纪念馆—广州起义烈士陵园—中国共产党第三次全国代表大会会址纪念馆—黄花岗七十二烈士墓园—黄埔军校旧址纪念馆
2	伟人足迹之旅	中国共产党第三次全国代表大会会址纪念馆—中共中央机关旧址(春园)—毛泽东同志主办农民运动讲习所旧址纪念馆—毛泽东视察棠下农业生产合作社旧址
3	中国革命统一战线史迹之旅	中山纪念堂—杨匏安旧居—中国共产党第三次全国代表大会会址纪念馆—黄埔军校旧址纪念馆
4	寻迹东征历史之旅	中山纪念堂—孙中山大元帅府纪念馆—长洲岛白鹤岗炮台—黄埔军校旧址纪念馆—东征阵亡烈士墓园
5	工人运动之旅	越秀公园海员亭(海员工人为纪念香港海员大罢工而建)—中华全国总工会旧址—省港罢工委员会旧址—第一次全国劳动大会旧址
6	青年运动之旅	团一大纪念馆—省港大罢工纪念园—中华全国总工会旧址—广州鲁迅纪念馆(1920年广州社会主义青年团在此建立)—陵园西路—广州市青年文化宫
7	"广州起义"之旅	观音山战斗遗址—广州起义纪念馆(广州公社旧址)—广州起义烈士陵园—北京路步行街(北京路红色文化传承弘扬示范区核心片区)
8	广州抗战史迹之旅	中山纪念堂—东江纵队从化大队活动基地—中共增龙博中心县委旧址—东江纵队纪念广场
9	改革开放窗口之旅	白天鹅宾馆—爱群大厦—海珠广场—天河路商圈—花城广场—海心桥—广州塔—中国进出口商品交易会展馆(广交会展馆)—珠江夜游

资料来源:《2023年"读懂广州"文化旅游精品线路新鲜出炉!》,广州市人民政府,2023年5月22日,https://www.gz.gov.cn/zlgz/gzly/lyxl/content/post_8988662.html。

值得一提的是，广东省文化和旅游厅官方网站资料显示，"红色广州·革命之城"之旅精品线路在2022年入选国家"建党百年红色旅游百条精品线路"中的"重温红色历史、传承奋斗精神"主题线路，展示了中国共产党在多个历史时期的重要标识和中国共产党百年来"为中国人民谋幸福、为中华民族谋复兴"的光辉历程。[①]

三 从历史意义看红色文化旅游精品线路的设计精品性

广州作为全国红色历史文化名城，不仅以其现代化的城市风貌而闻名，还因其丰富的历史和文化遗产尤其是与中国近现代历史相关的红色文化遗产而受到关注。广州的红色文化旅游精品线路主要围绕中国共产党早期的历史事件和重要人物的活动地点进行设计。

从文字意义而论，精品性强调的是珍贵性和有特色，而一个好的旅游线路规划，其精品性的凸显在于突出其亮点。而构成亮点的基本要素中，"名"是必不可少的，即某一方面在全省、全国甚至世界范围内有一定影响。广州红色文化旅游精品线路包括革命历史遗址、纪念馆以及与中国共产党成立和发展相关的重要地点。通过一条线路便能了解一段广州的过往。从线路各景点历史背景便能看出整条线路的设计精品性，以下罗列几个景点进行说明。

（一）中国共产党第三次全国代表大会会址纪念馆

精品线路的亮点景区选取离不开伟人毛泽东在广州的生活行动路线，线路2命名为"伟人足迹之旅"再合适不过。中国革命建设关键时期，毛泽东先后11次南下广东，广州是他重要的政治锻炼舞台。1923年6月12日至20日，毛泽东等人前往广州东山恤孤院后街31号（现恤孤院路3号）参加中国共产党第三次全国代表大会。会上决定共产党员以个人身份加入国民党，以实现国共合作。中共三大成功召开之后，在中国共产党的推动下，孙中山对国民党进行了改组，确定了"联俄、联共、扶助农工"三大政策。至此，第一次国共合作正式建立。

[①] 《广东入选建党百年红色旅游百条精品线路①丨"红色广州·革命之城"精品线路》，广东省文化和旅游厅，2022年1月28日，https：//whly. gd. gov. cn/news_ newzwhd/content/post_ 3802078. html。

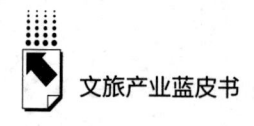

中共三大确定的统一战线方针为中国共产党走上更加广阔的历史舞台、党的成长壮大创造了条件，成为中国共产党夺取革命胜利的三大法宝之一。

目前，中国共产党第三次全国代表大会会址纪念馆中还保留着当年召开会议时的部分旧物，如中共三大决议案和宣言、中共三大代表金佛庄的委任状、中共三大代表罗章龙用过的眼镜等。馆内除了建有中共第三届中央执行委员会分工的模拟会议场景外，长期展出的内容共分四个部分："中共三大召开的历史背景""中共三大的召开""国共合作的实现""中共三大的历史作用和深远影响"。

（二）毛泽东同志主办农民运动讲习所旧址纪念馆

广州农民运动讲习所旧址原为"番禺学宫"，1953 年正式成立了毛泽东同志主办农民运动讲习所旧址纪念馆。1926 年，毛泽东在番禺学宫举办第六届农民运动讲习所并任所长；毛泽东主编的《农民问题丛刊》仍保存在所内。

（三）广州起义烈士陵园

广州起义烈士陵园原名红花岗，是国民党反动派枪杀革命群众的地方。1927 年 12 月 11 日，广州起义在共产党人张太雷、苏兆征、叶挺、叶剑英、彭湃、周文雍、聂荣臻、徐向前等人的领导下举行。该起义是中国共产党早期武装斗争的重要组成部分之一。园中最著名的景物便是高 45 米的广州起义纪念碑，造型是手握枪杆冲破三座大山，象征"枪杆子里出政权"，碑上还有邓小平题词"广州起义烈士永垂不朽"。

（四）黄花岗七十二烈士墓园

该景点又名黄花岗公园，是为纪念 1911 年 4 月 27 日孙中山领导的中国同盟会在广州黄花岗起义中反对清朝统治的革命烈士而建的，是广州乃至全国重要的革命纪念地之一。

（五）黄埔军校旧址纪念馆

纪念馆依托黄埔军校旧址而建，除校本部以外，在长洲岛上还有东征阵亡烈士墓园、北伐纪念碑、中山公园、仲恺公园、黄埔公园（又称中正公园）、济深公园、教思亭、大坡地炮台、白鹤岗炮台等十多处文物建筑。孙中山在中国共产党和苏联帮助下在此创办新型的军事政治学校——黄埔军校,并在1924年6月16日举行开学典礼,孙中山在开学演讲中提出"创造革命军,来挽救中国的危亡"的训词。

四 从现实意义看红色文化旅游精品线路的设计精品性

广州红色文化旅游精品线路不仅仅是具有历史意义的旅游线路,它们对于当代人也能起到积极的教育作用。精品线路游是一种深刻的文化和教育体验,向游客展示了中国近现代历史的重要篇章。通过参观红色文化遗址,不同年龄层的游客都能够直观地感受到中国共产党成立初期及发展的历史,还能够深入了解那个时代人民为了国家和民族解放事业所作出的牺牲、努力和贡献。

(一)教育意义

精品线路中的红色文化遗址作为直观的教育工具,能够帮助人们尤其是年轻一代的参观者了解和学习中国共产党的历史和革命精神。通过实地参观与活动参与,人们可以深刻地理解历史事件的发生原因和影响。同时,广州作为中国共产党早期活动的重要根据地之一,这些遗址也见证了中国从封建社会向现代化国家转变的艰难历程。每一个地点都承载着历史的烙印,是对先辈和重大历史事件的直接见证,也起到警醒世人的作用。

(二)文化传承

一个民族的振兴,必须以文化觉醒为主导,并依赖于先进文化的繁荣。红色旅游景区是红色文化的承载者与聚集地,参观红色遗址不仅仅是观看历史遗物,更是学习和吸收文化的过程。红色文化遗址保留了中国近现代史的重要记忆,是文化传承的重要载体。它不仅讲述了过去的故事,还传达了爱国精神与主流价值观,这对于培养国家认同和爱国主义情感有不可替代的作用。

(三)旅游学习与推动地方发展

广州红色文化旅游精品线路的推出,旨在通过红色旅游的方式让更多的本

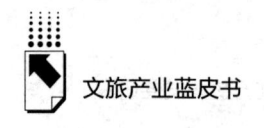

地和外地人学习历史、思考历史。这些线路不仅吸引了众多的历史爱好者，还引导游客寻求深度文化体验，将旅游、教育和娱乐进行有机结合。

另外，红色文化旅游精品线路可以有效地提高城市旅游率，从而带动当地的社会和经济发展，提升城市文化软实力的同时增强城市的品牌形象。

五 广州红色文化旅游精品线路开发优势

（一）线路景点集中，交通方便，优化游客消费

除黄埔军校旧址纪念馆在黄埔区以外，广州红色文化旅游精品线路主要集中在越秀区。作为广州红色文化历史的核心区，越秀区拥有得天独厚的位置条件，其处在广州市近乎中心的位置，广州地铁1号线贯穿而过。游客通过这条地铁线路可以游览精品线路中的大部分景点。

1号线的"东山口站"，下车之后便能到达目前广州最新潮、最具文艺特色的地方。走进这片区域，会感受到历史气息扑面而来。人行道两边都是朱红外墙，路过的小楼都是糅合了本地特色的西洋建筑。这里有著名的三层砖石混凝土结构的公寓式洋楼"东山五大侨园"，分别是逵园、春园、隅园、简园、明园。中共三大会址便伫立在这一片红色之中，在它不远处便是中共中央机关旧址（春园）。游客在体验到现代潮流风格的同时，还能"重走"历史人物的办公之路。

随着广州1号线前进，"东山口站"的下一站便是"烈士陵园站"，接着便是"农讲所站"和"公园前站"，在这两站，游客可以参观毛泽东同志主办农民运动讲习所旧址纪念馆、杨匏安旧居、广州市青年文化宫、广州起义纪念馆（广州公社旧址）、北京路步行街等红色旅游景点。

值得一提的是，在广州地铁1号线的"东山口站"转乘地铁六号线，便能前往精品线路中的中山纪念堂、观音山战斗遗址、中华全国总工会旧址、团一大纪念馆、孙中山大元帅府纪念馆、海珠广场、白天鹅宾馆等景点。

各条线路和各个景点之间都可靠"地铁+步行"的方式到达，这对于绝大多数游客来说都是相当方便与快捷的。在旅游过程中能够省时、省力，多看景点，也是大部分游客的出游初衷。广州红色文化旅游精品线路能够满足大众的现代旅游需求。

（二）城市漫步，增加社交新形式

城市漫步（City Walk）源于英国伦敦，是具有城市性、探索性、知识性的一种轻型城市漫游，通常是指几个人临时搭伙或自己一个人用脚步丈量城市，主打"慢悠悠"的游览节奏；与此同时，还能找到志同道合的人。由于当代年轻人更喜欢慢速旅游，城市漫步也成了当下年轻人熟知旅游城市的潮流方式。红色文化旅游精品线路的出现，为热爱城市漫步的年轻人提供了打卡新去处。游客在漫步街道、纪念馆展览馆的同时，还能与同行的朋友或其他游客进行互动交流。相较于看电影、玩剧本杀、喝酒等方式而言，漫游红色文化旅游精品线路是年轻人社交活动中更优质、更具性价比的方式。

六　广州红色文化旅游现存问题

（一）缺乏整体规划

广州的红色文化景点虽然丰富，但相对集中的景点只有几个，线路中的大部分景点散落在城市的各个角落。对此，相关部门对于线路缺乏一个系统、整体的规划，景点间便利交通设施、线路地图尚不完备。缺乏整体性的线路规划导致游客在游览时常常感到迷茫，不知从何入手，也难以在短时间内全面了解广州的红色文化历史。

（二）缺乏深度挖掘

尽管广州有一些著名的红色文化景点，如广州起义烈士陵园、黄埔军校旧址纪念馆等，但这些景点的展示内容相对单一，大多停留在对历史事件的简单描述上，缺乏对红色文化内涵的深入挖掘。这样一来，游客在游览过程中往往只能看到表面的东西，无法深入了解其背后的故事和历史意义。另外，相关宣传目前仍停留在传统媒体文字宣传和公众号宣传上，对社交媒体的使用不足，在宣传方面还亟待改进。

（三）缺乏互动体验

在现代旅游中，游客越来越注重互动体验。而广州的红色文化旅游在这方

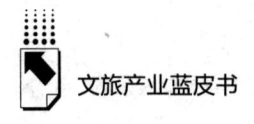

面显然做得不够。除了观看展览外，游客很少有机会参与到景点的各种活动中，这使游客的参与度和黏性大打折扣。实际上，增加互动体验项目可以让游客更加深入地了解红色文化的内涵，同时也能提高游客的参与感、增加游客的记忆点。

（四）缺乏特色活动

为了吸引更多的游客，富有特色的活动必不可少。然而，广州的红色文化旅游在这方面显得较为欠缺。除了常规的展览和纪念活动外，很少有富有创意和特色的活动来吸引游客的眼球。实际上，策划各种与红色文化相关的特色活动，可以进一步提升广州红色文化旅游的品牌形象和市场竞争力。

（五）配套设施不完善

除了景点本身的问题外，配套设施不完善也是制约广州红色文化旅游发展的重要因素。例如，部分景点交通不便、缺乏明确的指示牌等，这些都给游客的游览带来了极大的不便。实际上，完善的配套设施是提升游客体验的关键，也是确保旅游线路持续发展的基础。

七 促进广州红色文化旅游发展的建议

（一）"走马观花"+"沉浸观影"

目前，从广州已推出的红色文化旅游精品线路的内容来看，其尚处在线路统筹规划和景点打卡的阶段；然而，若要游客深入了解红色文化，除了"走马观花"式的参观景点、浏览展板，还应加上"沉浸观影"的实际性感官体验，给予游客视觉和听觉冲击，帮助其加深文化记忆。就目前的市场需求和大众喜好而言，实景剧和真人版剧本杀是发展沉浸式旅游的最佳方案。

2023年12月底，广州红色文化旅游精品线路中的必经景区"毛泽东同志主办农民运动讲习所旧址纪念馆"与广东广播电视台康毅工作室共同推出"百年讲台"实景剧，以毛泽东同志在农讲所的讲习故事为主题展开表演。节目吸引了大量慕名前来的观众，还有许多路过的游客和市民也加入了观演队伍。在场的每一个人都如同剧中的群众演员一般，跟随着演员"毛泽东"和演员"杨开慧"以及其他人物的演员，通过重游古楼、历史再现大致了解了农讲所的感人故事和历史背景。根据实景剧的工作人员分享，其队伍有意与毛泽东同志主办农民运动讲习所旧址纪念馆继续合作，将该剧转化为固定演出项目，以此帮助游客了解历史，增强游客活跃度与互动性。

（二）创新旅游线路发展机制，加强基础设施建设与人才培养

在设计推出精品线路之后，仍需要根据实际旅游状况对其进行创新整改。相关部门应建立政府主导、企业参与、多元化投资、市场化运作的旅游开发机制，并制定以投资、发展、保护和受益为原则的制度，鼓励社会各方投资于多种形式的旅游业。创新风景名胜区管理机制，实施风景名胜区全市旅游业一体化管理、资源整合、统一运营。①

另外，各红色文化景区不仅要加强旅游区的吃住娱等设施建设，还要培育服务基地，增强作为旅游中心城市的意识。积极培养和引进旅游专业人才，营造良好的旅游环境，用良好的旅游软服务环境为人才提供保障。精品线路缺乏相关知识人才提供现场文化输出服务，游客的游玩体验与知识吸收也会大打折扣。

（三）结合新媒体技术创新红色文化旅游精品线路宣传方式

近年来，新媒体平台成功塑造了多个"网红旅游打卡地"，并推出相关游玩线路与服务套餐，如重庆的夜幕洪崖洞、西安的摔碗酒、广州的东山口潮流区等。在"互联网+旅游"大趋势下，利用大数据技术、新媒体平台制造热点，根据游客要求量身定制旅游服务，可以为广州红色文化旅游的发展提供创新思路。剪辑有吸引力的视频、制作剧情短片都可以帮助红色文化旅游进行宣传推广。

---

① 冯文勇：《忻州市红色旅游资源开发的旅游精品路线设计》，《国土与自然资源研究》2009年第1期。

B.17 科技赋能与影视IP融合驱动下的洛阳文旅产业创新发展研究

王 娜*

摘 要： 国家文化数字化战略的深入实施，以及科技赋能与影视IP相结合的趋势，正在促进文化与旅游业的数字化转型，沉浸式数字文旅体验已成为影响当前文化旅游消费趋势的关键力量。承载丰富历史文化遗产的中国古都洛阳，正积极探索"科技+影视IP"融合以发展文旅产业的新途径。本文通过分析《风起洛阳》案例及洛阳文旅目前所面临的挑战，探讨科技赋能与影视IP如何助力洛阳文旅产业创新发展。洛阳通过整合精品影视IP资源、科技融合转化创新、强化人才支撑来拓展数字化文化消费新模式及优化沉浸式文化旅游体验的措施，为其自身乃至其他城市在科技与影视IP融合发展文旅产业方面提供参考和启示。

关键词： 科技赋能 影视IP 洛阳 文旅

一 "科技+影视IP"浪潮：文旅创新的新纪元

近年来，中国数字文化产业发展迅速，已成为经济社会发展的重要支柱。中国在推动文旅高质量发展的道路上，结合5G、人工智能等先进技术，持续采用创新策略。特别是《"十四五"旅游业发展规划》强调了加速云计算、区块链等新兴技术在旅游行业的应用，旨在借助数字经济推动旅游业的高质量发展，并提高国家旅游业的整体水平。同时，《"十四五"文化和旅游发展规划》

---

* 王娜，澳门科技大学电影管理博士研究生，郑州商学院艺术学院专任教师，研究方向为电影产业、数字艺术。

指出，需在更广范围、更深层次和更高水平上进一步促进文化与旅游的融合。国务院办公厅印发的《关于推进实施国家文化数字化战略的意见》指出，"发展数字化文化消费新场景，大力发展线上线下一体化、在线在场相结合的数字化文化新体验"，"增加公共文化数字内容的供给能力"。

　　得益于影视 IP 与科技赋能的协同作用，数字文旅沉浸式场景不仅紧密贴合了当前文化和旅游消费的新趋势，同时也充分满足了旅游市场对于个性化与多元化消费日益增长的需求。其中，十三朝古都——洛阳借此显著提升了其现代知名度与文化影响力。

　　1982 年，洛阳成功入选国家"首批历史文化名城"，"千年帝都"成为洛阳早期最具代表性的城市文化标识元素。同年 9 月，洛阳市人大常委会通过决议，正式将牡丹花确定为洛阳市花，"千年帝都""牡丹花城"成为洛阳影视宣传中出现频率最高的城市文化标识词。洛阳作为四大古都之一、中国历史文化名城，在中国的历史上扮演了极其重要的角色，先后有十三个朝代在这里建都，拥有"千年帝都"的美誉和丰富的历史文化元素，包括历史人物、文化遗产、民间传说与节庆、美食文化以及传统工艺。截至 2022 年 6 月，洛阳市共有国家级非物质文化遗产 9 项、省级非物质文化遗产 89 项、市级非物质文化遗产 240 项、县级非物质文化遗产 700 余项，覆盖非遗名录全部 10 大类。国家级非物质文化遗产代表性传承人 7 名、省级传承人 67 名、市级传承人 205 名、县级传承人 500 多名，已建立起国家、省、市、县四级代表性项目和代表性传承人的名录体系。①

　　借助于如此多的文化资源，2023 年，洛阳正式进入中国文化体验的头部旅游城市。1~11 月，洛阳接待游客 13254.9 万人次，旅游总收入 1019.67 亿元，门票、酒店等旅游订单量同比增长 456.3%②，且在马蜂窝发布的《2023 年旅游大数据报告》中，洛阳上榜 2023 年"文化体验热门城市 TOP10"，并且在"华中地区热门景点 TOP20"榜单中，洛阳老君山、龙门石窟、白马寺、

---

① 《洛阳：让非遗在传承创新中焕发新活力》，河南省文化和旅游厅，2022 年 6 月 14 日，https：//hct.henan.gov.cn/2022/06-14/2467731.html。
② 《洛阳　新文旅带旺新消费》，《河南日报》2023 年 12 月 26 日，第 9 版。

洛邑古城、隋唐洛阳城国家遗址公园上榜。① 2021年以来，共有11部与洛阳相关的影视作品相继推出，涵盖电影、电视剧以及综艺真人秀，这些都在续写洛阳的精彩故事，引领观众开启探索华夏文明的旅程。但是目前能够将文化资源充分转化为线下实体供游客消费的只有影视剧《风起洛阳》IP和舞蹈节目《洛神水赋》IP，其他作品转化率较低。因此，2022年9月，洛阳市出台《关于促进沉浸式文旅产业发展的实施意见》，明确了打造全国沉浸式文旅目的地的目标，借助数字科技赋能新文旅。在政策的支持下，2023年洛阳"颠覆性创意"的文旅新产品持续"出圈"，有"探索世界上第一座古墓主题博物馆"的洛阳古墓博物馆，更有新科技加持的"石窟夜游拍摄震撼大片"，多个文化爆款IP形成独具洛阳特色的文化标识。其中，最受欢迎的就是由爆款影视IP改编的《风起洛阳》VR全感剧场。

二 从《风起洛阳》到科技赋能文旅创新

在数字化时代的浪潮下，科技与影视IP的结合已经成为驱动文旅产业革新的关键力量。洛阳作为一个拥有丰富历史文化资源的城市，正处在"科技+影视IP"浪潮的前沿，当下正是洛阳借助科技赋能和影视IP探索文旅产业创新发展路径的关键时刻。《风起洛阳》就是一个很好的案例。剧集《风起洛阳》改编自马伯庸的同名小说，2021年底在爱奇艺上线。制作组通过使用15000套道具、重建100多个场景和设计5000套华丽服饰，成功地将洛阳的美学魅力推向新高度，实现了文化的跨界传播。2023年，《风起洛阳》同名全感剧场落地隋唐洛阳城景区，这是顺应科技赋能文旅发展潮流的典型项目。有关数据显示，在中秋、国庆双节期间，全感剧场上海、洛阳门店运营场次超260场，洛阳门店接待人次较节前增长130%。②

《风起洛阳》VR全感剧场向观众提供了一种沉浸式的戏剧体验，它结合了"现场表演"与"虚拟现实交互"技术，通过复原真实场景和角色之间的

---

① 戚帅华：《〈2023年旅游大数据报告〉发布 洛阳上榜"文化体验热门城市TOP10"》，洛阳网，2023年12月26日，https://news.lyd.com.cn/system/2023/12/26/032439537.shtml。
② 邓宁：《"IP+科技+文旅"孕育沉浸式文旅消费新体验》，新华网，2023年10月11日，http://www.xinhuanet.com/travel/20231011/d787c7e7abdc4f8d820e16f7512f04a9/c.html。

互动来增强用户的沉浸感。《风起洛阳》VR 全感剧场通过动作捕捉技术、虚拟现实导向、六轴电缸平台和音效震动地面等手段，增强了体验的真实感，创造了一个将虚拟与现实紧密结合的数字化文化体验空间。

（一）以优质内容驱动 IP 价值增长，共创 VR 与内容融合生态

通过高质量的剧集、动画、纪录片等形式开发，《风起洛阳》积累了一定的剧迷基础和认可度。基于此，衍生出的《风起洛阳》VR 全感剧场不仅延伸了原有影视 IP 的价值和生命周期，还将线上影视 IP 的流量转化为线下体验项目的参与行动。

VR 沉浸式体验尤其强调短时间内实现深度沉浸，这对影视 IP 的吸引力和价值有更高的要求。融合沉浸式体验与文旅通常是旅游目的地或景点开发二次消费和衍生产品的有效策略，可以提升游客的现场体验感。沉浸式文旅项目的关键在于拥有强势的 IP 支撑，也就是优质内容。剧集自 2021 年 12 月 1 日上线，22 小时内爱奇艺站内内容热度峰值突破 9000，登顶爱奇艺风云榜、云合数据全舆情热度榜、骨朵热度指数排行榜日榜、猫眼热度榜等数据榜单，知乎开分 8.2，全网热搜超过 150 个，并先后登录韩国、新加坡、泰国等海外多地的推特趋势。[①] 截至 2022 年 8 月 20 日，《风起洛阳》在韩国的播放量达到 4174.6 万次。剧中的城市建筑、饮食文化、人文习俗、制作细节等所展现的传统文化之美引发了海内外观众热议。2021 年 12 月 17 日，爱奇艺推出衍生 3D 动画《风起洛阳之神机少年》，开播 13 小时后爱奇艺站内内容热度峰值破 4000，登顶爱奇艺站内动漫飙升榜，达动漫热播榜 TOP3。[②] 动画中不同角色的妆容细节与服饰纹路都参照了古画、壁画等历史文物；而天街夜市、忘归楼等场景、建筑也以真实古代洛阳城为原型。《风起洛阳之神机少年》以年轻人喜爱的二次元形式为千年古城洛阳找到新的表达出口，将传统文化与现代元素巧妙结合，展现了古都的悠久历史，满足了年轻一代的审美需求。

---

① 《〈风起洛阳〉开播 22 小时内容热度破 9000 登顶各大数据榜单引热议》，中金在线，2021 年 12 月 3 日，http://news.cnfol.com/shangyeyaowen/20211203/29300698.shtml。

② 《洛阳爆火，古城出圈，大众潮玩，爱奇艺华夏古城宇宙有点"新"意》，搜狐网，2021 年 12 月 23 日，https://yule.sohu.com/a/510914288_121119378。

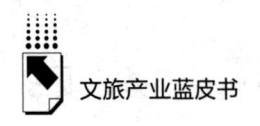

（二）以科技深化沉浸式体验，助力数字化文旅消费提质

技术正推动旅游行业朝着智慧化方向发展，形成了"新消费、新供给、新企业"的趋势。在科技的推动下，产业链正在经历变革，数字化文旅和沉浸式体验正逐渐成为文旅新消费的趋势。《风起洛阳》VR全感剧场在上海、洛阳推出以来，已经成为小红书、抖音等平台上的热门推荐项目，并入选"上海文旅元宇宙创新示范项目"、文化和旅游部"第一批全国智慧旅游沉浸式体验新空间培育试点名单"、2023年文化和旅游数字化创新示范"十佳案例"，以及荣获2023金旗奖文旅创新金奖。

利用科技创造沉浸式体验，可以有效满足用户对多元文化和旅游体验的需求。长期以来，VR文旅项目面临的挑战包括体验真实性不足、沉浸度不够、互动性欠缺以及内容不够吸引人等，往往使这类项目的体验价值大于其商业价值，导致愿意重复消费并传播好评的用户较少。然而，《风起洛阳》VR全感剧场通过激活用户的听觉和嗅觉等感官，突破了物理空间限制，为用户提供了一种更加真实的场景互动体验。① 这是全球首个VR全感·跨次元互动娱乐项目，VR与实景相融合，在剧情体验过程中加入换装、观看真人演绎部分，同时也借助VR让玩家进入"平行宇宙"，化身故事的主角，体验者扮演不良人，与故事中的人物百里二郎一起，阻止反派春秋道欲于神都洛阳的燃灯大典上在牡丹楼利用"火凤降世、神都倾覆"的流言颠覆政权的企图。观众熟悉的故事背景、人物、情节与内涵被融入虚拟现实空间，与实景布景一起，为VR体验者带来"叠加宇宙"的体验效果。这种以叙事体验为目标、以技术为载体，进行虚拟现实影像的商业开发、设计与创新的模式不仅增加了用户的参与度和消费意愿，还成功地建立了一个沉浸式文旅的商业模式，促进了消费循环的形成。

（三）以虚拟内容赋能线下实体，推动旅游目的地转型升级

在文化和旅游领域，网络文学、影视娱乐IP与旅游目的地结合已被证明是一条数字文化产业赋能旅游线下实体经济发展的有效路径。《风起洛阳》VR

---

① 徐小棠：《〈风起洛阳VR〉：虚拟现实影像的应用创新》，《当代动画》2024年第1期。

全感剧场在剧集 IP 基础上进行改编和延展，利用洛阳深厚的文化遗产和丰富的历史资源，精准再现了神都夜色、城楼风貌、天堂大佛等壮观景象，为参与者提供了一种仿佛穿越至大唐时期洛阳的体验。在科技驱动下，《风起洛阳》VR 全感剧场通过运用虚拟现实重定向技术，在有限的空间内营造出高空行走等独特感受，使参与者能够直观体验到洛阳古城的盛况及传统文化的魅力。在体验过程中，游客可以身临其境地体验强弩杀敌、运河漂流、闹市奔袭、高空悬桥、俯瞰神都等"名场面"，在 21 世纪的大都市中心穿越回 1300 多年前的神都洛阳，完成一次惊心动魄的奇幻之旅。

《风起洛阳》VR 全感剧场实现了"沉浸戏剧+VR+IP"的结合，在 VR 行业内尚属首次。通过对实景空间的扩容和充分利用，《风起洛阳》VR 全感剧场借助 VR 内向外追踪技术，使玩家在有限的空间中也可以实现在虚拟空间中无限行走，随着剧情走向自如切换到不同场景中；马车、木鸢、电梯等多种载具体验与喷雾、风感、热感装置模拟的水、风、爆炸等环境体验，让用户的感官体验从平面转为立体。此外，体验场地也"复刻"了剧情场景，高度拟真的环境令观众仿佛置身神都洛阳，与故事本身融为一体，加深了其对目的地的文化体验与对影视 IP 的叙事体验。

《风起洛阳》VR 全感剧场的设计兼具传统文化的精彩呈现与现代娱乐元素如虚拟现实、探险游戏等，这种文化与科技的融合开创了线下娱乐的新典范。目前，全国各地正积极探索融合虚拟与现实的方法，旨在开发数字化的文旅产品、新型业态以及新的体验场景。采用现代科技手段激活城市文化遗产，扩展文化内容的数字化传播渠道，创建沉浸式、高质量的智能文化旅游产品，已成为推动文化与旅游深度融合发展的关键。

三 挑战与制约：洛阳文旅创新之路的阻碍

（一）历史文化保护与现代化发展平衡的挑战

作为承载着深厚历史文化的城市，洛阳的文旅创新之路面临重重挑战。首要之务在于如何在保护历史文化底蕴的同时实现开发与创新的和谐共生。历史文化资源的保护与传承无疑是文旅创新的重要基石，但过度商业化可能对这些

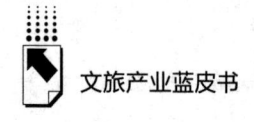

宝贵资源造成不可逆的损害。因此，如何在保护历史文化的基础上推动文旅产业的可持续发展，成为洛阳文旅创新面临的关键问题。

目前，洛阳在文化IP的打造上尚处于初级阶段。多数文化资源开发仍聚焦于历史遗存的发掘、保护和修复，缺乏如《风吹洛阳》般深入人心的创意挖掘与科技创新。同时，文旅产品多侧重于传统历史文化的展示，缺乏创意与特色，使洛阳在与其他历史文化名城的竞争中难以凸显独特文化品牌，难以吸引更多游客的目光。在现代旅游业中，科技已成为提升旅游体验和服务质量的核心要素。然而，洛阳在文旅创新中对科技的应用相对较少，缺乏有创新性和科技含量的产品，在旅游体验和服务方面难以与先进城市抗衡。在文旅创新过程中，市场化和产业化思维不可或缺。然而，洛阳在文化资源开发上过于强调保护和传承，而忽视了市场需求和产业化的可能性，这无疑限制了其文旅创新的深度和广度，导致洛阳的文旅产品难以适应市场的变化，文旅产业难以实现可持续发展。

因此，洛阳在文旅领域的创新和发展受到制约。缺乏创意和特色的文旅产品难以形成具有强大吸引力的文化品牌，难以在激烈的市场竞争中脱颖而出。同时，缺乏科技含量和市场适应性的文旅产品也难以满足游客日益多样化的需求，难以提升洛阳的旅游形象和知名度。洛阳急需将文化IP升级到以无限创意和科技创新为主要驱动力的2.0版本。这意味着洛阳需要在文旅创新中加大创意挖掘和科技创新的力度，开发具有独特性和科技含量的文旅产品。同时，洛阳还需要注重市场需求和产业化的可能性，将文化资源转化为具有市场竞争力的旅游产品，推动洛阳文旅产业的持续健康发展。

（二）科技创新与文旅融合的难题

提升洛阳文旅产业竞争力的核心，无疑在于实现科技与文旅的深度融合。尽管洛阳市政府及相关部门高度重视文化和旅游发展，但在新技术、新业态、新模式开发利用方面仍有提升空间，科技创新与文旅融合并非一帆风顺，而是面临诸多挑战，特别是在场景叠加与场景参与方面仍有待于进一步提升和优化。

近年来，洛阳在沉浸式旅游方面取得了显著的进展，游客可以在特定的场景中深入体验历史文化，仿佛穿越时空与古人对话。然而，仔细观察不难发现，现有的沉浸式旅游项目大多局限于单一的场景设计。这些场景虽然精美绝伦，但彼此之间缺乏有机的联系和叠加，游客难以形成连续、深入的沉浸式感受。游客在游览过程中，往往只是从一个场景跳到另一个场景，而无法将这些场景串联起来，形成一个完整、生动的故事或体验流程。现有的互动方式也多为单向的"投喂"模式。在这种模式下，游客只能被动地接收信息，而无法与场景进行深度互动，更无法与其他游客进行有效的交流和分享。这种单向的互动方式不仅限制了游客的参与度和体验感，也使整个旅游过程缺乏趣味性和互动性。

（三）文旅融合专业及复合人才短缺

2023年起，洛阳的旅游业在吸引游客方面取得了显著成效，特别是旅游市场的蓬勃发展以及洛阳汉服文化的广泛传播使洛阳频繁成为热门搜索话题，吸引了全国各地的游客慕名而来。然而，作为一座拥有丰富历史文化遗产的城市，洛阳的文旅融合专业及复合人才极其缺乏。其中以洛阳导游人才短缺问题最为突出。这一状况限制了接待能力，进而影响了游客的体验质量。导游人才缺口使部分外来人员试图填补这一空缺，但他们通常缺乏有针对性的培训和对景点的深入了解，导致部分非本地导游提供的信息存在误差，这不仅误导了游客，还可能对洛阳的城市形象造成负面影响。除了导游数量不足，服务质量和专业水平的不一致也是一个值得注意的问题。特别是在疫情防控期间，由于长时间没有接待游客，部分导游的业务变得生疏，且对于新开放或更新的文化景点（如隋唐大运河文化博物馆和洛阳古墓博物馆等）缺乏知识更新，从而影响了服务的专业性和质量。除了导游人才缺失，专业及复合人才的紧缺也成为洛阳旅游业发展的一大瓶颈。

当前，洛阳需要的是那些既了解历史文化，又精通现代旅游经营管理，同时能够熟练运用科技手段提升游客旅游体验的复合型人才。这种人才不仅需要有深厚的人文历史知识，能够准确解读洛阳丰富的文化遗产，还需要具备市场运营能力，能够设计符合市场需求的旅游产品。此外，随着科技在旅游行业中应用的日益普及，这类人才还需具备一定的科技知识，能够把虚拟现实（VR）、增强现实（AR）、大数据等现代科技手段应用于文旅产品的开发和营销中。

四 "科技+影视IP"融合策略：文旅创新的实践路径

在当前文旅市场，随着云旅游、沉浸式体验和非物质文化遗产体验等新模式的涌现，如何创造新的旅游场景、提供丰富体验，并开发新消费模式以推动文旅产业增长成为关键议题。旅游者对体验质量和个性化服务的需求日益增长，智慧旅游和沉浸式产品在假期旅游中成为热门。新兴技术如5G、AI和云计算的应用，促进了数字游戏、虚拟现实展览等产品的发展，为用户提供了更多选择。因此，加强科技在文旅领域的应用正成为推动产业创新的关键。政府和企业正转向开发创新产品与服务以深化旅游体验的数字化发展之路。

（一）整合精品影视IP资源

洛阳的很多历史文化资源可以通过现代传播手段和创意进行影视IP的转化，创造具有吸引力的影视作品，加以科技赋能，延续甚至超越《风起洛阳》的影旅联动成果，进而推动文旅和经济发展。

因此，首先应该深入研究历史文献、民间故事和传说，寻找有潜力被开发成影视IP的故事和人物。充分利用洛阳的文化遗产，如龙门石窟、白马寺等，这些不仅是可以成为拍摄地的宝贵资源，也是塑造故事背景的重要元素。还需要整合现代叙事手法，将传统故事与现代叙事手法相结合，通过现代视角重新解读传统故事，或者将传统故事情节融入现代背景。开发不同形式的影视作品，包括电影、电视剧、网络系列剧、动画等，满足不同受众群体的需求。例如，刘秀开创了"光武中兴"，但至今尚未有以刘秀为主题的大型历史连续剧。作为一名在军事和政治领域皆留下显著成就的君主，刘秀的历史地位和传奇故事并不逊色于其他常被影视作品所青睐的帝王。

影视作品不仅能提升历史人物的知名度，还能作为城市历史文化的传播者对现代城市的文旅发展起到推动作用。因此，可以以汉光武帝刘秀为核心，由洛阳牵头创作一部以东汉初年洛阳城为背景的大型历史正剧《光武中兴》，通过叙述该时期的故事为这座古都注入新的活力。借助剧组留下的拍摄场景建立影视基地，开发相关的旅游体验项目，不仅能为当地创造众多就业机会，还能为将"影视+文旅"模式进一步转化提供可能,实现从"文化元素"到"消费元素"的转换。"影视+文旅"模式对洛阳的借鉴意义重大。

(二)科技融合转化创新

在新技术集群环境下,IP 影视化开发出现了新方式、新平台和新变化。利用 5G、大数据、人工智能等新技术,可以优化 IP 影视化开发过程,提高影视作品的质量和观众的观看体验。针对市场情况,借鉴《风起洛阳》项目的转化模式,通过科技手段赋予影视 IP 新的生命力,实现其向线下实体的转化。因此,可以依托前沿的数字孪生技术和人工智能技术推动景区全域时空大数据的融合。打造数字文旅联合实验室,通过动作捕捉技术、实时绿幕抠像技术、光学空间定位系统、面部捕捉技术以及 AI 能力等多种先进技术,让游客能够一键生成属于自己的电影级画质大片,实现未来旅游的空间与场景的虚实结合。这一过程可以为影视作品提供新的展现形式,也能为旅游目的地的转型与升级提供强大的动力。通过这样的融合,可以创造出更加丰富多元的旅游体验,吸引更多游客,从而促进洛阳文化和经济的繁荣发展。

除此之外,还需要强化品牌建设与营销,围绕洛阳的影视 IP 建立强有力的品牌形象,以故事背后的文化意义和情感价值增强品牌的吸引力。利用社交媒体、网络平台、文化旅游活动等多种渠道进行营销推广,提升影视 IP 的知名度和影响力。以影视作品中的场景和故事为背景开发相关的旅游产品和体验活动,如影视主题乐园、实景游览、主题餐厅等。开发与影视 IP 相关的文化创意产品,如衍生商品、纪念品等,拓宽收入来源。在这个过程中,加强合作与交流,与影视制作公司、旅游机构、文化产业园区等建立合作关系,共同推进影视 IP 的开发和利用。

(三)强化人才支撑

洛阳高等教育机构的人才基础对于该市的文旅发展和科技革新起着至关重要的作用。可以通过激励高校、研究所与当地企业开展合作,共同推进科学研究、技术开发及人才培育,尤其是在文化旅游和科技创新等关键领域,校企结合是非常必要的。此外,优化人才培养模式,在高等教育机构中设置与洛阳的历史文化、旅游管理、数字创意等领域相关的专业和课程,培养出能够满足地

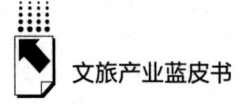

方发展需求的多技能人才对文旅产业创新发展至关重要；鼓励学生参与实践项目和社会实践活动，如文化遗产保护、文化旅游产品开发等，也是提升实践经验的重要途径。通过提供优惠政策、生活福利及职业发展机会，吸引外地优秀人才到洛阳工作与生活。建立高等学府与地方政府之间的信息交流机制，确保教育培养方向与地方产业需求紧密结合。创建创新创业孵化中心，向大学师生提供创业指导、资金支持和市场拓展服务，特别是鼓励那些与洛阳文旅产业紧密相关的创新项目的发展。举办创新创业竞赛，激发学生的创新精神，促进优秀项目的孵化与执行。通过这些措施，洛阳能够充分利用和发展本地高校人才资源，为城市的可持续发展注入强劲动力，从而在文旅和科技创新领域取得更加显著的成就。

结　语

通过整合影视 IP 资源和科技创新，洛阳不仅能够更有效地保护和利用其历史文化遗产，还能在增强游客体验、拓宽文化消费市场以及促进文化创意产业发展等多个维度上实现突破。未来，洛阳需进一步深化"科技+影视 IP"的融合应用，加大投资力度，优化政策环境，同时培育和吸引更多创新人才和团队，以驱动文旅产业的持续创新和高质量发展。通过不断探索和实践"科技+影视 IP"赋能模式，洛阳有望在新时代背景下重塑其文旅品牌形象，实现经济社会发展的新跨越，为全球文旅产业的创新与发展贡献中国智慧和中国方案。

B.18 影视作品引领陕西传统文化旅游热潮：从《长安十二时辰》到《长安三万里》

李建亮 封奥 武锐*

摘　要： 近年来，影视作品在促进传统文化传播和旅游热潮的激发上扮演了日益显著的角色。以陕西为例，本文深入探讨了《长安十二时辰》与《长安三万里》两部影视作品如何引领陕西传统文化旅游的热潮，以及旅游业如何对影视作品产生反哺效应。影视作品通过精心还原历史场景、展现地域特色文化、塑造鲜明的人物形象等方式为观众提供了深入了解陕西传统文化的途径。这些作品不仅吸引了大量观众的关注，更激发了他们对陕西历史文化的浓厚兴趣，从而极大地推动了陕西旅游业的蓬勃发展。旅游业的兴盛也为影视作品带来了积极的影响。一方面，旅游业为影视作品提供了丰富的拍摄资源，有助于影视作品在质量和观赏性上实现更高水平的提升；另一方面，旅游业的繁荣也为影视作品的宣传和推广提供了强有力的支持，进一步提高了影视作品的影响力和知名度。本文总结了影视作品与旅游业之间的良性互动关系，并强调了在推动传统文化旅游热潮方面，应进一步加强影视作品与旅游业的合作与交流，以实现双方的共赢发展。

关键词： 陕西文旅　《长安十二时辰》　《长安三万里》

引　言

随着社会经济水平的发展以及人们生活水平的提高和对精神层面消费的追

---

* 李建亮，澳门科技大学数字媒体在读博士，研究方向为数字媒体；封奥，哈尔滨师范大学戏剧与影视学硕士，研究方向为电视策划；武锐，上海大学新闻传播学院网络与新媒体专业本科生在读，研究方向为智能传播、粉丝文化等。

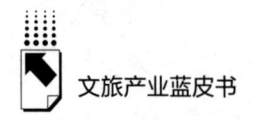

求,文化旅游逐渐成为人们休闲度假的重要选择。2023年陕西旅游业强劲复苏:前三季度,全省接待国内旅游人数58609.76万人次、国内旅游收入5283.95亿元,分别同比增长74.57%、109.37%;长安十二时辰主题街区3.0版推出一系列更丰富、更精彩的沉浸式体验吸引游客邂逅"唐潮"。中秋、国庆假期,长安十二时辰主题街区接待游客6.4万人次。①

影视作品作为文化传播的重要载体,在推动文化旅游热潮中的作用日益凸显。陕西作为中华文明的发祥地之一,拥有丰富的历史文化资源。近年来,陕西通过影视作品的呈现成功吸引了大量慕名前来体验中华传统文化的游客。

(一)影视作品与旅游业的关联

当前人们日益注重精神生活质量的提高,旅行成为人们休闲娱乐、文化体验的重要方式。而影视作品作为一种直观生动的文化传播媒介,逐渐成为影响旅游选择、决策的一大因素,近年来在推动旅游业发展方面展现出了显著的作用。

影视作品通过其丰富的故事情节、精美的画面和动人的音乐,能够从多种感官维度激发观众对旅游目的地的浓厚兴趣和向往。例如,《长安十二时辰》和《长安三万里》等多部以陕西为背景的影视作品成功地吸引了大量游客前往西安体验我国的唐代文化。影视作品中的情节和场景往往与旅游目的地的特定元素紧密相连,这些元素通过影视作品的凸显和传播强化了旅游者的旅游动机。观众在观看影视作品时,会将自己带入作品中,进而产生前往作品背景地旅游的冲动。而当观众作为游客前往旅行地时,他们会将观影时的沉浸感外化,进而能够更好地体验旅行地的人文景观。

影视作品作为大众文化的重要组成部分,具有极高的传播力和影响力。一部成功的影视作品往往能够迅速提升旅游目的地的知名度,使其成为热门旅游目的地。例如,2023年底电视剧《繁花》热播后,剧中场景、美食等的关注度都随之飙升。和平饭店旅游搜索热度环比上涨415%,上海南京路步行街旅游搜索热度环比上涨73%。有外卖平台发布数据显示,《繁花》开播一周后,

---

① 《陕西:文旅融合光景新》,陕西文化和旅游厅,2023年12月30日,http://whhlyt.shaanxi.gov.cn/content/content.html?id=18555。

排骨年糕的搜索量就暴涨近7倍,订单量环比开播前一周暴涨237%。① 又如,2023年初电视剧《去有风的地方》首播后,在观众群体中掀起了一股追剧热潮。"今年春节一起来云南旅游""跟着许红豆吃大理鲜花饼"等相关热门话题也随电视剧的播出席卷全网,推动了云南文旅的发展。云南省文化和旅游厅发布的相关数据显示,2023年春节云南文旅市场创历史新高,全省共接待游客4514.61万人次,旅游总收入384.35亿元,同比增长249.4%,排名全国第一。②《非诚勿扰》系列电影的取景地西溪湿地也随着电影的热播声名大噪。影视作品在塑造旅游目的地形象方面也具有独特的优势,能够通过精心设计的镜头、构图、服装道具等元素生动地展现旅游目的地的自然风光、人文景观和文化底蕴,塑造出正面的、具有强吸引力的旅游目的地形象,从而提升游客观览兴致以及体验满意度。

影视作品中的故事情节往往能够与相关旅游产品进行联动设计,为旅游产品设计赋能。例如,一些旅游目的地会根据影视作品中的场景设计主题旅游线路、打造特色旅游项目以及保留打卡地等,满足受到影视作品影响前来的游客的个性化需求,这不仅丰富了旅游产品的种类、深化了其内涵,同时也提升了旅游目的地的竞争力以及经济价值。随着影视作品对旅游业的影响日益加深,旅游业自身也需要不断进行转型升级,并积极与其他产业融合发展,形成多元化的产业链条和产业集群。这种优化调整也有助于提升旅游业的附加值和竞争力,从而增强影视作品和旅游业的联系,以实现影视作品与旅游业的共赢发展。

(二)西安作为历史文化名城的吸引力

西安,古称长安,是中国古代文明的发源地之一,也是世界上历史文化资源最为丰富的城市之一。它曾是十三朝古都,见证了中华文明的演变和发展,特别是唐朝都城这一历史背景赋予了西安唐朝独特的文化魅力。从秦始皇陵兵马俑到大雁塔,从钟楼到鼓楼,这些古迹不仅展现了西安深厚的历史文化底蕴

---

① 《从"影视+文旅"到文旅微短剧,一部作品带火一座城!》,"山西文旅新媒体"微信公众号,2024年1月19日,https://mp.weixin.qq.com/s/cGEUehupvqSwUFAgOZJIyw。
② 《绿维文旅:旅游微短剧,风口上,景区如何飞起来?》,新浪网,2024年1月25日,https://news.sina.com.cn/sx/2024-01-25/detail-inaetqea1168637.shtml。

和文化魅力，也吸引着全球的游客前来探寻历史的足迹。除了悠久的历史和深厚的文化底蕴外，西安还拥有丰富的旅游资源。无论是自然景观还是人文景观，都各具特色、引人入胜。此外，西安的美食文化也具有极大的吸引力。西安的美食以口味浓郁、风味独特而著名，如肉夹馍、羊肉泡馍、凉皮等，让游客在品尝美食的同时，也能感受到当地的文化气息。同时，西安还是中国重要的科研和教育基地，拥有众多知名的高等院校和研究机构。这为游客提供了深入了解中国科技和教育发展的机会，也为当地的文化交流和发展提供了重要的支持。

西安在旅游服务以及旅游公共设施建设方面也采取了诸多措施，如加强旅游市场监管、积极建设旅游服务设施、完善旅游服务体系等，为游客提供了更加温馨、便捷的旅游环境。这种优质的服务保障意识以及优质的服务保障进一步增强了西安作为旅游目的地的竞争力。

（三）《长安十二时辰》和《长安三万里》的影视影响力

作为以唐朝长安为背景的作品，《长安十二时辰》和《长安三万里》的热播带动了西安文化旅游业的发展。携程机票数据显示，在2019年6月《长安十二时辰》播出后，次月3日至11日，飞往西安的机票搜索量同比上涨130%，峰值时段同比增幅超过200%。[1] 马蜂窝旅游网《2019西安旅游攻略》数据显示，《长安十二时辰》播出一周后，西安旅游热度上涨22%。[2] 而《西安日报》就该影视剧与西安旅游相关性进行抽样调查发现，有42%的游客受热播剧影响前往西安，有15%的游客甚至就是想打卡影视同款一睹想象中的长安。[3] 与影视剧相关的历史文化类景点，如陕西历史博物馆、大唐芙蓉园、永兴坊、华清宫、大明宫国家遗址公园等，流量与人气节节攀升。这不仅增加了西安的旅游收入，也提升了西安的知名度和美誉度，展现了西安的历史文化

---

[1] 《〈长安十二时辰〉仅播出一周 西安旅游热度就上涨了22%》，搜狐网，2019年7月11日，https://www.sohu.com/a/326124083_804216。
[2] 《马蜂窝大数据：〈长安十二时辰〉热播，西安旅游热度上涨22%》，"中国旅游协会"微信公众号，2019年7月8日，https://mp.weixin.qq.com/s/kqzS4wEr1lSOU1DauHLqIg。
[3] 《从〈长安十二时辰〉看城市旅游营销"套路"，你看懂了吗？》，"凤凰网旅游"微信公众号，2019年9月10日，https://mp.weixin.qq.com/s/onTocEsOYBCNpxFylR6HlA。

影视作品引领陕西传统文化旅游热潮：从《长安十二时辰》到《长安三万里》

和古都风貌。许多游客因为受到影视剧的影响，对西安产生了浓厚的兴趣，纷纷前来体验剧中的场景和感受古都的文化魅力。2019年7月携程对近千名网友进行的随机调查显示，在已经前往西安的游客中，有42%表示此次到西安旅游是受到了热播剧的影响，《长安十二时辰》70%的观众期待能跟着作者马伯庸游览西安。[①] 这给西安的旅游业带来了重要的增长点。

此外，两部作品通过不同的艺术形式和表现手法展现了丰富的文化内涵。它们不仅传承和弘扬了传统文化，也引发了对陕西历史文化的关注和探讨。随着影视作品的热播，越来越多的人开始关注陕西的历史文化，探究其深厚的历史底蕴和丰富的文化遗产。这对于陕西的文化传承和发展也产生了积极的影响。

一 《长安十二时辰》的影视魅力

（一）电视剧中的西安元素

《长安十二时辰》中的故事发生在大唐时期的长安城，也就是现在的西安，所以剧中有很多西安元素。该剧通过细致入微的场景和服装道具再现了盛唐时期的长安风貌，包括建筑、街景、市民生活等。剧中出现了很多西安的地标建筑，如大雁塔、钟楼、鼓楼等。这些建筑是西安历史文化的象征，也是游客必游的景点。剧中出现了一些西安特色的美食，如肉夹馍、凉皮、羊肉泡馍等。这些美食都是西安的代表性小吃，也是吸引游客的重要因素之一。该剧还展现了一些西安的民俗文化，如华阴皮影、秦腔等。这些文化元素是陕西地区的宝贵文化遗产，也是吸引游客的重要资源。《长安十二时辰》为观众提供了一个了解西安的窗口。

（二）丰富的文化内涵与深刻的主体思想

《长安十二时辰》不仅仅是一部古装悬疑剧，更是一部展现唐代文化、传承民族精神的力作。该剧通过大量的历史细节和文化元素，如唐代建筑、妆容、礼仪等，向观众展示了唐代长安的繁荣景象。同时，剧集还通过小人物在

---

① 《〈长安十二时辰〉带火西安旅游 7月以来旅游人数增长106%》，"文化陕西"微信公众号，2019年7月26日，https://mp.weixin.qq.com/s/Gs95jt9Ts6pywpFS3W02CQ。

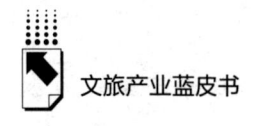

大时代下的坚守情怀展现了民族文化自信和家国情怀。这种深刻的主题思想不仅引发了观众的共鸣和思考，也为陕西传统文化旅游热潮的兴起提供了重要的精神支撑。《长安十二时辰》的热播不仅提升了陕西文化的知名度，还推动了影视与旅游的融合。该剧对长安城的详细描绘和生动再现激发了观众对这座古都的好奇心和探索欲。影视剧丰富的文化内涵与深刻的主题思想不仅促进了陕西文化旅游业的发展，也为观众提供了更加丰富且多元的精神文化旅游内涵。

（三）电视剧对西安旅游的推动作用

作为一部以唐代长安为背景的电视剧，《长安十二时辰》通过精彩的剧情和精美的画面向观众展示了历史悠久、文化底蕴深厚的西安形象，从而提高了西安的知名度，吸引了更多游客前来一探究竟。剧中展现的唐代长安城以及西安的民俗文化、历史遗迹等，都成为游客关注的焦点。这促使西安进一步挖掘自身的文化资源，发展文化旅游，为游客提供更多元、更有深度的旅游体验。

《长安十二时辰》的热播不仅吸引了游客前来参观景点，还促进了西安的其他旅游消费。游客在西安的餐饮、住宿、购物等方面的消费都有所增加，为西安的经济发展带来了实实在在的好处。随着游客数量的增加，西安需要进一步提升自身的旅游服务水平，包括景区的设施完善、服务人员的专业培训等。这有助于提升游客的满意度，增强西安旅游的竞争力。《长安十二时辰》不仅在国内热播，还在日本、新加坡、马来西亚和越南等国家播出，并成为首部在Viki、Amazon等北美视频网站上可付费观看的中国电视剧，为提升西安在国际旅游市场的知名度，吸引更多国际游客前来游览作出了贡献。

（四）游客的反馈与评价

长安十二时辰主题街区与电视剧《长安十二时辰》的共同点在于它们都以"长安"和"十二时辰"为文化基础，注重还原唐朝时期的长安城风貌，并致力于为游客提供沉浸式的文化体验。

具体来说，两者都以唐朝文化和历史为背景，通过建筑、服饰、饮食等方面再现了唐朝时期的长安城。在建筑风格上，两者都注重还原唐朝建筑的风格和特点，如大唐西市的主题街区内的建筑均为仿唐风格，且在室内设计上也力求还原唐朝的装饰风格。此外，两者还通过各种活动和表演让游客亲身体验唐朝时期的生活和文化。

另外，两者都非常注重细节和品质，力求为游客提供最好的文化体验。电视剧《长安十二时辰》在服装、道具、场景等方面都非常考究，力求还原唐朝时期的风貌。而长安十二时辰主题街区也通过各种手段，如室内装饰、灯光效果等，营造出浓郁的唐朝氛围，让游客能够身临其境地感受唐朝的生活和文化。

长安十二时辰主题街区已成为整个西安乃至全国最热门的文旅景区之一，2022年"五一"期间全网曝光量突破2亿大关；以超过2亿的传播互动总数冲上抖音全国热榜第4位；单条视频最高播放量超过3200万，以超过83万的点赞数量长时期占据抖音本地热榜Top1；同时登上西安景点种草Top1，微博登上同城热搜榜Top1，全网互动量超过5000万。①

游客在游历过后对长安十二时辰主题街区的评价整体较好，认为这是一个集娱乐休闲、科技互动、文化体验于一身的潮流打卡地。街区内有非常多的摊点，内容丰富、极具特色，可以让人沉浸式体验盛唐风景、市井文化。然而，也有游客提到该街区人流量很大，特别是在节假日和周末，有时候会影响游览体验。此外，一些游客认为街区内的部分设施和项目需要进一步优化和完善，以提高游客的满意度。

二 《长安三万里》的动画影响力

（一）票房与口碑的双重成功

《长安三万里》是一部以唐朝为背景的历史动画电影，讲述了安史之乱后整个长安因战争而陷入混乱，身处局势之中的高适回忆起自己与李白的过往的故事。影片最终票房达到18.24亿元，成为中国电影史上动画电影票房第二名，并斩获包括第36届中国电影金鸡奖最佳美术片在内的多项大奖。这一成绩不仅验证了影片的质量，也证明了其在市场中强大的号召力。

影片融合了许多元素，包括诗词、音乐、绘画、战争、友情等，展现了唐

---

① 《"长安十二时辰"沉浸式主题街区爆火，背后都暗藏了哪些玄机?》，"文化旅游界"微信公众号，2022年5月24日，https://mp.weixin.qq.com/s/TBF3fFRaG2EvkCfJQtRi8Q。

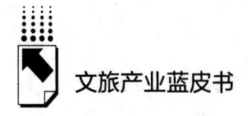

朝的辉煌文化和历史。其中，李白和高适的诗词作品被巧妙地融入剧情中，成为推动故事发展的重要线索。同时，动画中的音乐采用了古典乐器演奏，如古筝、琵琶、二胡等，营造出浓郁的古风氛围。此外，动画中的场景和人物形象也得到精美的绘画表现，展现了唐朝的辉煌和美丽。

《长安三万里》以史诗般的创作手法呈现唐诗的浪漫与大唐的风貌，生动地展现了唐朝的历史和文化，同时呈现了一个感人至深的故事，让观众认识到不一样的唐朝诗人。

（二）文化传播新模式

《长安三万里》在文化传播方面开创了新的模式，通过动画这一形式将盛唐时期的诗歌、文化、历史等生动地呈现给观众。影片中的诗歌展现不是文字的简单堆砌，而是通过视觉和听觉的双重冲击让观众感受到诗歌的魅力和历史的厚重。影片的宣发策略也颇具创意，通过"血脉觉醒"的新文化宣传模式，精准定位10岁以上青少年作为核心观众，并逐步辐射到更广泛的观众群体。这种宣发模式不仅提高了影片的口碑，同时还联动文旅的教育功能激发了受众群体对传统文化以及历史名城的兴趣和好奇心。

（三）带动陕西传统文化旅游热潮

《长安三万里》不仅让观众在银幕上领略了盛唐的繁华与诗歌的魅力，还通过一系列路演活动将影片的宣传与城市文旅相结合。《长安三万里》所展现的长安城以及唐朝文化，与陕西文旅产业形成了有机关联。这不仅提高了陕西文旅的知名度，也为游客提供了一种全新的、深入的旅游体验，促进了文旅产业的发展。据悉，《长安三万里》上映后10天，西安餐饮业中省外游客到店堂食订单同比增长387%，住宿业中省外游客到西安酒店和民宿的订单量同比增长339%，省外游客门票订单量同比增长28倍。① 飞猪数据显示，当月，西安相关的线路游及一日游等度假商品的预订量环比增长165%，西安市内博物馆门票销售额环比增长279%，西安的酒店预订量比上一年同期增长83%，其

---

① 《〈长安三万里〉拉动西安旅游爆发式增长，省外游客门票订单量同比增长28倍》，新浪网，2023年11月9日，https://finance.sina.com.cn/hy/hyjz/2023-11-09/doc-imztypns0425341.shtml。其

中高星酒店预订量增长1.5倍以上。①

《长安三万里》作为一部具有深厚文化底蕴的动画电影，不仅在票房和口碑上取得了双重成功，更在文化传播和旅游带动方面产生了深远的影响。其通过创新的宣发模式和精准的受众定位打破了传统动画电影的受众界限，让更多人感受到了传统文化的魅力。影片还通过一系列文旅活动带动了陕西文化旅游热潮，为当地经济发展注入了新活力。

三　影视作品与陕西文旅深度融合

（一）影视作品对陕西文旅的推动作用

《长安十二时辰》作为一部高度还原唐代风貌的古装悬疑剧，通过其精湛的制作和紧凑的剧情将长安这座古都的繁华景象和历史文化生动地展现在观众面前。该剧的热播不仅提升了西安的文旅热度，还提升了相关历史文化类景点的游客量。

《长安三万里》则以动画电影的形式将大唐史诗和诗人故事进行了创新性的呈现。影片通过对唐诗作品和诗人故事的生动演绎，不仅让观众深刻体会到诗人的创作心境，还唤醒了人们对诗词文化的情感共鸣。影片结尾的"只要诗在，长安就会在"不仅仅是对诗词文化的肯定，也是对陕西文旅的深情呼唤。

（二）影视作品与陕西文旅的深度融合机制

影视作品作为重要的文化 IP，具有强大的吸引力和传播力。陕西文旅产业通过深入挖掘和运用 IP 效应，成功打造了多个文旅项目。例如，《长安十二时辰》的热播带动了长安十二时辰主题街区的建设，该街区通过还原唐代风貌和场景为游客提供了身临其境的独特文化体验。

文旅融合是当前旅游发展的重要趋势，影视作品与文旅产业的深度融合为

---

① 《快看!〈长安三万里〉场景在西安找到了！网友：看完电影直奔西安》，"华商网"微信公众号，2023年7月19日，https://mp.weixin.qq.com/s/xlgt4_ZCVTCOEFfEuDuI4w。

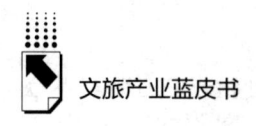

陕西文旅产业提供了新的动力。陕西文旅产业也通过创新实践将影视元素与旅游项目相结合，推出了多种新型旅游产品。例如，丝路欢乐世界以"丝路、欢乐、科技"为主题，将七大丝路风情主题街区与开放式主题乐园相结合，为游客提供了丰富的文旅体验。

影视作品不仅给陕西文旅产业带来了直接的经济效益，还通过其强大的传播力提升了陕西的知名度和美誉度。各地文旅部门充分利用影视作品的影响力，通过多元化的宣传与营销手段进一步提升了陕西文旅产业的竞争力。

四 陕西文旅发展的机遇与挑战

（一）影视作品带来旅游增长点

随着影视行业的繁荣发展，越来越多的影视作品选择在陕西取景拍摄，这为陕西文旅产业带来了巨大的发展机遇。影视作品通过其独特的视角和制作技巧将陕西的历史文化、自然风光和人文景观展现给观众，从而吸引了大批游客前来参观和旅游。例如，电视剧《长安十二时辰》的热播引发了游客对西安历史文化街区的关注，为陕西文旅产业带来了新的增长点。

然而，在获得影视作品带来的旅游增长点的同时，陕西文旅也面临一些挑战。一方面，需要加强与影视产业的合作，推动影视旅游的深度融合。需要与制片方、导演和演员等建立良好的合作关系，共同打造具有影响力的影视作品和旅游产品。另一方面，需要注重保护历史文化资源，避免过度商业化和破坏性开发。在发展影视旅游的同时，需要加强对历史文化遗产的保护和传承，确保文旅产业的可持续发展。此外，还需要加强市场营销和宣传推广，提高陕西文旅的知名度和吸引力，吸引更多游客前来参观和旅游。

（二）提升陕西文旅品牌形象

影视作品的联动可以有效提升陕西文旅品牌形象。以下是一些具体策略。

选取有影响力的影视作品：选择具有强大影响力和广泛观众基础的影视作品，如《长安十二时辰》《长安三万里》等，这些作品能够吸引大量观众，提高陕西的知名度。

突出陕西的历史文化特色：在影视作品中，强调陕西深厚的历史文化底蕴，突出长安城、秦始皇陵、兵马俑等知名历史文化遗产，展现陕西独特的文化魅力。

加强与影视产业的合作：与制片方、导演和演员等建立良好的合作关系，共同打造具有影响力的影视作品和旅游产品，同时为影视作品的拍摄提供场地支持，实现互利共赢。

制定营销策略：通过与影视作品联动，制定有针对性的营销策略，如以宣传海报、预告片、特辑等提高陕西文旅的知名度和影响力；同时，可以利用社交媒体等渠道开展线上互动活动，吸引更多观众参与。

推出特色旅游线路：根据影视作品中的场景和故事线推出特色旅游线路，为游客提供沉浸式的旅游体验，例如，可以让游客参观电视剧《长安十二时辰》的拍摄地，通过高度还原的场景和道具深入了解长安城的历史文化。

培训导游：加强对导游的培训和管理，使其能够为游客提供专业、翔实的解说服务，如导游可以结合影视作品中的情节和细节为游客提供更加生动有趣的解说，提高游客的满意度。

举办主题活动：根据影视作品的主题和特点举办相关的主题活动和节庆活动，吸引游客前来参与，例如，可以举办电视剧《长安十二时辰》的剧迷见面会、剧组重聚等活动，增加游客的互动感和参与感。

持续创新发展：不断推陈出新，持续创新发展，如可以与影视产业合作开发新的影视作品和旅游产品，满足游客不断变化的需求；同时，可以借鉴其他地区的成功经验，不断完善和提升陕西文旅品牌形象。

（三）应对旅游高峰期的挑战与策略

随着疫情防控措施的优化调整，人们出行的意愿空前高涨。客流量暴涨给景区的交通、食宿带来了巨大的压力，导致服务质量下降、导游讲解不足、餐饮住宿环境条件不佳等状况；部分热门景区人流密集，安全存在重大隐患，景区卫生打扫、垃圾清理、生态保护压力倍增。面对以上种种挑战，陕西文旅迅速制定相应举措，对旅游高峰期进行提前预测与规划，合理安排景区容量、交通运力等；提高导游讲解质量，提高餐饮住宿条件，确保游客在旅游过程中获

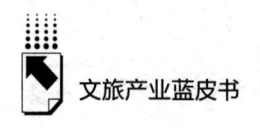

得良好的体验；加强景区安全管理，制定应急预案，确保游客安全；利用信息技术手段如智慧导览、智慧停车等提高旅游服务的智能化水平，进而提升游客满意度；采取措施减少对环境的压力，如增加垃圾处理设施、推广环保理念等；开发多样化的旅游产品以满足不同游客的需求，分散旅游高峰期的人流压力。

结　语

影视作品与旅游业的深度融合前景非常广阔，这种融合可以为双方带来诸多益处，并创造出更加丰富和吸引人的体验。影视作品可以通过生动的故事情节和视觉呈现将旅游目的地展现得更具吸引力。这种呈现方式不仅能够激发观众对旅游的兴趣和向往，还可以为旅游目的地塑造独特的品牌形象，提升其知名度和影响力。同时，影视作品中的场景和元素也可以成为旅游产品的重要组成部分，为游客提供更加真实和丰富的旅游体验。

旅游目的地可以借助影视作品的影响力吸引更多的游客前来参观和体验。通过与影视作品的合作，旅游目的地可以扩大自身的受众群体，增加游客数量和黏性。此外，影视作品中的演员效应也可以给旅游目的地带来更多的关注和话题，提升其吸引力和竞争力。影视作品与旅游业的深度融合还可以促进双方的创新和发展。通过合作开发新的旅游产品、打造独特的旅游线路和体验、开展跨界营销等方式，可以推动双方的业务拓展和升级。这种深度融合不仅可以为游客提供更加多元化和个性化的旅游体验，还可以为双方带来更多的商业机会和经济效益。

陕西是中国历史文化的重要发源地之一，拥有丰富的历史文化资源和深厚的历史文化底蕴，是多个古代王朝的都城所在地，这些历史时期的辉煌和成就为陕西增添了独特的魅力。陕西还拥有壮丽的自然景观，这些自然景观与人文景观相结合，为游客提供了多样化的旅游体验。随着旅游业的不断发展，陕西在旅游服务质量方面也进行了不断提升。从导游服务、餐饮住宿到交通设施等方面，都在努力满足游客的需求，提升游客的旅游体验。陕西省政府和社会各界高度重视对历史文化的保护和传承工作。通过加强文物保护、开展文化遗产研究、推广传统文化等方式，确保陕西的历史文化资源得以持续传承和发展。

影视作品引领陕西传统文化旅游热潮：从《长安十二时辰》到《长安三万里》

为了适应市场需求的变化，陕西不断推出新的旅游产品和线路，结合历史文化资源开发的主题旅游、体验式旅游等为游客提供了更加多元化和个性化的旅游选择。

在推动陕西文旅产业可持续发展方面，鼓励和支持影视制作机构以陕西的历史文化、自然景观和现代社会为背景创作更多高质量的影视作品，这些作品可以通过生动的故事情节和视觉呈现展示陕西的独特魅力和深厚文化底蕴，使更多观众对陕西产生兴趣，并激发他们前来旅游的愿望。在陕西建立影视拍摄基地，为影视制作提供便利条件的同时将这些拍摄基地打造成为旅游景点，吸引游客前来参观。此外，还可以将已有的旅游景点与影视元素相结合，推出更多与影视作品相关的旅游线路和产品，满足游客的多元化需求。促进影视产业与旅游产业的深度合作，共同开发旅游资源和影视资源。可以通过举办影视旅游文化节、推出影视旅游套餐等方式将影视与旅游相结合，提升旅游产品的附加值和吸引力。利用互联网和新媒体平台，如社交媒体、短视频等，积极推广陕西的影视作品和旅游资源。通过精心策划的营销活动吸引更多网友关注和参与，提升陕西文旅产业的知名度和影响力。加强影视与旅游相关专业人才的培养，为陕西文旅产业的可持续发展提供有力的人才保障。可以通过设立奖学金、举办培训班等方式吸引更多年轻人投身于影视与旅游事业，为陕西文旅产业的发展注入新的活力。

B.19
联动融合：澳门"影视+文旅"产业发展特征与路径研究

王毅萍*

摘　要： 随着"一带一路"建设及粤港澳大湾区发展等的深入，澳门充分发挥自身优势，融入国家发展大局，积极联动国内国外影视资源，搭建起多元化、多功能的国际旅游交流合作平台，全方位打开旅游市场。本文以2023年澳门影视和文旅产业为研究对象，运用产业经济学理论，系统梳理其影视文化资源赋能发展的主要特征及演变路径。研究发现，澳门文旅产业发展呈现地域差异缩小、产业联动融合加速、产业规模扩大的特点，打通影视和文旅结合的内容生产、运营宣发、配套服务等各个环节，形成了以"双促"发展为主轴的上、中、下游影视文旅产业链新范式。现有的"澳门取景"影视拍摄资金补助计划等政策对培育本土影视产业有非常重要的作用，但还不足以面对影视文旅行业激烈的市场竞争。当前发展中存在产业协同深度不畅、监管力度不够、各界参与广度不宽的问题需要解决，多产业协同融合共进、加大落实监管力度、扩展各界参与深度的方法能有效提升发展成效。管窥影视文旅产业发展的相关政策与演进特征，对于推动澳门文旅产业高质量发展，推动大湾区文化繁荣发展具有重要的理论和现实意义。

关键词： 澳门　影视产业　文旅产业　融合路径

引　言

澳门自古便是海上丝绸之路的重要门户，有悠久的历史文化和独特的地理

---

* 王毅萍，澳门科技大学人文艺术学院2023级博士研究生，湖北工业大学数字艺术产业学院副教授，研究方向为影视产业、影视理论与实践。

位置，是中西方文化交流集散地，也是中国与葡语系国家重要的交流窗口，在经济、社会、文化等方面均有诸多魅力和优势。旅游产业一直是其重要的经济支柱，2005年"澳门历史城区"被列为世界文化遗产，2017年澳门被评为"创意城市美食之都"，旅游产品内涵不断丰富，广受全球各地游客的喜爱，旅游业、酒店业、娱乐业等多业态文化融合发展模式成熟，建设世界旅游休闲中心一直是澳门文化旅游的重要内容。[1] 文化和旅游部公布的《国内旅游提升计划（2023—2025年）》中明确提出了"旅游"和"+旅游"的深度融合发展路径。澳门在"影视+文旅"产业发展方面有独特的路径，本文对澳门影视文化联动文旅产业的各个要素引领旅游经济的作用进行剖析，探讨2023年澳门将影视文化产业与文旅产业有效融合产生积极联动效应的所有行为，总结其发展路径。

一 澳门影视文化与文旅产业的融合发展

20世纪初，随着电影制片公司在洛杉矶西北郊陆续聚集，环球影城主题乐园在好莱坞影城的建成开启了影视与旅游产业融合的研究探索。20世纪90年代"影视旅游"的概念正式确立，Sue Beeton教授在 *Film-Induced Tourism* 一书中提出"Movie Induced Tourism"的概念[2]，并将该类旅游产品进行了分类。随后，"影视旅游"这一概念的内涵和外延不断扩展，目前国内外学者普遍认为影视旅游是运用影视有关的所有资源去吸引旅游消费的活动。[3] 本文认为"影视+文旅"产业是一种跨界融合业态，它将影视文化产业与文旅产业结合，深挖两者内涵，充分调动两者资源。与影视有关的所有文旅活动大体可以分为两类，即空间形式的和时间形式的。包括对电影电视剧作品中故事、人物、场景等影视文化内容进行文化创意再生产，并最大化从影视产品的各个方面来开发旅游市场，从而引领消费者产生旅游需求和消费行为；将两个产业进行深度融合开发，或通过短视频、短剧、电影、电视剧等具有旅游引导价值的影视作品的方式，或通过举办电影节、提供拍摄地等各类影视文化活动来活化旅游文化市场的方式。

美国经济学家William Nickels等认为："产品的属性是多样的，不拘泥于

---

[1] 中共中央、国务院：《粤港澳大湾区发展规划纲要》，2019年2月。
[2] S. Beeton, *Film-Induced Tourism* (Clevedon, UK: Channel View Publications, 2005).
[3] 刘滨谊、刘琴：《中国影视旅游发展的现状及趋势》，《旅游学刊》2004年第6期。

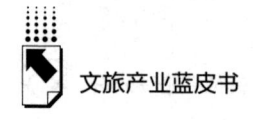

一种物品，思想、服务、政府规划、机构等均可以是它的形态。"① 从古朴典雅的庙宇、雕刻生动的巴洛克建筑、宁静清幽的郑家大屋到富丽堂皇的豪华酒店，无不彰显出澳门这座城市的中西方文化融合之美。澳门风格各异的城市景观吸引了众多影视作品制作方来此拍摄，具有良好的影视文化发展基础。此外，综合度假休闲企业提供了强有力的支持，具有世界各地特色的美食、精彩纷呈的民俗以及立足大湾区面向世界的区位特色，文化、旅游、体验一体化的文化旅游发展模式为澳门影视文化产业持续发展提供了助力。2023年，随着"一带一路"建设的发展，澳门特区政府和各机构深入挖掘文旅融合资源，积极借助"影视+文旅"优势吸引各方游客和投资者，全面助力文旅产业发展。澳门特区统计暨普查局公布的数据显示，随着超过2800万入境旅客人次带动旅游服务出口，2023年相比上一年生产总值增长80.5%，全年博彩服务出口同比上升343.7%，其他旅游服务出口同比上升127.9%。② 经济的显著增长与驱动城市文旅消费的各类文化产业提升路径有密切的联系，澳门正在努力促进经济适度多元发展，"影视+文旅"之路亦日益深化。

二 澳门"影视+文旅"产业的发展路径

澳门"影视+文旅"产业的发展路径与其他地区有相似性，但也有独树一帜之处，其不断探索"一国两制"带来的新机遇，文旅政策、合作机制灵活，面向世界推出适合不同类型游客的旅游措施、丰富的旅游产品、优质的旅游服务。总体来说，澳门影视文化产业与大湾区其他城市在产业规模、结构和发展程度等方面相比还处于较低水平，但其与文旅产业的结合度高，跨区域性强，内生与外延拓展产品众多，"影视+文旅"产业的发展模式相对成熟，是助推旅游经济发展的有效动力。

（一）依托大湾区区位优势，利好施政促复苏

2023年，国家及粤港澳大湾区为恢复经济颁布了多项利好政策。在外部

---

① William Nickels, Susan McHugh and Jim McHugh, *Understanding Business* (US: McGraw-Hill, 2015).
② 《2023年澳门经济普查》，澳门特别行政区政府统计暨普查局，2024年3月，https://www.dsec.gov.mo/zh-MO/Statistic?id=9。

环境方面，2月国务院联防联控机制综合组发布《关于全面恢复内地与港澳人员往来的通知》，调整出入境的防疫措施，澳门全面恢复通关，并更新了拱北、青茂、横琴三个口岸的通关设备。同月，文旅部发布《关于恢复旅行社经营内地与港澳入出境团队旅游业务的通知》，恢复了内地与香港、澳门团体旅游经营活动，促进了出入境团体游客的增长。11月发布的《澳门特别行政区经济适度多元发展规划（2024—2028年）》明确了"优、精、强"的综合旅游休闲业发展目标，通过"旅游+"的发展模式提振文旅产业。此外，港珠澳大桥通车，国际船运、航空的复航等支持措施使游客来往澳门更加便捷，有利于拓展国内外客源，激活文化旅游消费市场。

在"影视+文旅"方面，利用《广东省文化和旅游发展"十四五"规划》《粤港澳大湾区发展规划纲要》多地共建人文休闲湾区及横琴粤澳深度合作区的发展机遇，澳门特区政府推出文化体育及其他产业优秀人才计划和高级专业人才计划，于2023年2月20日起针对科研、杰出、文教、卫健、法律、其他六类符合条件的人才在粤港澳大湾区内地城市试点实施往来人才签注政策，以此促进粤港澳大湾区学术科研和文化交流活动建设，吸收和培养文艺人才来澳留澳。此外，澳门特别行政区文化局联合澳门文化发展基金推出"澳门取景"影视拍摄资金补助计划及"澳门元素"影视宣发资金补助计划；而横琴粤澳深度合作区经济发展局依据《横琴粤澳深度合作区推动文旅产业高质量发展三年行动计划（2023—2025）》目标，发布了《横琴粤澳深度合作区文旅产业发展扶持办法》。以上政策遵从人工智能时代媒介发展和传播特点，明确、具体地从内容创作、传播发行、观众口碑等方面给予了配套支持，为特色文化旅游商品研发、文旅交流活动以及发展澳门影视产业提供了政策和资金上的大力支持（见表1）。

表1　2023年澳门地区"影视+文旅"产业发展的主要支持政策

时间	部门	政策	具体内容
2023年5月	澳门特别行政区文化局	"澳门取景"影视拍摄资金补助计划	补助金额为申请项目在澳门进行拍摄取景工作预算支出的40%，上限为200万澳门元

续表

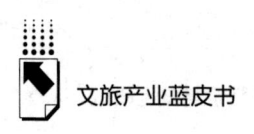

时间	部门	政策	具体内容
2023年5月	澳门特别行政区文化局	"澳门元素"影视宣发资金补助计划	资助金额为宣传发行预算支出的80%,上限为25万澳门元
2023年8月	横琴粤澳深度合作区经济发展局	《横琴粤澳深度合作区文旅产业发展扶持办法》	对电影正面体现琴澳题材或者主线讲述琴澳人物故事,在国内院线公映的,给予100万元的奖励;对电影镜头5次以上、每次展现时间超过5秒,且在片头或者片尾字幕中包含横琴或者澳门拍摄取景点名称,在国内院线公映的,给予第一出品方的企业或者机构每个城市形象镜头5万元、每部电影不超过50万元的奖励。对电视剧在央视、省级卫视播出的,给予100万元的奖励。对网络剧在爱、优、腾等国内重点网络平台上播映,点播量、网络评分在同时期网络影视作品中位居前10%的,给予第一出品方的企业或者机构50万元奖励;居前20%的,给予40万元奖励;居前30%的,给予20万元奖励。对各类纪录片、综艺节目在央视、省级卫视播出的,给予50万元奖励 对企业或者机构与澳门社会团体联合在合作区组织开展文旅论坛、文旅推介等交流活动,参加总人数达20人、50人、100人以上且澳门社会团体参与人数比例不低于30%的,分别给予奖励5万元、10万元、20万元

资料来源:澳门特别行政区文化局《文化发展咨询委员会举行全体会议》,澳门特别行政区政府,https://www.gov.mo/zh-hans/? p=696121;横琴粤澳深度合作区经济发展局《横琴粤澳深度合作区文旅产业发展扶持办法》,横琴粤澳深度合作区,https://www.hengqin.gov.cn/macao_zh_hans/zwgk/zcfg/hqzc/cyzc/content/post_3565339.html。

2023年,澳门以综合旅游为重点,推进"1+4"和"演艺之都"建设,联合多地多部出台"影视+文旅"产业扶持政策,促进本地影视产业与外界创作联动,扩大区域合作交流,并推出各类电影、电视、短视频扶持政策和资金支持,带动影视产业各环节发展,鼓励海内外电影项目来澳取景,吸引影视企业和宣发公司入驻,培育本土人才和影视资源,提供影视文化就业岗位,宣传澳门城市形象,打造自身品牌。

(二)多角度展开内容开发,共塑澳门文旅形象

法国经济学家巴斯夏(Frédéric Bastiat)认为做经济决策需要兼顾看得见

的部分和看不见的部分，全面看待市场经济问题。① 国家标准《旅游资源分类、调查与评价》中明确指出旅游资源包括自然资源和人文社会资源。影视文化资源亦是人文社会资源的重要组成部分，市场和消费者的需求驱动的产品内容开发能最大化地提升旅游行业经济效益。② 澳门"影视+文旅"的产品内容开发立足本地旅游特色内容，加快进行产品供给，呈现为自主研发、合作开发、外部助研、借影促市等四种方式。

1. 自主研发

澳门特区政府和各文化机构深挖本土特色，充分运用已有影视资源进行文旅产品开发，营造澳门影视文化环境。兴建于1784年的充满葡萄牙风情的澳门议事亭是众多游人必去的打卡场所，过去它是民政总署，现今是澳门重要的艺术展览馆。2023年展出的澳门老户外广告展中专门设有南湾戏院、百老汇、老电影海报等澳门电影广告和可口可乐等老产品电视广告，人们在欣赏这座古建筑的时候，也能了解老澳门的影视广告文化。此外，在挖旧的同时培育"澳门制造"的本土优质影视内容，充分发挥影视转化能力获得更多的经济价值也是澳门的工作重点。以"澳门影像新势力2023""剧透行动——电影剧本深化计划"等为代表的澳门影片创作扶持活动也在稳步发展中。面向本土创作人员的扶持类型非常广泛，涵盖剧情片、纪录片及动画片等，并提供最高近120万澳门元的创作经费、专业导演编剧等创作指导、后期技术支持和传播发行平台。

2. 合作开发

澳门联合多方资源共同进行内容开发。2023年的《澳门双行线——美食文旅来打卡》节目就是由澳门特别行政区政府与中央广播电视总台共同创制的，该节目将澳门经典美食、格兰披治大赛车等传统城市景观、文旅活动全线融合起来，以真人秀的形式，邀请了众多知名主持人和流量演员在24条旅行线路上探寻澳门味道和澳门故事。在第二届中国（澳门）国际高品质消费博览会暨横琴世界湾区论坛上发布的由澳门中华民族文创学会与澳门影视发展促进会牵头与内地政府和制作团队共同制作的广播剧《我从湾区来看你》，将澳门、大湾区、新疆连接起来，将澳门精神和新疆民族风情等元素结合起来。12

---

① 〔法〕巴斯夏：《看得见的与看不见的：商界、政界与经济生活中的隐形决策思维》，于海燕译，东方出版中心，2020。

② 司若：《从贺岁档经营看消费者行为与电影档期的市场开发》，《当代电影》2009年第3期。

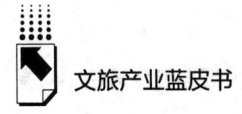

月，澳门特区政府与广州各级政府机关共建了粤港澳大湾区（广州）青年影视创作人才基地，该基地作为电影资源融合创作平台，起到联合创作、文旅开发、文创开发、市场交易等作用，并发布了广东和澳门联合制作的讲述澳门青年奋斗故事的电影《与你相遇的日子》。

3. 外部助研

国内各界相关机构亦积极主动促进澳门影视文旅发展。2023年11月，中国电影家协会与中国电影出版社有限公司特别策划了"中国故事·2024澳门故事"华语短片创作项目。

4. 借影促市

澳门一直在持续发展影视产业，不过本土目前有高商业开发价值的知名影视IP的发展程度还不够，但这并不影响澳门用影视IP来丰富文旅市场，它运用政策、资本、设施建设等优势，充分调用世界的影视文娱资源，选择引进一些适合市场需求的具有强长尾效应的经典影视IP资源进行影视文旅澳门转化，以此吸引全球消费者。例如，澳门新濠天地Mr. Doodle迪士尼涂鸦展、澳门伦敦人哈利·波特展览等（见表2），通过知名影视IP引进更好地推广澳门文旅。这些影视文旅开发形式多样、目的趋同，有营造影视文化氛围吸引客源的目的，也以影视IP衍生消费为主要目标，它们均起到了吸引消费者的作用。

表2　澳门影视IP联合文旅部分孵化项目

时间	地点	名称	费用	具体内容	形式
2023年8月至11月	澳门新濠天地	Mr. Doodle迪士尼涂鸦展	免费	以迪士尼100周年为主题，将涂鸦艺术与迪士尼魔法结合，展览包括Disney Art Collection by Mr. Doodle系列限量艺术藏品、24幅《迪士尼涂鸦》系列原作和各个角落的从迪士尼的经典黑白色调过渡到彩色的大型涂鸦作品	影视IP形象跨界转化开发
2023年8月至10月	澳门威尼斯人、巴黎人花园、澳门伦敦人	"奇妙之约"艺术致敬迪士尼奇妙一百年	免费	Philip Colbert和Jason Naylor的作品，以迪士尼魔法为灵感，将米奇化身成巨型卡通龙虾和彩色米奇，让传统艺术焕发新的光彩	影视IP形象跨界转化开发

续表

时间	地点	名称	费用	具体内容	形式
2023年12月开幕	澳门伦敦人	哈利·波特展览	218~288澳门元	展览采用一流的设计和技术,重现《哈利·波特》及《怪兽》系列书籍和电影中的重大时刻、故事人物、场景布置和怪兽,观看原创服装、道具等展品,并可以交互式体验电影中的场景、道具、服装、故事角色和魔幻环境,身临其境地开启观众个性化魔法旅程,了解幕后的电影制作细节	影视IP实景化,配合新业态组合,构建组合式的商业模式

资料来源:各公司官方网站。

围绕高质量文旅融合发展目标,澳门在"影视+文旅"的内容开发上快速响应市场需求,运用已有影视资源进行文旅产品开发的同时,加强澳门本土影视产业扶持力度,挖掘本土影视人才,培育优秀影视储备作品,并加大与国际市场的联动力度,基于消费者心理和行为,应对技术和传播媒介的变化,有针对性地集成创新开发,联合多地多方多类资源共同开发,共创共益共塑澳门影视文旅形象。

(三)不断夯实文娱设施建设,促产优势凸显

旅游行业具有典型的综合性,文化旅游基础设施是旅游经济发展的重要支撑条件,配套服务和设施也需要不断完善,这样才能不断吸引游客和投资,拉动相关产业发展。近几年,澳门持续加强影视文旅重点场馆基础建设,为国际旅客提供最先进的旅游服务和配套设施,对打造亚洲娱乐之都的助力作用明显。澳门现有永乐戏院、澳门旅游塔、葡京人英皇戏院、澳门大会堂、UA银河影院等电影院,还有威尼斯人金光综艺馆、银河综艺馆、澳门百老汇等综合演艺馆或剧院。这些电影院、演艺馆、文化中心等现今还在不断建设和升级,7月,澳门文化中心在现有表演厅的基础上建设了黑盒剧场并投入使用。政策的扶持和设施的不断建设,使澳门拥有达到世界级顶尖专业标准的视觉和听觉娱乐休闲设施,适合举办各类大型的演出、会议、展览、娱乐等活动,它们为澳门文旅提供了更多的发展机会。2023年,银河综艺馆举办了江苏卫视跨年

演唱会、爱奇艺尖叫之夜、剧好听的演唱会、TMEA 腾讯音乐娱乐盛典、第十一届姚基金慈善赛暨 Hive5 体育短片节等近 80 场影视娱乐及体育活动，其中江苏卫视跨年演唱会是第七次在澳门举办①，这一现象与澳门的交流利好政策、便利的通关手续、国际专业的文娱设施建设等都有密切的关系。这些优质的活动吸引了大量游客观赏体验，提高了城市文化娱乐水平和形象，同时带动了周边旅游产业的收入增长。

（四）线上线下文旅融合，拓展多种营销与传播渠道

澳门强化全球范围的媒体营销合作，充分利用游客黏性，形成了全要素生产方式和游客互接的生态模式。影视传播作为牵动受众认知和行为的有力营销工具，能带来游客和经济收益。② 澳门有天堡影视传媒有限公司、丰联影视传媒有限公司、天晋影视传媒有限公司、云鼎天姬影视传媒有限公司等从事电影电视制作及发行、电影院影视经营、影视相关产品放映的公司，也有银河 ICC 及综艺馆有限公司等从事节目活动组织管理和租赁的综合娱乐企业，还有澳门广播电视股份有限公司、澳门网络电视广播集团有限公司、澳亚卫视有限公司等广播电视媒体公司，这些公司网络信号覆盖中国内地（大陆）、港澳台以及东南亚、中东等地区，长期推广澳门文旅形象，并担当中葡文化传播枢纽。随着技术的升级，在塑造城市形象和推销文旅产品或服务时，澳门文旅有关部门尊重消费者行为特征趋势，充分运用"影视+"的方式，在 TikTok、小红书、微博、微信公众号等媒体平台均注册了账户，积极探索新模式和构建新业态，广泛拓展多媒营销渠道。将传统文旅活动与影视技术充分结合，用数字化的方式线上线下地吸引外地游客来澳。2023 年举办的澳门国际烟花比赛会演等活动，均在线上各融媒体平台进行了直播并鼓励观众弹幕互动，以此传播推广文旅活动，提高企业知名度，通过线上影视内容层面的互动运营吸引潜在客户，实现产生线下旅游动机的目的。此外，运用短视频等影视内容助力文旅形象和项目推广。澳门各文旅机构在不同的公共交通设施上投放了澳门城市制

---

① Galaxy Macau：《银河娱乐集团第三期正式开业》，美通社，https://www.prnasia.com/story/431195-1.shtml。
② J. Connell, "Toddlers, Tourism and Tobermory: Destination Marketing Issues and Television-Induced Tourism," *Tourism Management* 5（2005）：763-776.

度、旅游打卡地、文旅活动以及周边国家及地区旅游资讯等相关内容的短视频，这些趣味影视作品在很大程度上告知了游客城市必备知识，传播了澳门城市形象，促进了出入境旅游市场客源的增加。而在各大酒店往返的接驳车上，有不同酒店的世界美食、文化展览活动等资讯，能有效地传播企业形象和文化，吸引消费者前往。例如，美高梅公司接驳车上的面点雕刻展和世界各地美食的宣传短片将美食与中华传统美食工艺文化结合起来，让观众了解中华传统非遗技艺的同时，对美高梅公司精致典雅的企业形象也有了深刻的认识，亦让观众向往参观和品尝。

（五）运用联动效益多产业延展，推进影视旅游产业链建设

影视旅游产业涉及交通、餐饮、酒店等多个配套产业，其产业效益亦是多方面的，既有直接经济利益，又有联动效益。① 以影视文化内容吸引消费者来澳，用影视文旅产品联合航空公司、娱乐广场、游轮公司等其他行业以娱乐、体验、购物、餐饮、住宿等方式来扩展旅游经济利益，是目前澳门典型的影视旅游产业发展模式。该模式带动了澳门旅游产业的复苏，也成功助推了影视旅游一体化的产业链快速建设。2023 年，澳门国际电影节、艺术节等影视节庆活动的举办，在保留旧活动的基础上，培育了澳门儿童电影节等许多新的活动，达到了以节促交的目的。澳门相关部门在活动期间推出了"交通+酒店"的联动优惠。其中，有鼓励访港旅客行程延伸至澳门的香港国际机场直达澳门免费客车票务活动，以及与韩国、日本、泰国、菲律宾、马来西亚等多个国家的国际航空公司联合推出的机票组合优惠项目。2023 年举办的中国（佛山）大湾区影视产业论坛、首届穗港澳影视产业项目对接会、澳涞坞海峡两岸青年影视产业合作座谈会等活动鼓励影视机构、行业协会及网络平台来澳开展协同产业推进项目，第五届"相约澳门——中葡文化艺术节"（近 600 名演艺人员参与）期间举办了中国与葡语国家电影展活动，这些活动在涉及地域以及人员数量上都相对较广，良好地带动了区域合作和文旅交流，且活动均对餐饮、住宿等相关产业有一定的带动作用。此外，横琴粤澳深度合作区提供了产业链建设的政策、资金、场地等条件。政策的利好、影视娱乐文化产业氛围的形成

---

① 刘滨谊、刘琴：《中国影视旅游发展的现状及趋势》，《旅游学刊》2004 年第 6 期。

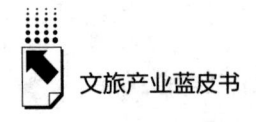

促进了2023年12月开心麻花娱乐文化（珠海横琴）有限公司等一些优秀影视文化公司进驻粤港澳大湾区，为人才培养、项目孵化等促进产业内涵提升提供了更多空间，也为娱乐、餐饮、购物等配套产业提供了共益发展的平台，为今后澳门和内地影视企业深度合作发展提供了更多机会，促进了产业链融合发展，为多地联游发展带动澳门旅游消费提供了重要保证。

三　问题及对策建议

2023年底澳门特区政府提出经济适度多元发展目标，希望进一步深化旅游跨界融合程度，打造艺术之城和演艺之都，促进旅游经济可持续发展。澳门特区2024年财政年度施政报告提出，特区政府要推出资助计划，重点推动澳门影视、文化展演、以文化旅游为题的文创项目开发，助力发展澳门文创品牌。基于此，本文提出如下问题和建议。

（一）扶持政策和监管落实并重

现有的"澳门元素"影视宣发资金补助计划、"澳门取景"影视拍摄资金补助计划、电影长评制作支援计划、影视综合服务平台专项资助计划等影视孵化政策对培育本土影视产业有非常重要的作用，但还不足以面对影视文旅行业激烈的市场竞争。目前，影视文旅的产值仍需提升，在政策帮扶上还存在一些需要解决的问题。以下是具体问题和对策建议。

1. 找准产业协同痛点

把整个影视产业的各个环节与旅游消费的各个环节再做更加紧密的融合，在继续加大扶持力度的同时，深入全面地调研本土影视产业和文旅产业融合发展的痛点性问题，针对问题有效推出促进澳门影视文旅产业生产要素融合的策略，因地制宜地建立符合自身发展的政策和平台，形成模式创新、人才培养和政策扶持的良性循环。

2. 加大力度落实监管

目前，政策的落地监管和效益反馈相关措施还不够完善。良好的影视文旅市场运营环境离不开精准高效的管理和规范的监管制度，需要尽快落实监管措施。

3. 各界参与深度扩展

目前，影视文旅扶持政策大多主要依靠国有资产支撑、相关当局牵头，本土影视企业、机构和个人参与的数量和程度不够，主要集中在澳门影视产业发展促进会、澳门科技大学、永利澳门有限公司、银河影视娱乐有限公司等公司和机构，影视文旅产业的盈利潜力还没有充分发挥，难以通过利润率吸引更多企业和个人持续且深度参与，市场活力还需继续提升，在政策上需要加强参与对象在策略制定上的广度和深度，全面激活市场潜力。

（二）孵化具有澳味标志的影视文旅品牌产品

打造经典影视文旅目的地，需要具有可持续性话题和流量的影视文旅产品，以及成熟的产品衍生和转化模式、良性循环的配套产业链。文化产业链发展离不开可持续能力，它是形成可持续繁荣循环发展的重要基础。[①] 文旅产品质量是可持续发展的关键，对文化创意商品的连续开发形成的可持续发展能力是长期繁荣发展的必要条件。目前来看，澳门影视产业发展中尚缺乏标志性影视品牌，且衍生消费的开发力度和规模亦不够，现阶段的影视文旅产品特色不突出。"借影促市"的方式虽然在一定程度上丰富了本土影视文旅消费商品市场，但可替代性强，不利于市场的稳定发展。例如澳门伦敦人哈利·波特展览的主题文旅产品，世界经典影视 IP 具有国际化辨识度高和吸粉率高的特点，但观众既可以选择去当前城市体验，也可以去全球任何一家环球影城或者其他场馆消费。孵化澳味十足且竞争力强的标志性影视文旅产品，能增强消费者对该地区的黏度，亦可通过丰富产业内涵促进消费者的持久消费行为，让澳门特色的影视文旅产品形成品牌。

（三）大力拓展营销推广渠道

高效精确的营销包装可以在一定程度上保障持续培育的影视文化产品在市场中的成绩。[②] 人工智能时代消费者的消费心理和行为以及市场需求不断发生

[①] 张妮、赵晓冬：《区域创新生态系统可持续运行建设路径研究》，《科技进步与对策》2022年第6期。

[②] 卢迪、赵敬、吴晓莉：《2014年新媒体影视业发展特征及产业链分析》，《中国电视》2015年第6期。

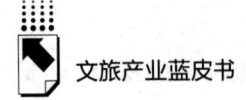

变化，精准与持续的营销推广方式能帮助文旅目的地应对不断变化的挑战，实现活态发展。澳门文旅部门遵循现代传播技术和媒介发展特点，不断更新营销推广渠道、拓展商客资源，但抖音、快手、微博等直观化快捷化新媒介在用于营销推广时也存在大量化、碎片化、容易快速被信息海洋"掩埋"等问题。

1. 整合营销体系

澳门目前影视文旅产品的营销方式过于松散，整合性不够，需要有总体统筹最大化地将各平台资源利用起来。今后需运用传统媒体、新媒体、自媒体、户外媒体等多方媒介矩阵串联优势，筹建影视协同创作交流平台、影视作品交易平台、宣传发行平台等线上线下澳门影视文旅产业发展平台，激活产品内容市场，增加产品曝光机会，创造商机。在门票、机票、船票、住宿费、餐费等相关领域实现多产业联动营销的方式，拓宽销售推广渠道，构建多方利益共同体，最大化地发挥全媒体营销推广的作用以传递澳门影视文旅品牌形象。

2. 精准营销

运用人工智能、大数据等技术方式，合理地分区域、分市场、分人群创建分众消费精准营销策略。澳门影视文旅在内容宣传上仍需找准核心价值点，并面对不同国家和地区的不同消费者制定差异化的营销方案，提供多样的文旅消费选择，激发大众的消费冲动。

（四）相关配套产业链还需要完善

影视文旅的发展除了产品本身和营销方式外，周边的配套产业链亦需要完善。当前，澳门影视文旅存在影视文旅各相关活动和产品相对独立、连通深度不够，以及服务人员缺失、交通配套等旅游产业链开发规划不成体系和行业结构不合理问题。未来需要健全统筹协调机制，整合"影视+文旅"产业，完善售后服务及意见反馈系统，保障服务整体水平，优化影视文旅产业结构。

结　语

随着"一带一路"建设及粤港澳大湾区发展等的深入，澳门旅游市场各方深度融合、积极联动，2023年澳门文旅产业发展路径主要呈现以下趋势。

第一，地域差异缩小。澳门充分利用"一国两制"政策机遇，背靠中国，依托大湾区，发挥葡语国家对话窗口及共建"一带一路"优势，面向世界市场，搭建起多元化、多功能的国际旅游交流合作平台，积极联动国内国外资源。把握国内各地方政府与部门颁布的利好政策，明确了资源整合、文旅融合、力量联合的交流合作思想，文旅产业地域差异逐渐缩小，跨区域合作深度增强，大量的产业集群出现，促进了澳门"影视+文旅"生态产业发展。第二，产业联动融合加速。随着人工智能、大数据等技术以及短视频等媒介的渗透发展，澳门文化和旅游相关部门等机构利用多元的传播渠道，加强粤港澳大湾区世界级旅游目的地品牌塑造，强化全球范围的媒体营销合作，充分利用游客黏性，形成了全要素生产方式和游客互接的生态模式。第三，产业规模扩大。澳门文旅产业发展规模越来越大，产业化程度越来越高。随着家用电视、投影的普及，手机、平板等移动媒体的广泛使用，以及线上线下观众群体的不断扩大，澳门依托便捷的传播载体形成了以烟花节、赛车节、国际电影节等传统文旅活动为中心，包括澳门国际电影节、澳门儿童电影节等多种"影视+文旅"活动在内的新型开发模式，打通了"影视+文旅"结合的以内容生产、运营宣发、配套服务等为主轴的上、中、下游影视文旅产业链，不断扩张产业区域，促进了澳门"影视+文旅"全产业链的形成。管窥澳门影视文旅产业发展的相关政策与发展路径的演进特征，对于推动澳门文旅产业高质量发展和"1+4"多元经济适度发展有积极作用，在大湾区文化繁荣发展方面具有重要的理论和现实意义。

B.20 古诗词与新媒体艺术结合助力文旅产业发展[*]

——以"天生我材·李白"为例

武瑶 程嘉懿[**]

摘　要： "中国古诗词新媒体艺术系列展"首展选取李白为专题，以李白及其诗词为核心，运用新媒体艺术化的表现形式探索李白诗作的大千世界。将思想、艺术、科技相融合，打造一个高审美表达、多样化形式、独特性IP的沉浸式中华优秀传统文化数字体验空间。运用历史焕新的"国潮风"路径建构、新媒体艺术展示创意魅力、高交互调动参观兴致，丰富主题与内容，打破展览和生活的边界，利用古诗词与新媒体艺术结合助力文旅产业发展。

关键词： 中国古诗词　新媒体艺术系列展　文旅产业

一　中国古诗词新媒体艺术系列展背景

"天生我材·李白——中国古诗词新媒体艺术系列展"2023年12月28日在中华世纪坛数字艺术展厅开幕。其由北京歌华传媒集团有限责任公司支持，北京师范大学中华文化研究院｜京师书院学术支持，北京歌华文化发展集团有限公司主办，北京歌华大型文化活动中心有限公司承办，清华大学美术学院、

---

[*] 本文系福建省社会科学基金一般项目"新时代背景下数字新媒体与两岸文化融合发展研究"（FJ2023C026）的阶段性成果。

[**] 武瑶，中国传媒大学戏剧影视学院副教授、博士生导师，研究方向为影视创作、影视产业；程嘉懿，中国传媒大学戏剧影视文学专业2022级本科生，研究方向为影视创作、影视产业。

古诗词与新媒体艺术结合助力文旅产业发展

中华世纪坛艺术馆、北京歌华文化中心有限公司协办。①

中国古诗词新媒体艺术系列展致力于传播与推广中国古诗词文化、传统工艺、非物质文化遗产等，以中国古诗词为文化脉络，以数字科技为技术手段，将传统文化中蕴含的价值内容与数字技术的新形式相结合，实现中华优秀传统文化创造性转化和创新性发展。首展选取李白为专题，以李白及其诗词为核心，运用新媒体艺术化的表现形式探索李白诗作的大千世界，多维度展现李白生命历程的不同阶段的特点，将思想、艺术、科技相融合，打造一个高审美表达、多样化形式、独特性 IP 的沉浸式中华优秀传统文化数字体验空间。

展览分为"诗海""群星""一生""回响""景仰"五大核心板块，以及互动体验、文创售卖两大功能区。例如，"诗海"展区利用超通透高分子材料与光影艺术组成了李白形象"仙踪"。由诗词地图、大地星空构建的沉浸式体验空间"群星"，通过高精度传感、多点触发技术，让观众仿佛置身于古人身边，可以聆听文人墨客谈诗咏文。在"回响"全息剧场，观众还可邂逅博通琴棋书画的饱学之士。互动体验区还设置了诗词填空、连字成诗、绘诗绘色、集印打卡等交互游戏。②

整个展陈空间以实体艺术化场景为呈现形式，中国传统元素和符号贯穿全展，共呈现李白及其他诗人的诗词 100 多首；原创音乐 2000 余秒，并在琵琶、古琴、古筝、箫等中国传统乐器的编排中加入电子合成器 Lead、粒子等，将古典、未来、自然元素相融合，呈现一场多维度听觉盛宴。③

为艺术作品创造不同的展示环境、为观众提供多样的艺术体验环境是当今艺术展示空间的重要功能，巨大的展览空间、大体量的展示作品、探讨性的展示氛围在某种程度上会引导观众的关注点从展品的形态和样式转至展览氛围。在"天生我材·李白——中国古诗词新媒体艺术系列展"的

---

① 《在光影中穿越回盛唐，沉浸式体验"李白式"人生!》，搜狐网，2023 年 12 月 29 日，https：//www.sohu.com/a/747906623_161795。
② 《在光影中穿越回盛唐，沉浸式体验"李白式"人生!》，搜狐网，2023 年 12 月 29 日，https：//www.sohu.com/a/747906623_161795。
③ 《在光影中穿越回盛唐，沉浸式体验"李白式"人生!》，搜狐网，2023 年 12 月 29 日，https：//www.sohu.com/a/747906623_161795。

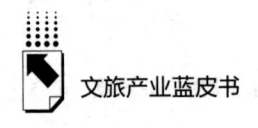

展览空间中华世纪坛数字艺术展厅，人们可以选择体验方式，满足感官需求。

二 中国古诗词新媒体艺术系列展的创新路径

（一）历史焕新的"国潮风"路径建构

展览出品方北京鱼果文化科技有限责任公司创始人、董事长孙瑜表示，国潮风是对传统文化的一种重新诠释，它将传统文化与现代生活方式相融合，这种现象不仅使传统文化在当代社会重焕生机，还向全世界展示了中国文化的深邃与现代并存的魅力，它证明了传统文化不是陈旧和过时的，而是可以非常现代和时尚的。[1]

在"国潮风"的影响下，中国古诗词新媒体艺术系列展在审美上呈现出独特的风格。它将古典的雅致与现代的简约相结合，既有传统文化的韵味，又不失现代时尚的气息。这种审美融合不仅使展览更具吸引力，还为传统文化的传承与发展探索出一条新的道路。

传统文化的创新表达往往结合着现代热点，而本质是对优秀传统文化的自信。人们通过对优秀传统文化深入了解后进行挖掘，不断丰富文化内容的传播与表达形式。

（二）新媒体艺术展示创意魅力

新媒体艺术的多样性体现为以下特点。其一，当今新媒体艺术作品开始大量利用灯光、投影及可触性界面等技术手段制造更具沉浸式效果的艺术作品，将空间打造成一个能够融合视觉、听觉、行为的可参与式的整体情境。其二，展览空间本身虽然不是变动的，但是可以通过巧妙的设计引导观众在不同的空间之中穿梭，在使观众的参与和体验更为优化的同时也将人的运动本身纳入空间之中，使之成为展示空间的有机组成部分。其三，大型光影类型的作品本身

---

[1] 《在光影中穿越回盛唐，沉浸式体验"李白式"人生！》，搜狐网，2023年12月29日，https://www.sohu.com/a/747906623_161795。

就是一种空间设计的创作,正是对空间的使用使作品意义得以顺利实现。

"轻舟"艺术装置勾勒云海意象。走出文本而超越文本,在船造型艺术装置"轻舟"上用精巧微缩的景观承托李白半生的命途多舛,立体呈现李白出蜀、干谒、为官、辞官、归隐等各个时期的代表事件。从川江美景到南陵村落,从壮丽皇宫到寂寞酒肆,最终重回三峡,用五个场景演绎李白的五首经典诗歌,诠释了李白仕途中的五个关键节点:离开蜀地的"夜发清溪向三峡,思君不见下渝州"、干谒求仕的"大鹏一日同风起,扶摇直上九万里"、长安为官时的"仰天大笑出门去,我辈岂是蓬蒿人"、辞官游历时的"安能摧眉折腰事权贵,使我不得开心颜?"、重燃壮志时的"两岸猿声啼不住,轻舟已过万重山"。[①]

年少出川,遍干诸侯,一朝终得帝王侧,风光不过两载旋即凄然寥落;超然遗世,寻仙问道,乱世难耐意气生,暮年壮志未酬竟得锒铛下狱。白帝彩云一轻舟,为李白传奇的人生留下袅袅余音。非遗纸雕匠人"手工高定"展现诗词风骨。七组纸雕灯箱以七首诗中的经典诗句为灵感,采用中国传统纸雕工艺,在绘画与雕刻的完美融合中,结合现代光影艺术,生动再现庐山瀑布、敬亭山、桃花潭等诗中情境,带领观众穿梭在山水人情、曲艺诗酒中感悟李白生命的色彩与层次。以纸雕、3D打印与交互科技新旧元素为基底,搭配古典音乐与电子音乐融合而成的原创音乐,打造出2000平方米沉浸式全景大展,使游览者仿佛置身李白的梦境中,去见证他的一生。[②]

新媒体艺术能够和数字化进行有机结合。在对新媒体艺术作品进行创作的过程当中,能够使作品的格调与艺术元素的审美需求相适应。从欣赏者和作品之间、作者和作品之间以及作品与作品之间三个不同层次展现交互性特征。同时,社会经济的发展在很大程度上促进了人们生活水平的提升,领略更高质量的艺术展览在很大程度上提高了人们的欣赏能力。

(三)高交互调动参观兴致

弗洛伊德认为,体验是一种瞬间的幻想,是对过去曾经实现的东西的追

---

① "天生我材·李白"展官方公众号。
② "天生我材·李白"展官方公众号。

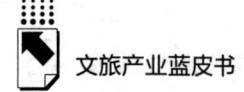

忆，是对早年储存下来的意象的显现，是以回忆为原型之展望未来、创造美景，通过瞬间幻想唤回过去乐境，以缓解现时的焦虑。参观者在展览馆参观展品时，其体验不只是停留在充分感受到创作者预设的展品本身，因想象力被充分调动，参观者的体验应该超越一度创作的阶段，进入加入自己独一无二感受后的二度创作。参观展品的活动与空间体验融为一体，建立在空间的功能与活动之上的空间体验进一步转化成为基于体验的空间语言。

酒与李白，如同皓月长空，形影相随，彼此成就。李白绝非酒徒，饮酒本身也绝非仅为口腹之欲。如同李白虽崇尚意气任侠，但绝非迷失于诗文中高频出现的那一个"杀"字，他的心中有更深远的思考。在"对饮"互动展项里，游客可以选择一只酒杯与镜中李白碰杯。通过屏幕与感应的相关技术手段，举起不同的酒杯时屏幕上的李白也会呈现不同的姿态，朗诵对应的饮酒诗，以诗词背景为底蕴，以互动体验为亮点，引得众多游客驻足感受。

儿童互动区设置了多种游戏，寓教于乐，带领儿童参观展览的家长可以陪伴孩子进行数字涂鸦留下新春画作，小朋友们也可以参与诗词挑战体验"一举夺魁"。位于出口的文创区域陈列着结合市场需求设计的众多文创产品。充满节日气息的李白福袋、Q版的盲盒诗人等结合展览风格的文创产品为参观者提供了充分选择，满足了纪念需求。配合当下的打卡风潮，游览者还可以购买明信片和盖章本进行盖章留念，这些纪念品提取了展览的元素，通过游览者的保存与分享形成展览的长尾效应，达到推广效果。

当代艺术展览要不断提高其趣味性和观众的参与度，在交互性设计中，不但要强调展览的教育特性，更要关注人们的心理感受。全方位地释放观众的互动性，使当代艺术展览的质感不断从理性呈现趋于情感与包容，打造满足心理的情感体验。交互式展览抛开传统而乏味的单调展示方式，转而通过展示不同的媒介和各种高科技手段，使展品及其被展出的方式更加生动鲜活，一改之前的常规与沉闷。在新媒体环境下的当代艺术展览，不仅能够将信息完整地传达给观众，同时还能通过更加立体和生动的方式帮助观众更加深入地理解展览蕴含的信息，使观众能够更加轻松快速地认知并自然接受展览设计的意义。"天生我材·李白"展并非将李白生平平铺直叙，而是通过展览设计使观众亲身经历他的故事，达到文化接受的目的。

这些技术媒介的展示表明策展者更加关注观展者在参观时的思想感情和心理变化。人们的心理情绪比生理感官更复杂，但也更加容易被打动，不同于视觉、听觉的直接冲击，注重交互性体验的展览更加契合当代大众的审美需要和情感诉求。

三 中国古诗词新媒体艺术系列展的发展趋势与展望

（一）主题与内容的丰富

中国古诗词新媒体艺术系列展不再局限于传统的艺术馆，而是与其他领域如影视、音乐、舞蹈等进行跨界合作，共同打造沉浸式的艺术体验。这种合作不仅拓宽了古诗词的传播渠道，还使艺术表现形式更加多元。

中国古诗词作为中华文化的瑰宝，历经千年传承，至今仍在人们心中占据不可替代的地位。这些诗词不仅是语言的艺术，更是情感的载体，是历史的见证，是智慧的结晶。在当今社会，尽管科技日新月异，信息爆炸，但人们对古诗词的热爱和推崇并未消退。古诗词以其独特的韵律和意境触动着人们的心灵，唤起对美好生活的向往和追求。通过诵读古诗词，大众不仅可以陶冶情操、提升素养，还能够感受到传统文化的魅力和智慧。

这就体现出中国古诗词对于现代文化产业具有极高的价值。在全球化的背景下，保护和传承传统文化显得尤为重要。通过推广古诗词，可以让更多的人了解中国文化的深厚底蕴和独特魅力，增强民族自豪感和文化自信心。它不仅丰富了人们的精神世界，也为现代文化产业提供了宝贵的资源和灵感。通过传承和推广古诗词，可以更好地弘扬中华文化，提升国家文化软实力。

作为艺术系列展览的一大主题，中国古诗词中可挖掘的故事与人物十分丰富，"天生我材·李白"展就以李白为主题，围绕与李白相关的诗词歌赋、喜好风格、亲朋好友、人生脉络等多条线索，挖掘到大主题下亲民而有趣的内容。

（二）新媒体艺术的解构

随着科技的不断发展和技术运用于艺术之中的进步，未来的新媒体艺术展将更加注重观众的沉浸式体验。借助先进的投影、虚拟现实（VR）、增强现实

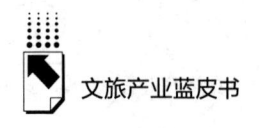

（AR）等技术，观众可以沉浸式感受艺术的魅力，与作品产生更直接的互动，获得前所未有的感官刺激。通过多感官的交互，艺术作品可以更加全面、立体地展现其内涵，为观众提供更加丰富多样的体验。

"传统神韵·创意文化——新媒体系列展"于2010年3月13日在湖北省艺术馆开幕。以数字技术为核心的新媒体逐渐为人们所接受，并被运用到艺术创作中。该展是新媒体艺术的一次集中呈现，共由五个不同形式、内容和风格的单元展组成，展览通过视频、影像、摄影、多媒体、动画等技术形式诠释和演绎中国传统经典文化，探讨新艺术形式和传统水墨、戏剧、文学、民间艺术的关系，并引发信息媒介的巨大变化背后当代艺术对传统文化的解读。

2014年后，随着新媒体艺术的进一步发展，新媒体艺术展的形式与内容更加丰富而日常，不再是先驱式的尝试，而是为满足观众审美的综合展示。参观者所体认的是艺术家与策展人根据物理现实世界里的某一艺术观念所营造的虚拟与现实之交汇处，时间维度上的观展过程同时也是对该交汇处的探索过程。这一过程中的影像介入、沉浸体验、AR/VR交互、点、滑、触摸、其他身体动作以及语音交互等方式构成了参观者与新媒体艺术作品之间的多维交互体系，支持着参观者从视觉、听觉、触觉等感官感受到心理意识来认知、思考和解释艺术与自身的关系、自身与技术环境的关系、艺术观念之无形与艺术作品之有形之间的关系。

未来的艺术展将不再是单纯的艺术展示，而是艺术与科技、艺术与日常生活的深度融合。观众在日常生活中就可以接触到艺术作品，艺术作品也将在日常生活中得到更广泛的传播和应用。中国古诗词相关文化产品将不只停留于实体展览，而是将寓教于乐的使命融会贯通于线上手段中。

与其他领域如文学、音乐、电影、沉浸式戏剧等的跨界合作与融合，可以给艺术家和策展人带来新的创意和灵感，为观众提供更加多样化的艺术体验。而观众不再是单纯的观众，而是艺术作品的一部分，可以参与到作品的创作和展示过程中，与作品产生更加紧密的联系。这些变化和发展也将推动新媒体艺术展不断创新和发展，为艺术事业注入新的活力和动力。

（三）展览与生活边界的打破

艺术作品不仅仅是审美的对象，更是反映社会现实、传递人文关怀的重要载体。未来的新媒体艺术展将更加注重对社会议题和人文关怀的探讨与表达，通过艺术的方式引发观众对社会问题的关注和思考。

中国古诗词对于现代文化产业具有极高的价值，古诗词为现代文化产业提供了独特的文化符号和品牌形象，传承和推广古诗词也有助于提升国家文化自信。而对于参观的体验者来说，与生活的紧密联系可以提高其对展览内容的关心程度。

中小学生在学习李白的诗词后往往会对现实生活产生更加直接的认知和感悟，在"天生我材·李白"展上就有一群"名校学子"走出课堂走进生活，向参观者讲述他们心中的大诗人李白。正值寒假，他们在展厅里担任"小小讲解员"，为来看展的观众介绍展品，解读"李白"背后的每一个故事。除了朋辈讲解陪伴，展览中也有名师解读等多种形式与多个群体共同参与，使展览深深扎根于市场。

结合电影《长安三万里》掀起的唐诗热，正遇过年火热的游览潮，"天生我材·李白"展打响头炮，为中国古诗词新媒体艺术展览作出了有实践意义的创新。

当代艺术展览中的交互设计成为连接观众和展览的纽带，从用户体验的角度出发，将展览信息以多感官、多层次、立体化的方式传播给参观者。当代艺术展览的优化与进步是一个不断发展的过程，这需要创作者随着社会进步，充分利用先进的科学技术，抓住当下社会热点和用户需求，并尊重观众的心理感受，为观众创造涵盖各感官感受的全新互动体验，给观众留下更难忘的印象。[①]

结　语

"天生我材·李白——中国古诗词新媒体艺术系列展"为传统文化注入了新的活力，展览运用现代科技手段如VR、AR等，使观众能更深入地体验古诗词的魅力，感受诗中的世界。

此次展览不仅展示了李白的诗词，更通过互动体验、纸雕艺术、光影技术

---

① 曲晨：《新媒体环境下当代艺术展览的交互性探究》，《工业设计》2018年第9期。

等手段为观众带来了沉浸式的艺术享受。这种展览形式不仅吸引了大量观众，更让人们在欣赏艺术的同时深入了解古诗词背后的故事和文化内涵。展览还注重与观众的互动，不仅增强了观众的参与感，更使他们在娱乐中感受到古诗词的魅力。

中国古诗词新媒体艺术系列展为传统文化的传承和创新提供了新的路径。它让人们在欣赏艺术的同时更加深入地了解古诗词的文化内涵和历史价值。这种展览形式不仅丰富了人们的精神世界，更为现代文化产业注入了新的活力。

新媒体艺术展参与文旅融合是符合当下经济发展趋势的创新发展模式。具有创新性、交互性等鲜明风格的新媒体艺术展将文化资源与大众旅游需求相结合，提供多样化的文化旅游产品和新颖的文化服务，不仅能够丰富人们的文化体验，而且有助于实现文旅产业自身的可持续发展，进而促进经济的繁荣发展。

专题篇

B.21
中国传统村落开发模式研究

——以皖南古村落西递为例

吴志斌 阚维易*

摘 要: 传统村落是中华农耕文明的重要载体,承载了中华民族的历史记忆,如何平衡传统村落的保护传承与旅游发展,如何避免传统村落的"千村一面",是传统村落开发中需要解决的关键问题。中国皖南古村落西递村被列入世界文化遗产名录,是中国徽州古村落的杰出代表。本文从旅游吸引物的角度出发,以西递村为例,聚焦西递村古民居聚落的核心吸引物打造,开发西递村非遗吸引物、农业田园吸引物和节庆赛事吸引物,构建了西递村旅游吸引物系统。基于此,本文从西递村开发过程中的保护优先策略、多元主体参与、核心吸引物价值深挖、乡村旅游新业态打造等实践做法入手,探究中国传统村落开发模式。

关键词: 传统村落开发 旅游吸引物 乡村旅游

---

* 吴志斌,文艺学博士,南京航空航天大学艺术学院副教授、硕士生导师,研究方向为乡村文化与传播;阚维易,南京航空航天大学艺术学院硕士研究生,研究方向为乡村文化与传播。

传统村落保存了相对完整的乡土建筑、历史景观，而且"传统村落的精神遗产中，不仅包括各类'非遗'，还有大量独特的历史记忆、宗族传衍、俚语方言、乡约乡规、生产方式等等，它们作为一种独特的精神文化内涵，因村落的存在而存在，并使村落传统厚重鲜活，还有村落中各种非遗不能脱离的'生命土壤'"[1]。传统村落蕴含丰富的历史与精神文化资源，如何在传承保护的同时处理好古村落旅游发展与资源保护的关系[2]，不仅成为学者关注的焦点，也成为各级文化和旅游行政部门关注的重点。作为中国文化名村和世界文化遗产地，皖南古村落西递村拥有保存完好的古民居聚落资源以及丰富的非物质文化遗产资源，其整体布局、建筑风格体现了明清时期的古朴风貌，因此该村被誉为"中国传统文化的缩影""中国明清民居博物馆"。本文以皖南古村落西递村为例，在乡村旅游吸引物系统的理论框架下探究传统村落开发模式。

一　西递村简况

西递村位于黄山南麓，隶属安徽省黟县东南部的西递古镇，村域面积10.7平方公里，距黄山风景区约40公里，距另一世界级非遗宏村约20公里。村庄整体呈船形，选址讲究风水，为山环水抱的吉地。[3] 溪流穿村而过，山水相依，自然景观得天独厚。得益于群山环抱的地理位置，西递村在整体布局、环境建筑风格等方面完好地保存了明清时期的古朴风貌，自然风光则是典型的江南水乡之景，素有"桃花源里人家"和"中国明清民居博物馆"之称。

根据黟县西递古镇村庄分类和布局方案公示，西递村被规划为特色保护类村庄，村庄建设用地相较周围村落而言较少，且仅有一处保留居民点、无新增居民点，村庄建设以维护、保留原始风貌为主。以西递村域为基础，当地开发建设

---

[1] 冯骥才：《传统村落的困境与出路——兼谈传统村落是另一类文化遗产》，《民间文化论坛》2013年第1期。
[2] 姚国荣、陆林、章德辉：《古村落开发与旅游运营机制研究——以安徽省黟县宏村为例》，《农业经济问题》2004年第4期；梁德阔：《西递、宏村古村落的股份合作制经营模式设计》，《中国人口·资源与环境》2005年第4期。
[3] 袁天天：《基于地域文化的西递文创产品设计研究》，硕士学位论文，武汉轻工大学，2022。

了西递古村景区，现已发展成为安徽省知名5A级景区之一。2022年，西递景区接待游客28.5万人，门票收入1226.3万元。① 2022年底的旅游寒冬过后，2023年西递景区游客数量呈持续上涨趋势；国庆黄金周期间，"西递和宏村截至4日全年游客接待量突破350万人，比2019年提前两个月，再次刷新纪录"②。

西递村是中国徽州古村落的杰出代表。徽州建筑又称徽派建筑，兴盛于明清时期，是中国传统建筑最重要的流派之一，也是徽州文化的重要组成部分，在世界建筑史上占有举足轻重的地位。西递古村入选多项世界级和国家级、省级的旅游、文化遗产相关名录，获得多个荣誉称号（见表1），其文化遗产保护和旅游资源开发卓有成效。

表1　西递入选榜单及获评称号

时间	入选项目	入选名录	颁发单位	级别
2000年	以西递村为代表的皖南古村落	世界文化遗产名录	联合国教科文组织	世界级
2021年	西递村	首批最佳旅游乡村名单	联合国	
2001年	西递村古建筑群	第五批全国重点文物保护单位	国务院	国家级
2003年	西递村	第一批中国历史文化名村	建设部、国家文物局	
2011年	西递村景区	国家5A级旅游景区	建设部、国家文物局	
2012年	西递村	第一批中国传统村落	住房和城乡建设部、文化部、财政部	
2020年	西递村	第二批全国乡村旅游重点村名单	文化和旅游部	
2018年	西递村	安徽旅游十大古村镇	安徽省文化和旅游厅	省级

---

① 《黟县2022年国民经济和社会发展统计公报》，黟县人民政府，2023年5月15日，https://www.yixian.gov.cn/zwgk/public/6615899/11081054.html。
② 《黄山风景区、西递宏村：游客接待量双双创历史新高》，黄山市人民政府，2023年10月7日，https://www.huangshan.gov.cn/zfsj/sjjd/8392970.html。

2000年，西递村和宏村一同被联合国教科文组织列入世界文化遗产名录，成为世界范围内第一例获评文化遗产的民居。2021年，西递村入选联合国首批最佳旅游乡村名单，是榜单中仅有的两个中国村庄之一。联合国世界旅游组织（UNWTO）2021年启动"世界最佳旅游乡村"评选，"旨在促进旅游业在保护乡村及其景观、自然和文化多样性以及当地价值观和活动（包括当地美食）方面发挥作用，促进可持续发展"。① 联合国世界旅游组织"世界最佳旅游乡村"评选涉及九个评价维度：①文化和自然资源；②文化资源的振兴与保护；③旅游发展与价值链整合；④经济可持续性；⑤社会可持续性；⑥环境可持续性；⑦旅游业的治理和优先次序；⑧基础设施和连通性；⑨健康、安全和保障。② 文化和旅游部考虑到中国乡村旅游目的地培育目标和要求，对联合国世界旅游组织提出的"世界最佳旅游乡村"九个评价维度进行优化并提出了具体要求（见表2）。

表2 联合国世界旅游组织"世界最佳旅游乡村"评价维度与国内申报条件及具体要求

序号	联合国评价维度	国内申报条件	国内申报具体要求
1	文化和自然资源（Cultural and Natural Resources）	文化和自然资源优越	文化和自然资源形态丰富、规模可观，具有较高观赏游憩、历史文化、科考研学等方面价值。本地文化和旅游资源与周边关联度高，是区域重要文化和自然资源的组成部分或典型，如世界遗产、国家文化公园、国家级文化生态保护区等
2	文化资源的振兴与保护（Promotion and Conservation of Cultural Resources）	文化资源传承传播基础好	文化资源保护良好、传承有序、利用合理、传播有效，重视非物质文化遗产保护与传承，重视文物保护与利用。群众文化、民俗活动、展览演出等文化活动丰富，群众参与度高，游客体验性好。文化自然与开放度较高，村民对当地文化了解和认可程度深，文化感染力、传播力较强

---

① 《浙江和安徽的两个村入选世界旅游组织首批"世界最佳旅游乡村"名单》，网易网，2021年12月3日，https：//www.163.com/dy/article/GQ9PV1SM0514R9KE.html。
② 《跃升世界第一，中国旅游乡村如何获得世界认可？》，网易网，2023年11月8日，https：//www.163.com/dy/article/IJ2139LR05118O92.html。

续表

序号	联合国评价维度	国内申报条件	国内申报具体要求
3	旅游发展与价值链整合（Tourism Development and Value Chain Integration）	旅游业发展具有优势，文旅融合水平高	旅游产品丰富优质，能够充分反映乡村文化和当地特色，契合入境游客文化体验、乡村度假、教育研学等旅游需求。旅游市场具有发展潜力，与周边主题线路或其他旅游目的地形成良好的联动态势，能够辐射带动区域发展。接待过多个国家入境游客，接待客中入境游客占比在全省（区、市）（含新疆生产建设兵团）范围内居于前列
4	经济可持续性（Economic Sustainability）	旅游业促进当地经济可持续发展情况好	旅游业与当地种养业、农产品加工业、传统手工业、服贸物流业等一、二、三产业融合程度较高，带动效应较好。有鼓励创新创业、投资兴业的举措、载体、环境和氛围，创业就业带动效果较好，旅游从业人员中本地村民比例超过50%
5	社会可持续性（Social Sustainability）	旅游业促进当地社会可持续发展情况好	通过分享旅游发展红利，有力保障和改善当地民生，提升人民群众获得感、幸福感、安全感。通过发展旅游，增加各类群体发展机会和收益，缩小"数字鸿沟"，促进人的全面发展、全体人民共同富裕。乡村社会充满活力、和谐有序、风俗文明，能够充分体现脱贫攻坚、乡村振兴、城乡融合等建设成果
6	环境可持续性（Environmental Sustainability）	旅游业促进当地生态环境可持续发展情况好	能够促进当地生态环境和自然环境保护。通过政策、措施、活动等多种方式，尽量减少旅游发展的环境污染、资源消耗，助力实现环境可持续发展和资源永续利用。开展环保宣传，增强旅游经营主体和游客的环保意识
7	旅游业的治理和优先次序（Governance and Prioritization of Tourism）	旅游业战略定位和规划管理水平较高	将旅游发展作为乡村振兴、城乡融合、国际交流的战略支柱，对联合国世界旅游组织"世界最佳旅游乡村"建设具有较高意愿，有明确的发展规划和建设方案。领导机制健全，组织保障有力，建设措施有效，品牌形象突出。能够整合政府、基层自治组织、市场主体、行业组织等力量共同发展旅游业，居民对旅游发展、国际交流等认可程度较高

续表

序号	联合国评价维度	国内申报条件	国内申报具体要求
8	基础设施和连通性（Infrastructure and Connectivity）	基础设施完备，互联互通水平高	交通可进入性较好，方便入境游客到达。观光游览、餐饮住宿、商业购物、文化体验、交通枢纽、医疗卫生等重要场所有英文标识，能提供英文接待服务，有配备入境游客住宿登记系统的住宿产品，能够保障入境游客的吃、住、行、游、购、娱等基本需求。智慧旅游水平较高，具备境外宣传推广能力，能够实现入境游客网络预订，旅游经营场所电子支付全覆盖
9	健康、安全和保障（Health, Safety, and Security）	应急管理保障措施健全	在医疗卫生、治安、消防、自然灾害应对等方面建立了完善的应急保障措施，建立常态化的疫情防控管理制度，主要文化和旅游场所备有安全经营应急预案，能够有力保障居民和游客人身财产安全。近三年未发生重大旅游安全生产责任事故，无重大旅游负面舆情

资料来源：《跃升世界第一，中国旅游乡村如何获得世界认可？》，网易网，2023年11月8日，https://www.163.com/dy/article/IJ2139LR05118O92.html；《世界"最佳旅游乡村"长啥样？附我国入选村庄+申报条件》，网易网，2023年10月27日，https://www.163.com/dy/article/II26OLKN0518O2MA.html。

二 西递村吸引物系统构建

冯骥才曾说过："传统村落是另一类遗产，是一种生产生活中的遗产，饱含着传统的生产和生活。"[1] 2000年11月，中国皖南古村落西递村被列入世界文化遗产名录，开创了中国古民居申遗的先河。[2] 西递古民居风格独特，建造精巧，为徽派建筑典范。作为传统村落，西递村的古民居聚落的面貌形态最具特色，是西递旅游开发的核心吸引物，居于西递村乡村旅游吸引物系统的核心位置。此外，作为世界知名的旅游景区，其非物质文化遗产、农业田园、节庆赛事等也成为乡村旅游吸引物系统的重要组成部分。从旅游吸引物的视角来

---

[1] 冯骥才：《传统村落的困境与出路——兼谈传统村落是另一类文化遗产》，《民间文化论坛》2013年第1期。

[2] 余治淮：《我所亲历的西递宏村申遗与保护》，《江淮文史》2023年第3期。

看，西递古村落的开发可以围绕牌坊、祠堂、古民居、古桥梁等西递村古民居聚落的核心吸引物，打造西递村非物质文化遗产吸引物、农业田园吸引物和节庆赛事吸引物，从而形成西递村旅游吸引物系统，以点带面进行旅游资源开发（见图1）。

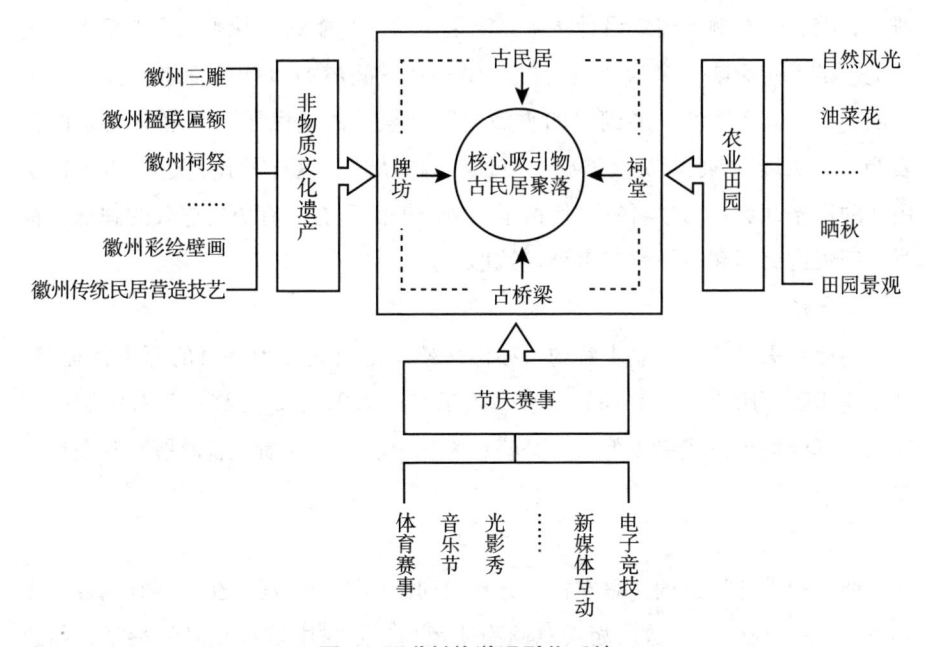

图1 西递村旅游吸引物系统

对于西递村而言，古民居聚落是西递村的核心吸引物资源，具有无可替代的独特景观价值和人文价值。在乡村旅游资源的开发过程中，西递村围绕核心吸引物，保持自身的独特性并不断深挖内涵、丰富外延表现形式，拓展旅游吸引物系统。对西递而言，无论是具有原汁原味徽派风格和布局的建筑物，还是祠堂祭祀等传统文化活动，抑或是各项被列入非物质文化遗产的手工技艺等，都最大限度地体现了当地的特色。尤其值得一提的是，后期开发的光影秀、体育赛事、音乐节等新兴旅游业态项目，也均与当地人文自然资源联系紧密，光影秀与民居融为一体，在表演用色上融入了人文意义，体育赛事格外关注与黄山等景区优美风光的融合，音乐节则着力突出休闲、放松、人景一体的特色，进一步增强了西递村乡村旅游吸引物系统对游客的吸引力。

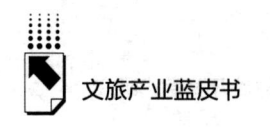

（一）核心吸引物：古民居聚落

西递村的传统古建筑保存完好，村中街巷均以黟县青石铺地，古建筑多为木结构、砖墙围护，为青砖、黛瓦、白墙的徽派风格，另有西递三绝——木雕、石雕、砖雕融入建筑设计之中。当地民居深受徽商"聚财气""肥水不流外地"的思想影响，多为"三合院"结构：三间屋檐口朝内围绕天井，雨水从四周檐口流入明坑，形成"四水归堂"之景。西递民居另一徽派元素的代表乃"马头墙"，原为防火需要，俗称"封火墙"，这样的设计进一步丰富了民居的形制之美。西递村基本保留了明清时期的风貌，有历史悠久的牌坊、祠堂、明清古民居和古桥梁等多种建筑形态。

1. 牌坊

西递村头的胡文光刺史牌坊，亦称牌楼，是当地极为醒目的标志性建筑。牌楼建于明万历六年（1578），高12.3米、宽9.95米，为黟县青石所制的三间四柱五楼建筑格式单体牌坊，是朝廷为表彰胡文光政绩卓著而恩赐其在自己家乡竖建的。

2. 祠堂

西递祠堂分为总祠、总支祠、分支祠和家祠四个级别，在鼎盛时期曾兴建祠堂34座，现仅余少数。胡氏总祠为明经祠，是村中等级最高的祠堂，原建筑现已不存，仅余石碑刻记。西递村中仍留存的祠堂成为重要景点，代表性的祠堂见表3。

表3　西递现存的部分祠堂

祠堂名称	基本情况
敬爱堂	敬爱堂是西递3座总支祠中唯一留存的。建于明万历二十八年（1600），面积1800余平方米，原为明经胡氏十四世祖仕亨公之享堂，其三子为表示兄弟间互敬互爱，将享堂改建成祠堂，取名"敬爱堂"
追慕堂	西递分支祠之一，建于清乾隆五十八年（1793），为明经胡氏二十四世祖胡贯三追思慕念祖父丙培公和父亲应海公"一生崇文尚义、乐善好施"而建，现于享堂陈列李世民塑像

续表

祠堂名称	基本情况
迪吉堂	西递家祠之一，建于清康熙年间，连宅第为三进，四楼五间建筑，为胡丙培、胡应海、胡贯三祖孙三代的故居。因胡贯三在此接待过任要职的亲家，故又称官厅

资料来源：中国传统村落博物馆，https：//main.dmctv.com.cn/villages/34102310301/History.html。

3.古民居

西递村有保存较好的明清古民居建筑224幢，其中124幢列入全国重点文物保护单位。[1] 2001年，西递村古建筑群被列为全国重点文物保护单位。西递村的空间活力强度整体上呈现两个主要聚集区（村口聚集区和尚德堂聚集区）和两个次级聚集区（西园聚集区和村尾聚集区），所涉及的西园、尚德堂、追慕堂古建筑景点都是当下景区人流聚集的重点地区[2]，这些民居建筑对游客具有重要的吸引力。代表性的古民居建筑如表4所示。

表4 西递村的代表性古民居建筑

古民居建筑名称	基本情况
大夫第	建于清康熙三十年(1691)，为四品官胡文照祖居。其左右序列有桂馥庭和观景楼两个建筑单元，前者建于清道光庚寅年(1830)，为三间两楼结构，取"木犀芳香、馥郁盈庭"之意，厅堂高大，立有大理石柱两根，宏伟风格为西递民居少有；后者亦建于清道光年间，可作观景之用
尚德堂	建于明天启年间，建筑面积约占160平方米。楼为五间二层结构，一楼柱枋和雀替格式已有演变，于清初重建；二楼斗拱、瓜柱等部件均为明代建筑。大门用整块黟县青石砌成八字门楼，八字墙面无雕刻图案，而是打磨得光可鉴人
仰高堂	建于明万历年间，共三层，三楼开有排窗。据说明朝房屋地皮税是按照底层厅堂的占地面积征收，为少纳税金将一楼厅堂缩小、把大厅堂移至二楼的楼上厅现象是明代民居的一大特色。仰高堂和尚德堂正是如此

[1] 《西递古村景区介绍》，西递古村景区公众号，http：//jingquhao.com/jingqu-xdgz/introduce/。
[2] 潘诗雨、李早、刘永峰：《基于大数据的徽州传统村落的空间形态与活力强度评价——以黄山西递村为例》，《合肥工业大学学报》（社会科学版）2022年第1期。

续表

古民居建筑名称	基本情况
惇仁堂	建于康熙末年，为明经胡氏二十三世祖胡应海、二十四世祖胡贯三父子两代的故居。房屋结构独树一帜：厅堂两侧各有两间卧房相通，古称"联珠房"；厅堂下首有一大天井，俗称"母"天井；两侧厢房也各有一个类似天窗的小天井，俗称"子"天井。清光绪三十二年（1906），胡贯三之玄孙媳妇黄杏仙在此创办了黟县第一所女子学校——西递崇德女校
膺福堂	建于清康熙三年（1664）。为明经胡氏二十五世祖、诰封从二品、户部尚书胡如川的故居。由上下厅堂、三间房和左右两庑两间厢房组成四合格局，天井两侧厢房全用木雕花翻扇连接楼上楼下房间。膺福堂大门内置有仪门，逢婚嫁喜庆或有接待贵客才启门迎入
西园	建于清道光四年（1824），原为四品官河南开封知府胡文照故居。院子呈长方形，大门为砖砌的八字门楼，院内住宅为三个三间单元的联栋建筑，用砖雕漏窗隔成前中后三院。二进庭院住宅大门两侧各嵌有一个石雕漏窗，后进园门上有"种春圃"和"井花香处"两块石雕眉刻
东园	建于清雍正二年（1724）。原为胡文照的祖居，现为胡贯三的后裔居住，包括正厅、前厅、凉厅三进厅堂。其中凉厅为书厅，既是主人书屋又是家庭塾堂。东园门罩上方有"扇"形石窗，取抬头见"善"之谐音，左墙上嵌砌着"叶"形石漏窗，其意为主人要叶落归根。对面有一题额眉刻"百可园"

资料来源：中国传统村落博物馆，https：//main.dmctv.com.cn/villages/34102310301/History.html。

4. 古桥梁

西递原名西川，又称西溪，取村中三条溪水自东西流之意，后因其所处徽州府古驿道附近设有"铺递所"而改称为西递。西递村"以一条纵向的街道和沿溪道路为主骨架，构成东向为主、向南北延伸的街巷系统"①。因河溪穿村而过，桥梁便成了此地居民主要的出行方式，西递村至今保留有古桥梁，部分石桥如西递铺桥、后边溪桥等损毁较重，目前保存较好的代表性古桥梁如表5所示。

---

① 李陈续：《呵护独特的文化遗存——来自世界文化遗产地西递、宏村的报道（上）》，《光明日报》2008年3月25日，第1版。

表5　西递村的代表性古桥梁

古桥梁名称	基本情况
古来桥	单孔石拱，坐落于西递上厅坦之上，跨长2.5米，宽3.8米，曾于明万历年间重修一次
梧赓桥	单孔石拱，坐落于西递村口走马楼旁，跨长4.5米，宽3米，建于清乾隆四十八年（1783）
会源桥	单孔石拱，坐落于西递村双溪口，跨长5.2米，宽3.2米，传说在清乾隆、道光年间各重修过一次
环抱桥	单孔石拱，坐落于西递村口的水口亭，建于清雍正年间，道光年间重修

资料来源：中国传统村落博物馆，https：//main.dmctv.com.cn/villages/34102310301/History.html。

（二）非遗吸引物：凸显徽州三雕等传统技艺

与古民居聚落这一核心吸引物相映生辉的是西递村所在的黟县拥有的丰富的非物质文化遗产。当地现有国家级非物质文化遗产项目"徽州三雕"和"徽州传统民居营造技艺"2项，省级非物质文化遗产和市县级非物质文化遗产项目若干（见表6）。徽州传统民居营造技艺、三雕、楹联匾额、彩绘壁画等项目集中体现于西递古民居建筑，作为旅游吸引物，已成为景区的一部分。

表6　西递村代表性的非物质文化遗产名录

等级	项目名称
国家级	徽州三雕
	徽州传统民居营造技艺
省级	徽州楹联匾额
	徽州祠祭
	徽州彩绘壁画
	余香石笛制作技艺
	利源手工制麻技艺
市县级	腊八豆腐制作工艺
	黟县石墨茶制作技艺
	利源手工麦芽糖果制作技艺
	水口文化

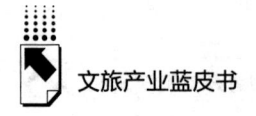

国家级非物质文化遗产"徽州传统民居营造技艺"特色鲜明，以村落布局严谨周密、建筑格局紧凑精细著称，又深受徽商文化影响，讲究经济和精致，建筑规模不大，雕梁画栋、精美富贵，堪称中国传统民居建筑的典型。徽州文化见证了徽商的兴衰起落，徽州楹联匾额作为当地文化的载体之一，从一个侧面真实地反映了徽州历史的发展和徽商的传承与风貌。徽州彩绘壁画使用当地产的矿物、植物染料，以"工笔写意"方式绘制，广泛用于古民居的装饰，内容主要取材于历史故事和民间传说。当前保留下来的作品以清朝乾隆年间最多，与徽商鼎盛时期基本重合。

"三雕"世称西递三绝，与西递古民居建筑相融合，综合对石、砖、木三种材质的雕刻，作为屋内屋外、房上地下的点缀，使古老的民居更具精巧的艺术性。其中，石雕常见于房屋的门罩和漏窗，前者高大庄严，后者格式不拘，村中石桌、石凳、石花盆、石牌楼、石狮、石鼓等大小物件往往都有石雕技艺的融入。西递木雕通常在雕刻基础上加以镏金彩绘，并以吉祥寓意的纹饰为题，从窗到厅，从梁到柱，从栏杆到斗拱，建筑所涉的木质结构多有木雕装潢。砖雕为青砖雕刻，依据门罩、门楼等用地的大小不同而尺寸各异，图案取材来源多样，往往涉及寓意吉祥的民俗传说。

西递村将非物质文化遗产作为乡村旅游吸引物进行开发，联合当地手工艺人，将地方特色融入旅游纪念品，制作了砖雕、竹雕等创新性、特色性的周边产品，让游客能够将非遗带回家。值得一提的是，已有300余年历史的黟县余香石笛是结合了徽州传统石雕工艺与乐器制作工艺的非遗产品，兼具实用性和艺术性，同样是非遗的重要载体之一。

在徽州，祭祖是宗族的一项重要礼仪活动，又以"祠祭"这一在祠堂内进行的祭祀最为重大。西递村将这些特色鲜明的传统民俗编排为表演，如"抛绣球""徽州祠祭"等，加入互动属性，增强游客体验的丰富性和参与感。此外，西递村打造"'千古黟技，匠人圣地'百匠堂文化名片，包含非遗传承体验区、农耕文化体验区和徽食文化街区；通过旅游+研学开发，成立研学旅游大师工作室，自主开发设计古村落游学、非遗项目体验、农耕文化体验等五类研学旅游产品"。[1] 西递

---

[1] 徐爱平、王涛：《西递镇："镇景村"一体化力促乡村振兴》，黟县人民政府，2023年2月3日，https：//www.yixian.gov.cn/xxbs/9170369.html。

村将众多非遗项目整合嵌入不同场景中,并设计徽州文化类、非遗技艺类、民俗风情类、户外拓展类等课程,健全研学体系,先后被评为"全国中小学生研学实践教育基地""安徽省研学旅行实践基地""黄山市徽文化研学旅游示范点"等。

(三)农业田园吸引物:展现"晒秋"好"丰景"

西递村处于黄山南麓、南北山岭所夹的山坳处,背靠罗峰山、石狮山,南对案山南山坞,西连黟县古驿道。自北向南,金溪、前边溪、后边溪三条溪水在村中交汇向西流去。古村周边绿化良好,森林覆盖率近90%,山、水、树木、房屋布局和谐,形成优美的江南水乡风光图。农耕节律下,田野间油菜、水稻轮番播种,每年的4月即有金色油菜花田之景,秋季水稻收获则有稻田金黄之色,供游人赏玩。田埂间,堆垛、水车、牛犁、牛耙等物件的置景进一步营造了劳作氛围。

依托田园自然风光,西递在民居观光的基础上拓展了农业景观的观光游览,使村中不同季节、不同地点均形成可游览的景观,丰富了景区全域旅游的资源。尤其值得一提的是,每逢秋收时节,西递会举行晒秋旅游活动,村民在村庄胡文光牌楼广场晾晒玉米、辣椒、花生、稻谷、南瓜等各种农作物,匾箩四列、色彩缤纷,摆放出创意拼图,组成一张张带有"和美西递欢迎您""喜迎国庆 丰收中国"等字样的"地毯",吸引着广大的游客。CCTV2财经频道直播西递村"晒秋"民俗,可谓"晒秋"庆丰收,"丰景"惹人醉,提升了乡村游的热度。

(四)节庆赛事吸引物:推出乡村旅游新业态

西递村围绕古民居聚落这一核心吸引物,推出体育赛事、电子竞技、文娱艺术等活动,不断拓展乡村旅游吸引物系统,借助最新的数字化技术,提高活动的沉浸感、体验感和互动性,多渠道扩大传播声量,吸引更多的年轻人参与其中。西递村举办的主要节庆赛事活动见表7。

表7 西递村举办的主要节庆赛事活动

活动类型	活动名称
体育赛事	中国黄山(黟县)山地车公开赛
	山地马拉松
	CBSA女子美式9球职业冠军挑战赛

续表

活动类型	活动名称
电子竞技	英雄联盟城市英雄争霸赛东大区赛总决赛
	第七届王者荣耀全国大赛华东赛区联赛决赛
文娱艺术	西递音乐节
	西递古镇全国春联征集大赛
	"西递·宏村杯"2015中国黟县国际乡村摄影大展
	"西递传奇"大型光影秀
	"传世——桃源之舟"新媒体互动
	"传颂——梦舞匠艺"3D Mapping秀
	"传奇之路"水影秀

一是将体育赛事与西递的自然人文景观相结合。西递村的体育赛事以山地车、长跑等长途、野外运动为多，在路线规划上，会考虑山、水、城的布局，因地制宜，将沿途美景囊括其中。赛事进行时，选手和观众沿着预先规划的路线能够深入体验和感受当地美景。

二是将"电竞+文旅"作为文旅融合的新形式。电子竞技是近年来飞速崛起的国际化活动，颇受年轻人喜爱。2021年，英雄联盟城市英雄争霸赛东大区赛总决赛在世界文化遗产地西递村成功举办。2023年，第七届王者荣耀全国大赛华东赛区联赛决赛在西递村开赛。这些年，受人喜爱的电竞活动与文旅胜地西递交融，是现代与传统的碰撞，吸引了大量年轻客群，在让他们收获竞技体验的同时，带动了西递乃至徽派文化的传播与传承。

三是推出西递音乐节，强调西递的休闲度假属性。始于2016年的音乐节力图打造文艺式休闲旅游生活方式。音乐节不再仅仅是音乐节，而是一个集民谣音乐、文学诗歌、跨界艺术、传统民俗、休闲旅游于一体的多元化休闲旅游生活平台。搭配西递"世外桃源"式的风光，传达"诗和远方"的生活方式，将西递描绘为文艺性的休闲旅游目的地。摄影、春联等征集赛则凸显了西递的文化属性，绵延千百年的古村景色、徽文化与征集作品相得益彰。

四是在古村落核心保护区周边开发一系列文化演艺旅游产品。其中的典型即为定期开演的大型光影秀"西递传奇"。光影秀结合西递现有的古建筑、徽商等文化内容，分为"历史建筑群、田园风光、生态与自然、特色巷道、商业服务、投影表演、趣味互动等七大片区"①，将徽州元素"徽州绿"、"黟山黄"和"明经蓝"融入其中，通过3D Mapping、视觉音乐和高科技光影的互动彰显西递古建筑之美。光影秀开拓并极大拉动了西递的夜间旅游消费市场，2020年和2022年，西递夜游项目荣获"安徽省十佳夜娱活动"称号。

三 西递村旅游吸引物开发的实践做法

西递村依托徽派传统古民居聚落这一核心吸引物，进行传统村落的保护与开发，纵向深挖当地吸引物资源，横向拓展多样化乡村文旅业态，不断丰富和拓展乡村旅游吸引物系统，实现乡村旅游吸引物系统中各要素的有机融合，吸引了越来越多的游客前来参观旅游，逐渐演变成国际知名的旅游景点。

（一）坚持古村落保护优先策略，探寻"人、物、景"的良性互动路径

作为最具特色的核心吸引物，古民居聚落是西递村旅游发展的根本立足点。针对这一特色的文化遗产资源，西递以保护、复原为前提进行了深入开发。传统村落风貌的良好维护是开发的前提。西递政府自旅游发展起步时即秉持保护文化遗产、健康持续发展的关键意识，出台了一系列法规政策，拨设专项基金，成立相关部门，从制度、经济、人力等方面着力健全保护机制。

一是在法律法规层面将西递古村落的保护工作纳入黟县的统一规划管理。县政府根据相关法律法规出台了《黟县西递、宏村世界文化遗产保护管理办法》《世界文化遗产——皖南古村落西递保护规划》等文件，执法巡查、普法教育并举，加强保护古村面貌，为古民居聚落保护提供了制度保障。2001年，西递村古建筑群入选第五批全国重点文物保护单位，古村落作为整体被纳入《中华人民共和国文物保护法》的保护范畴。

二是"以旅游养保护"，进行一系列修复保护举措。为减少庞大客流量对

---

① 《徽派古村西递开启夜游新篇章》，国家旅游地理，2019年9月27日，http://news.cntgol.com/dyzd/2019/0927/233488.shtml。

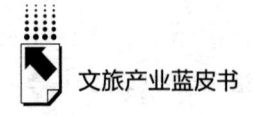

传统民居的影响，尽力维护其原始风貌，黟县政府"以旅游养保护"，从旅游门票收入中征收20%的文物保护资金专款专用，并出台《黟县西递宏村遗产核心区房屋修缮管理办法》，进一步规范修缮报批手续和行为；同时提取4%的旅游门票收入作为当地镇政府旅游收入分成，用于两村周边环境整治和环境卫生保洁、垃圾转运处理等。为保证古村落的真实性，当地政府持续对村落及周边环境进行维护，整治和改造现代建筑，对200座古民居建筑进行了修缮与白蚁防治，并完善村内道路、供电、消防等基础设施，以保证景区的便利与安全。

三是相关职能部门加强对当地经营行为的监管，对从业人员进行宣教。成立遗产保护管理委员会、遗产保护管理监察大队等相关管理机构，专人专职加强对遗产地文化旅游和遗产保护的管理，限制旅游企业的开发行为及保护区内宾馆、酒店等商业设施的建设，纠正处理因商业利益的驱使而出现的乱拆、乱建、乱改造现象。同时，开展普法活动，用身边真实案例不断加强村民的依法保护意识，并由村委会组建村民自愿参与的民间保护协会制定村规民约、编遗产地保护宣传手册印发给村民，为政府在保护第一的前提下合理发展旅游奠定了坚实的基础。为最大限度保留建筑面貌、规范化管理景区、保证游客体验，沿街购物商店的开设也受到严格限制。同时，鼓励保护区范围内的居民迁至政府另外规划的旅游服务功能区和村民现代生活区，易地而居，从事旅游服务。

四是加强生态友好型的生态环境建设，确立了封山育林这一长期工作。20世纪80年代，西递村就成立了封山育林领导小组，安排专人划区巡逻，截至2023年已达成86%的森林覆盖率，绘出西递绿色开发、持续发展的底色。2019年，西递开始发展夜游经济后，在布置山体灯光秀时也尽量减少对植被的影响：埋管位置合理避开植被根系，选择冷光源的景观灯并严格控制每天的亮灯时间不超过4小时，还安排了两名专职人员，除检查灯光设备外，每天对周围的树体情况进行检测。

（二）形成政府、企业、村民参与的多元主体，共享传统村落旅游红利

传统村落观光游是西递最早开展也是最为基础的开发形式。经过多年的开发，西递景区内部已形成较为完善的导览线路，凌云阁、刺史牌楼、瑞玉庭、

桃李园、东园、西园、大夫第、敬爱堂、履福堂、青云轩、膺福堂、应天齐艺术馆等20余处景点已被开发。2020年，西递村民人均纯收入的90%以上来源于旅游及相关产业，旅游业成为当地的支柱性产业，形成了多主体参与共建的良性循环。"西递村门票收入、旅游总收入总体呈上升趋势，接待游客由2012年的56万人次上涨至2019年的95.09万人次，2022年受疫情影响，接待约30万人次。"①

一是为有效盘活遗产地村民房屋资产，县政府编制出台了《黟县乡村民宿发展规划》《关于大力发展乡村民宿的实施意见》《黟县文化旅游体育产业发展专项资金奖励办法》《黟县促进服务业发展专项资金奖励办法》等一系列优扶政策，吸引民间资本，助力闲置的古民居改造为特色乡村民宿，同时落地了泊心云舍高端民宿、西递·驿、士山度假等新兴文旅项目，促进西递由文化遗产观光旅游向度假休闲旅游转型。此外，配合发展方向的转变，政府在建设规划中考虑了西递居民和留居游客的生活日常需求。目前，西递基础设施建设不断完善，农村安全饮水工程的完成、村级卫生医疗室的建设、有线电视和通信网络的普及保障了基本的生活便利性，村级文化活动中心、村史馆则观照了人民的精神文化需求。

二是为了发展旅游业，西递村成立旅游服务公司进行旅游景点专门运营。1994年，西递村成立西递旅游服务公司，主营古民居游览服务、旅游工艺品零售。2008年，黟县徽黄旅游发展（集团）有限公司成立，其是一家国有小微企业，黟县财政局和中国农发重点建设基金公司共有其股权。该公司于2015年起承接西递村的独家开发、经营与管理工作，是西递将旅游开发单独作为产业进行经营的一项举措。

三是西递村注重优化分配机制，平衡各方利益，将旅游发展的利益切实返还普通村民。村集体规划出专门区域建设旅游购物市场供村民租借摊位，依托景区庞大的客流量，大量当地居民以民宿、餐馆、店铺等形式参与到旅游经营活动当中。西递村民从1996年开始享受旅游门票收入分红，2001年，黟县政府与旅游企业达成协议，将西递、宏村门票年收入中的8%作为村集体旅游收

---

① 徐爱平、王涛：《西递镇："镇景村"一体化力促乡村振兴》，黟县人民政府，2023年2月3日，https://www.yixian.gov.cn/xxbs/9170369.html。

益分成，由村委会用于村集体公益事业发展和村民旅游分成。众多村民对自家民居进行改建，隔出专供游客参观的前堂，或者改造成民宿、特色餐厅、文创店等。此外，村民承担保护文化遗产义务的举措也得到政府的经济鼓励，当地将收入分配与村民保护工作年终考核直接挂钩，有效调动了村民的积极性。村中老弱病残人员及贫困户均享有村集体福利，并被鼓励参与到社会服务中。1998年，西递村老年协会成立，发展至今，已成为当地服务老年人、帮助老年人参与村中事务发挥余热的重要组织。

（三）深挖古民居聚落的核心吸引物价值，以活态传承激发非遗新活力

西递村立足古民居聚落这一核心吸引物，深挖古民居建筑的社会价值和经济价值，活态化传承非物质文化遗产，展示古村落的文化魅力，多角度、全方位地将其与旅游产业深度融合，使核心吸引物与非遗吸引物相互映衬。

一是依托众多手工艺类非遗技艺，西递挖掘出"匠人精神"，打造集"非遗传承体验区""农耕文化体验区""徽食文化街区"三者于一体的百匠堂。这样的形式摒弃了传统旅游中的静态展示，将文化遗产以活态形式展现在游客面前，同时提供了一个聚合手艺人的场所，让从前分散各处、各自经营的传承人聚集一堂，提高了产能，拓宽了销路。

二是立足文化传播与传承，西递成立工作室开发研学旅游产品，融文于学、寓教于乐，将天然的文化资源转化为传统文化的教育教学课堂，以积极响应社会主义文化建设的要求，并将当地传统民俗活化编排为"抛绣球""徽州祠祭""晒秋"等表演，让游客置身其间，将民俗文化可视化、可感化。此外，西递开发地方特色周边产品，将西递文化以物的形式展现给游客。

三是西递村与附近同被列入世界文化遗产名录的古村宏村联合，大力发展艺术写生游，将美景转化为绘画写生教育的素材，赋予其新的人文价值与经济价值。目前，全国已有400多家高校、职业学校的美术类专业在西递、宏村设立了艺术写生基地，艺术写生游成为当地一大特色产业。此外，摄影采风、商业拍摄等创作活动同样在西递开展得如火如荼，作为《卧虎藏龙》《幸福到万家》等大热影视作品的取景地，西递优美风光的触达范围借大小荧幕进一步

扩大，央视《山水间的家》《正大综艺》、浙江卫视《万里走单骑》等节目组对西递的寻访也助力了西递之美的广泛传播。

（四）打造年轻人喜欢的乡村旅游新业态，放大旅游吸引物的传播声量

在互联网时代，以5G、人工智能、大数据等为代表的数字技术不断创新文旅产业的业态，对传统旅游形态提出挑战的同时，也带来了新的发展机遇。"网红IP"式的品牌化传播、"云游览"式的线上文旅、"跨圈破圈"式的联名宣传等成为新的热点。立足当下的传播特征，西递联合外部资本开发了更为契合网络传播特征、更具创新性和网红感的新兴项目。

一是"乡村文旅+数字技术"，开创了夜游经济的新领域。2020年旅游市场整体受疫情影响陷入低迷，经济高度依赖旅游业的西递受到较大影响。面对这一难关，黟县文化旅游体育局联合徽黄公司主播在西递开展了"云旅游"直播，让观众"足不出户游古村"，保持景区在线下旅游停滞期的曝光量。以此为基础，西递多次参与旅游直播活动，将宣传渠道拓展到直播平台，以数字形式给文旅产业带来了新的发展机遇。2022年9月27日，西递景区联合大皖新闻直播西递夜游灯光秀，"慢直播"的形式吸引了数万观众，直播正在成为西递对外展示的新窗口。

二是"乡村文旅+节庆赛事"，丰富了西递旅游的项目选择。2016年，首届黄山西递音乐节暨半程山地马拉松在黄山市黟县举行，以西递景区为背景，打造民谣音乐与体育休闲运动相结合的旅游品牌。2019年举办西递国际越野跑挑战赛，赛道连接着西递和宏村两座古村落。2023年举办第十八届中国黄山国际自行车公开赛，以"骑行画里乡村·感受创意黄山"为主题，赛事安排在世界文化遗产所在地西递、宏村，赛道穿过古镇、竹林等景区。

三是"乡村文旅+电竞"，为古老的西递勾勒了更加年轻化的撞色形象，拓宽了受众群体。2021年，英雄联盟城市英雄争霸赛东大区赛总决赛在皖南古村落西递村举办。"这是电竞与民宿的创意联姻，是科技和文旅的热烈拥抱，是资源和创意的完美结合，更是'旅游+'模式的全新探索。期待通过此次比赛，吸引更多的人到黄山来、到黟县来，宿在'村落徽州'，看看'田园

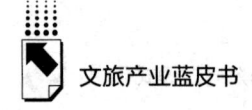

徽州',感受'烟雨徽州'。"① 2023年,第七届王者荣耀全国大赛华东赛区联赛决赛在西递村落幕。"大赛将炫酷的电竞元素与徽州建筑风格元素融入舞台造型,突出黟县的地域文化特色,青砖黛瓦掩映在青山绿水之下,炫酷灯光效果与电竞元素舞台造型实现徽风皖韵与现代潮流的完美结合。"②

参考文献

保继刚、陈苑仪、马凌:《旅游资源及其评价过程与机制:技术性评价到社会建构视角》,《自然资源学报》2020年第7期。
保继刚、林敏慧:《历史村镇的旅游商业化控制研究》,《地理学报》2014年第2期。
范周:《文旅融合的理论与实践》,《人民论坛·学术前沿》2019年第11期。
冷淞、陈瀚颖:《视听艺术赋能文旅融合的创新传播研究》,《当代电视》2023年第10期。
林刚、石培基:《关于乡村旅游概念的认识——基于对20个乡村旅游概念的定量分析》,《开发研究》2006年第6期。
刘安乐、杨承玥、明庆忠等:《中国文化产业与旅游产业协调态势及其驱动力》,《经济地理》2020年第6期。
龙井然、杜姗姗、张景秋:《文旅融合导向下的乡村振兴发展机制与模式》,《经济地理》2021年第7期。
卢松、陆林、王莉等:《古村落旅游客流时间分布特征及其影响因素研究——以世界文化遗产西递、宏村为例》,《地理科学》2004年第2期。
卢松、张捷、苏勤:《旅游地居民对旅游影响感知与态度的历时性分析——以世界文化遗产西递景区为例》,《地理研究》2009年第2期。
彭丽娟、徐红罡、刘畅:《基于社会交换理论的西递古村落私人空间转化机制研究》,《人文地理》2011年第5期。
吴晋峰:《旅游吸引物、旅游资源、旅游产品和旅游体验概念辨析》,《经济管理》2014年第8期。
吴文智:《旅游地的保护和开发研究——安徽古村落(宏村、西递)实证分析》,《旅游

---

① 《英雄联盟城市英雄争霸赛东大区赛(总决赛)开赛》,黟县人民政府,2021年10月25日,https://www.yixian.gov.cn/zwzx/ztzl/ztzl/2021zghsmsfzdhjyxlmcsyxzbs/9022324.html。
② 《第七届王者荣耀全国大赛华东赛区联赛决赛在安徽黟县西递落下帷幕》,《扬子晚报》百家号,2023年6月6日,https://baijiahao.baidu.com/s?id=1767934392171167935&wfr=spider&for=pc。

学刊》2002 年第 6 期。

徐红罡、吴悦芳、彭丽娟：《古村落旅游地游线固化的路径依赖——世界遗产地西递、宏村实证分析》，《地理研究》2010 年第 7 期。

徐雅雯、甘巧林：《扎根理论视角下旅游非正式部门成长路径——以安徽西递古村为例》，《人文地理》2016 年第 5 期。

尹寿兵、刘云霞、赵鹏：《景区内旅游小企业发展的驱动机制——西递村案例研究》，《地理研究》2013 年第 2 期。

余润哲、张圆刚、余向洋：《乡村旅游地发展影响因素组态与路径研究——基于 17 个乡村案例地的定性比较分析》，《经济地理》2021 年第 9 期。

余向洋、张圆刚、朱国兴等：《近邻景区的联动与溢出效应研究——以黄山、西递、宏村为例》，《地理科学》2021 年第 3 期。

张进福：《旅游吸引物属性之辨》，《旅游学刊》2020 年第 2 期。

张进福《物之序：从"旅游资源"到"旅游吸引物"》，《旅游学刊》2021 年第 6 期。

张树民、钟林生、王灵恩：《基于旅游系统理论的中国乡村旅游发展模式探讨》，《地理研究》2012 年第 11 期。

张祝平：《以文旅融合理念推动乡村旅游高质量发展：形成逻辑与路径选择》，《南京社会科学》2021 年第 7 期。

章锦河：《古村落旅游地居民旅游感知分析——以黟县西递为例》，《地理与地理信息科学》2003 年第 2 期。

周建新、谢金苗：《中国文化产业研究 2023 年度学术报告》，《深圳大学学报》（人文社会科学版）2024 年第 1 期。

左冰、保继刚：《旅游吸引物权再考察》，《旅游学刊》2016 年第 7 期。

B.22 "人才—产业—社区"协同发展研究

——以天星村数字游民社区为例

顾毓敏 易美潮[*]

摘　要： 天星村依托特色产业植物编艺，在改善人居环境和提高生态质量的同时积极探索乡村发展多种路径，成立四川首个数字游民社区，并逐步构建成可持续发展生态村。文章深入剖析天星村"人才—产业—社区"协同发展模式的特点和规律，发现天星村通过特色产业与社区建设的有机结合，有效促进了当地经济的持续增长、生态环境的持续优化以及社会文化的多元发展。但发展过程中也面临一些挑战与问题，如青年人才缺乏、社区生活配套不完善等问题。在此基础上，本文提出具有针对性的对策建议，如地方政策扶持、校地企三方合作等，为天星村未来持续发展提供了有益参考，同时为其他地区因地制宜打造和美乡村提供了经验借鉴。

关键词： 天星村　数字游民　和美乡村　社区运营

一　背景

温江区寿安镇是成都市历史文化名镇，位于温江区西北部，地处都江堰精华灌溉区，千百年孕育下的肥沃黑土地为苗木的发展提供了地利。曾经的古蜀寿安城如今已是成都花木艺术小镇，是川派盆景的发源地，享有"花木之乡"的美誉。政府通过整合规划建设，深入挖掘花木编艺的历史渊源，将数代天星村匠人倾心发展的编艺产业打造成为西南首个植物编艺基地，形成了以园林景

---

[*] 顾毓敏，天星生态村主理人，易岚在地创生品牌管理有限公司创始人；易美潮，四川农业大学经济学院农村发展专业研究生在读，研究方向为文旅文创。

观文化为核心的中国植物编景艺术文化村落。其今天仍在继续养育丰盛的农耕种植和川西林木园艺产业。

天星村以四川省非物质文化遗产植物编艺为产业特色，通过几代人的"艺术化手段打造自然生态的园林景观"；以川西林盘院子为矩阵，利用现有紫薇、桂花、海棠等园林资源形成了开放式的编艺花园聚落；以当地特色编艺产业为基底，积极践行绿色低碳发展理念；以"乡村振兴+特色产业振兴+绿色低碳经济"为模式，推动自身生态美学观赏场景打造及绿色旅游消费场景建设。

近年来，随着时代的变迁和市场的变化，编艺产业的发展速度放缓，天星村面临产业发展的瓶颈。在这个背景下，天星村急需产业创新以适应当今经济发展的需要。天星村位于成都近郊，拥有得天独厚的区位优势。在这样的背景下，天星股份经济合作联合社与易岚在地创生（成都）品牌管理有限公司合资成立了四川岚星生态农业旅游发展有限公司（以下简称"岚星公司"）。岚星公司的出现如一阵及时雨，在乡村文旅盛行的背景下，建立了四川地区首家数字游民社区，而且通过创新的理念和模式成功地打破了天星村产业发展的僵局。

天星村的成功实践不仅仅是一个成功的文旅发展案例，在城乡融合的背景下，更是一种可借鉴的"和美乡村"发展模式。天星村依托特色产业植物编艺，在持续改善人居环境和提高生态质量的同时积极挖掘乡村多种功能、多元价值，探索出公园城市、乡村全面振兴和超大城市城乡融合高质量发展的天星模式。通过与当地社区的深度合作共同推动产业升级与转型，岚星公司为天星村带来了新的生机与活力，为乡村振兴注入了新的动力。

二　天星村案例分析

（一）天星村发展历程与现状

2020年，天星村基于自身生态优势和乡村振兴的背景机遇，开放包容地引入市场专业机构，合作成立了"村集体经济组织+社会专业机构"的村域平台运营主体——岚星公司。由该公司对整村开展全方位的系统设计、项目规划营造、市场资源整合和产业内容运营。

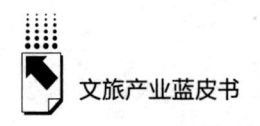

在岚星公司的推动下，天星村在2020年首先确立了"在地创生"的基础运作逻辑，于2021年明确了"天星村——面向未来，回归乡野的可持续生态社区"的发展定位。在清晰的顶层设计下，岚星公司结合天星村区位特点、闲置资源情况、编艺产业现状、历史文化传承、行业及市场机会趋势等要素进行通盘考虑，立足城乡价值交换激活"川西林盘+经济体"，对标"宜居宜业和美乡村"开展场景营造，围绕青年人才引进和社群运营、植物编艺转型升级、社区文化及服务营造等方面积极开展内容运营和创新孵化，探索乡村产业、人才与新生活方式全面融合的生态振兴模式。

岚星公司在天星村的工作内容主要分为村落顶层设计、项目管理顾问、优质主体培育、乡村基础运营四个部分。其中，村落顶层设计包括村落资源管理、区域策划规划、发展模式设计等，项目管理顾问包括建设项目把控、公共空间指导、美学场景创新等，优质主体培育包括优势产业招引、创新产业孵化、校企合作开展等，乡村基础运营包括成立数字游民社区、创新企业服务、进行乡村形象传播等。

岚星公司目前有三个不同的空间：创舍——数字游民常驻的青创工作站；匠坊——大师驻村与高校实践的乡村工作坊；在野——社交与成长兼顾的乡野会客厅。

位于天星村八组的创舍与匠坊是天星村首批林盘创生孵化聚落，是基于数字经济及灵活就业大趋势，面向城市创新族群构建的工作与生活相融合的林盘创新空间。截至2023年底，岚星公司开展100余场各类创新工作坊、商业对话及闭门研讨活动，并在此基础上孵化了四川首个"乡村数字游民社区"，常驻数字游民有15~20位，涵盖人工智能、线上教育、数字文创、新能源、视觉设计、新媒体等多类行业。此外，还持续孵化了三行一术（成都）品牌营销策划有限责任公司、食事社餐饮管理工作室、无穷动品牌策划有限公司、春山如黛手工坊、四川宇鸿鑫晟商贸有限公司等创新公司。

随着市场消费趋势的变化，以及温江区对花卉园艺产业高质量转型发展提出战略要求，植物编艺产业正面临从传统市政园林景观配套产品向文创产品、家庭美学产品、商业空间装饰品等方面精致化转型的挑战。岚星公司连续两年开展"植美寿安·植物编艺创新设计大赛"，协同西南财经大学、四川农业大学、成都农业职业技术学院、四川艺术职业学院等高校，邀请上海都市再生设计机构、深圳中港文创、四川东润景观、捌楼八号设计师社区等市场专业机构，以及编艺合作社在地匠人联盟，形成"学生创意+专业指导+匠人技艺"的共创架构，持续输出逾300件植物编艺创新设计作品，其中创新成果"绿植咖啡盒子"参与了2021年亚洲设计管理论坛暨生活创新展并在展会期间售出。接下来，天星村还会不断坚持推动植物编艺在城市公共装置、绿色商业空间、沉浸式娱乐场景等方面的资源链接与价值共创，实现植物编艺的产业转型。

在社区营造方面，为提高全村居民的文化素质，全力推进新农村建设，丰富群众日常生活，增强群众对农村实用技术、惠民政策、法律法规、传统美德、卫生保健等知识的了解和掌握，岚星公司通过为村委会提供嵌入式服务的形式，持续开展"板凳课堂"，邀请驻村数字游民和相关专业导师定期为村民进行有关花艺、烘焙、垃圾分类、旅游服务等知识的培训，培养村民就业技能，为社区运营储备人才。同时，岚星公司积极组织各类立足在地村民激活与公共文化升级的创生行动。通过"天星12铺计划"，带动村民开展闲置空间的改造升级，目前首批场景"星源食坊""在野书房"已经投入营业，盘活了村民或集体的闲置资产，丰富了村民生活和文化场景，同时实现了村民创收。由天星村村民组成的"星星合唱团"成立三年来，已经为寿安镇编艺文化旅游季等多个本地的节事活动输送节目，成为天星村的一大特色标签，也使众多村民实现了走上舞台的梦想。

天星村是温江区和美乡村先行村、共青团温江区委青年发展型社区示范点、温江区社区美空间，上榜"2023成都生活美学大赏年度十大空间"，并被评选为温江区科学美空间与众创空间；同时，作为西南片区乡村振兴及未来生态村的先行实践项目，天星村在国内乡创行业领域不断引起关注，在2023年海南国际文创周入选中国乡创地图，被国际慢食协会评选为"十大国际慢村"。

（二）"人才—产业—社区"协同发展的模式分析

人才、产业和社区是乡村振兴和现代化发展的重要组成部分。人才是推动经济发展的核心要素之一，产业是地区经济的支柱，而社区是人才和产业发展的重要载体。这三个要素缺一不可，共同构成一个生态可持续的完整体系。

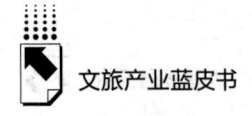

1. 社区是人才和产业发展的重要载体

天星村致力于打造生态可持续发展的"和美乡村"。①丰盛平和的生态系统是基础，天星村倡导多方面的生态保护和可持续发展。通过垃圾分类工作实现资源循环利用；建立绿道蓝网，促进绿色出行；重视园艺疗愈，促进身心健康；推进绿色能源利用，减少污染影响；开展自然教育，培养环保意识；倡导简朴永续的生活方式，鼓励种植可食植物；采用"社区支持农业"（CSA）模式，促进农村经济发展和社区共享。②具有共同价值的生活系统是主要内容，天星村致力于推动生活方式和理念的多元化，以实现人类与自然的和谐共生。推动绿色出行、健康慢食、生命成长、身心疗愈、人文美学、温度社交等多元化的生活方式和理念，实现人类与自然的和谐共生。倡导低碳出行和保护自然资源，鼓励有机健康饮食，尊重生命规律，通过自然疗愈调整身心状态，丰富精神生活，建立真诚温暖的人际关系，共同构建和谐社区氛围。③天星村致力于多样化工作模式和创新环境的探索，推动社会经济发展和人才培育。提倡灵活办公，鼓励远程办公和云端协作，注重科学美空间的构建，通过科学的设计和艺术的表现打造舒适、美观、具有创造力的工作环境；设立众创苗圃促进创新创业，推动乡村经济振兴和社会进步；设立人才驿站，为优秀人才提供交流、培训和就业机会，促进人才的聚集和成长；建立商业孵化中心支持初创企业的发展和壮大，推动商业创新和产业升级。

2. 人才是推动经济发展的核心要素之一

随着工作压力的增加和生活节奏的不断加快，越来越多的人开始意识到城市的局限性。他们渴望远离喧嚣的城市，寻找宁静祥和的安身之所。有更多的年轻人来到天星村这个数字游民社区，在保持其职业活动的同时融入当地社区。数字游民在乡村并未停止工作，而是在这里寻求新的工作模式和生活方式。同时，数字游民也积极参与到社区的共建共创共享活动中，与当地居民一同合作，为社区的发展和进步贡献力量。在天星村，老村民拥有土地、空间、个人技艺等，新村民拥有资本、知识、影响力等。天星村的建设不仅要满足在地村民的居住与就业，而且要构建能够包容领军人才、创新机构与活力青年人入村的、与在地村民互为补充、共同进步的新乡村人才系统。

3. 产业是地区经济的支柱

天星村正在逐步建立起多主体相互成就、多载体有效利用的利益联结机制。在产业发展的基础上,通过促进村民就业、支持本地创业以及增加集体经济收入,实现多方面的经济带动和地方居民收入的多维增长。多元内容主体的引入与产业创新,使集体闲置资产得以有效利用并带来多元的经济收益;采用创新基金模式,整合国有资本、集体资产,创新社群内容与运营主体,以实现经济价值与公益价值的最大化;同时,建立可持续生态系统,自然规避乡村房地产等短期市场资本的涌入,使更多的资本集中在产业和文化等更加有益的领域。"天星12铺计划"的实施不仅为当地村民提供了主理人孵化的机会,也推动了年轻创新人才在乡村业态创新方面的孵化。这一机制的建立和实施,将进一步推动天星村产业的蓬勃发展,为地方经济和社会的可持续发展注入新的动力。

三 天星村未来优化计划

天星村可持续生态社区旨在打造一个具有生态、美学价值和富有温度的社区。这一愿景体现了对传统乡村的新诠释,强调了对生态环境、美学价值和人文关怀的重视。在这一理念下,未来乡村将秉持开放包容的态度,接纳新老村民的共建共创共享。融合在地编艺产业与创新产业是实现未来乡村经济转型的关键策略之一。这种融合不仅意味着对传统产业的延续和发展,更体现了对新兴产业的拥抱和创新。同时,塑造特色文化也是未来乡村的重要任务之一。新老村民共同成长、城乡融合共生的特色文化标签将成为未来乡村的独特魅力所在。在经济利益方面,多主体相互成就、多载体有效利用的利益联结机制将推动未来乡村的可持续发展。这一机制旨在实现各方利益的最大化,为未来乡村的长期发展奠定坚实基础。

(一)数字游民社区空间升级改造

优化打造可持续的林盘经济产业社区,打造"生活—工作—社交"一体的数创社区。目前,天星村可提供的床位数量已经不足以满足未来可能到来的更多游民,需要进行扩建与升级改造,以满足数字游民社区的发展需求。同时,由于空间不足,社区的功能性和娱乐性也受到限制,需要进一步完善。为了提升社区的吸引力和竞争力,需要进行空间扩展和设施升级,以满足数字游民社区的发展需求,并为居民提供更丰富的生活体验和更广阔的社交活动空间。

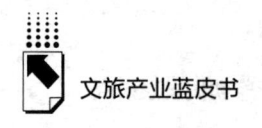

（二）天星村全域景区化升级

首先，营造主客共享的乡村生态旅游路线，与周边的景区协同发展，串联北林绿道环线，联动赵家渡与编艺公园，打造骑行友好的、彰显植物编艺特色的旅游路线。其次，立足编艺创新打造寿安百景，将产业场景转化为消费场景，结合花木编艺创新大赛成果，先期在天星村营建10个"寿安百景"示范点位，引导全村头部匠人及村民参与"园区变景区"，未来将打造植物研学hub、国潮花集、煮茶花园、秘密花园、婚庆花园、正念林、生机农场、宠物花园、奇石园、草本部落等场景。最后，打造新的标准化、生态化、文创化的乡村导览导视系统，优化进入村落之后的指南。举办编艺节、编艺大赛、编艺展览等，为编艺创新成果展示提供平台。

（三）打造15分钟生活圈

目前，随着新老村民生活消费需求的逐步提升，天星村正筹备打造一个具有蓬勃活力、主客共享的15分钟生活圈。这一计划包括在不同领域增设各类服务设施，以满足居民日常生活所需。在生活服务方面，计划增设便利店、杂货铺、洗衣店、理发店等场所，以提供基本生活所需。而在乡村社交方面，计划增设茶铺、烘焙工坊、小酒馆、奶茶店等场所，为村民提供休闲社交场地。另外，在餐饮休闲方面，计划增设轻食餐厅、深夜食堂、特色小吃铺、风味美食餐厅等餐饮设施，丰富居民的饮食选择。此外，还计划增设社区活动中心、维修店、快递超市、社区食堂、健身房等公共服务设施，为村民提供更多便利和娱乐选择。天星村致力于打造一个更加宜居、便捷和充满活力的生活环境，在优化村民生活配套设施的同时，为村民提供创业支持，将村民闲置资源有机活化。

（四）优化嵌入式服务

社区嵌入式服务设施建设工程关系到每一名居民的切身利益。天星村以打造面向未来的、高度融合工作和生活的、可持续发展的乡村社区为目标。为了提高全村居民的文化素质，天星村全力推进新农村建设，丰富群众的日常生活，增强他们对农村实用技术、惠民政策、法律法规、传统美德和卫生保健等方面知识的了解和掌握。为此，天星村系统化设计了嵌入式服务方案，包括传统节庆、文化服务、儿童教育和技能培训四个板块。这些服务旨在满足社区居民的需求，促进社区的发展和进步，助力乡风文明建设。通过这些举措，天星村将打造一个更加和谐、繁荣和文明的乡村社区。

（五）打造年轻力计划 SeedIn 青创部落

寿安镇政府、天星村两委和天星村共同发起"年轻力计划"，搭建青年友好的未来乡村共建平台，邀请各行各业的青年来交流、共创，参与乡村建设，加入 SeedIn 青创部落。SeedIn 团队立足于"以人为导向"的价值观，以实现可持续发展为目标，致力于向村民、访客和新进驻者提供有利于经济增长与美好生活平衡发展的服务、空间乃至整体解决方案；努力推动未来生态村的每一个成员为集体的共同利益作出贡献；赋能内部和外部伙伴，并将他们作为推动积极转变和创新的核心力量。天星村提供机会让青年成为乡村主理人，亲身参与乡村活动，通过参与策划、执行、交付等一系列有意义的项目和活动，真实接触到不同议题与领域，发挥特长和创造力，拓宽视野和能力。同时，同步更新天星村的共创沙龙、读书会、技能分享会相关内容到 SeedIn 青创部落线上社群。

B.23 民宿助力乡村振兴的逻辑理路与优化路径探微

——基于巴渝民宿的案例实践

姚 磊 李文静 王卢嫱*

摘　要： 巴渝民宿项目经过7年多的发展，取得良好的社会效益和经济效益，有力地助推了脱贫攻坚和乡村振兴事业。本文通过对巴渝民宿项目的深入调研，总结该项目近年来的主要做法及实践成效并分析目前存在的问题及现实困境，进而提出有针对性的优化策略。巴渝民宿项目通过创新利益联结模式等措施，逐步形成了"共建共享、以房联营、以地入股、文旅融合、网络营销"发展模式，实现了村集体、村民和企业的共同振兴。然而，目前巴渝民宿仍存在文化渗透、资源整合和民宿服务不完善，管理机制、监督机制与配套设施不健全，缺乏系统性、科学性、前瞻性产业规划等问题。未来，巴渝民宿应走出一条集群化、特色化、融合化的发展之路，为后发地区乡村振兴提供重庆思路。

关键词： 巴渝民宿　乡村振兴　以房联营　以地入股　共建共享

引　言

2015年底，重庆市国土房管局（2018年底重组为重庆市规划和自然资源

---

* 姚磊，重庆邮电大学传媒艺术学院教师，澳门科技大学电影管理专业2020级博士研究生，研究方向为影视产业；李文静，重庆市巴渝民宿集团有限公司民宿事业部副部长（主持工作），研究方向为文旅产业；王卢嫱，重庆邮电大学传媒艺术学院广播电视专业2022级硕士研究生，研究方向为影视产业。

局）整合相关资源，成立重庆市巴渝民宿经营有限公司，后又整合局属5家企业资源，组建重庆市巴渝民宿集团有限公司（以下简称"巴渝民宿集团"）。2019年，巴渝民宿集团从市规划和自然资源局整体划入重庆市地产集团有限公司，纳入国资国企监管。迄今为止，巴渝民宿集团共推进实施10个乡村振兴民宿项目（见表1），总投资20302万元，建筑总面积52536.42平方米，建设民宿120栋，经营房间865间。不断完善巴渝民宿在促进农村三产融合中的发展模式和利益联结机制，积极探索农村土地房屋制度改革，逐步形成了"共建共享、以房联营、以地入股、文旅融合、网络营销"发展模式，实现了村集体、村民和企业的共同振兴。

表1 巴渝民宿项目介绍

项目名称	项目地址	建筑面积（平方米）	项目规模	客房数量	经营性质
城口龙洞湾巴渝民宿	重庆市城口县东安镇兴田村	2259	以房联营4栋，以地入股1栋	共计45间	自建自营
彭水丹阳寨巴渝民宿	重庆市彭水县万足镇廖家村	3709	以房联营8栋，以地入股2栋	共计68间	自建自营
酉阳楠木湾巴渝民宿	重庆市酉阳县两罾乡楠木湾	6536	以房联营15栋，以地入股3栋	共计130间	自建自营
巫溪长红村巴渝民宿	重庆市巫溪县通城镇长红村	6353	以房联营17栋，以地入股1栋	共计106间	自建自营
彭水黄帝峡巴渝民宿	重庆市彭水县润溪乡樱桃村	8381	以房联营14栋，以地入股5栋	共计200间	自建自营
彭水花丘堡巴渝民宿	重庆市彭水县靛水街道大厂坝村	7525	以房联营5栋，以地入股13栋	共计68间	自建自营
开州方正杨柳池巴渝民宿	重庆市开州区大进镇杨柳村	4215.57	以地入股8栋	共计74间	联建自营
石柱莲花坪巴渝民宿	重庆市石柱土家族自治县中益乡建峰村双坝组	3566	以地入股10栋	共计54间	联建,石柱农文旅公司经营
巫溪华侨城巴渝民宿	重庆市巫溪县红池坝镇九坪村三社	5258.56	以地入股4栋	共计36间	联建,九坪村村委会经营
城口迎红巴渝民宿	重庆市城口县沿河乡迎红村二组	4733.29	以地入股10栋	共计84间	联建,满地杏叶旅游公司经营

资料来源：重庆市巴渝民宿集团有限公司内部资料。

一 主要做法与实践成效

（一）创新利益联结模式，解锁共富惠民密码

巴渝民宿集团试点通过集体经济组织"以地入股"、农村居民"以房联营"等方式（见表2），以"活农村资源、促集体增收、富农民口袋"为核心理念，引导农户有效盘活闲置资产，助推农户增收致富，并进一步落实2021年中央一号文件"从脱贫之日起设立5年过渡期""过渡期内保持现有主要帮扶政策总体稳定"的要求，按2∶8比例与联营农户进行客房收入分配，切实巩固拓展脱贫攻坚成果同乡村振兴有效衔接。

自民宿投营以来，10个民宿经营收入共计1601.78万元，其中，客房经营收入891.51万元，餐饮及农特产品经营收入710.27万元。2022年，10个民宿经营收入435.36万元。巴渝民宿集团管理的7个民宿经营收入309.65万元，其中，客房经营收入185万元，同比增长38%；餐饮及农特产品经营收入124.65万元，同比增长50%。①

表2 巴渝民宿主要建设发展模式

模式名称	模式内涵	特征	典型案例点
以地入股	村集体以村内节余建设用地指标折价入股参与到乡村民宿建设；新建民宿中无农户居住，全部房间用于民宿经营	用地来源：农户宅基地+节余建设用地指标； 资金投入：集体土地折价入股，巴渝民宿集团单独出资或与其他平台公司组建子公司共同投入资金； 利益分配：村集体与公司按照所占股份分红； 民宿产权：产权归巴渝民宿集团或组建公司所有	开州方正杨柳池巴渝民宿、石柱莲花坪巴渝民宿

---

① 数据来源于重庆市巴渝民宿集团有限公司相关资料。

续表

模式名称	模式内涵	特征	典型案例点
以房联营	农户原宅基地拆旧建新后的房屋或农户易地搬迁后新建的房屋与公司联营；联营房屋优先满足农户自住需求，剩余房间用于民宿经营	用地来源：农户宅基地；资金投入：农户以政策补贴、复垦资金、旧宅补助等入股，巴渝民宿集团以货币资金入股；利益分配：民宿经营收入中农户与公司按照8：2分红；民宿产权：农户与巴渝民宿集团共享产权	彭水黄帝峡巴渝民宿、酉阳楠木湾巴渝民宿、巫溪长红村巴渝民宿
共建共享	民宿建设费用由多方共同承担，民宿经营收入由各方共享分成，民宿产权由投资入股方共享	融合前两种模式的多种特征，除巴渝民宿集团单独出资建设的民宿外，各项目点都涉及此种混合了"以房联营"与"以地入股"特征的模式	涉及各案例区

资料来源：杨庆媛、张荣荣、苏康传等《基于巴渝民宿的乡村营造研究》，《西南大学学报》（自然科学版）2021年第7期。

（二）发挥政策引领作用，扶持工商资本下乡

巴渝民宿集团按照中央和市委脱贫攻坚和乡村振兴战略部署，聚焦十八个深度贫困乡镇，实施"政府引导、民企唱戏、村户受益"工作模式，坚持政策协同、多元参与，广泛动员社会力量参与扶贫民宿的开发和建设，切实保障农民利益不受侵害，使工商资本下乡"有利可图"，实现"共建共享"。一是加强政府引导。扶贫民宿试点初期，充分发挥政府部门聚合优势资源的作用，鼓励和支持市规划和自然资源局下属企事业单位共同投资推进巴渝民宿的高质量发展，统筹用地指标流转、土地整治规划范围、各类财政衔接补助资金，以"有解思维"化解乡村振兴土地有效利用、房地一体确权登记、融资抵押担保等方面的"短线"之困，为社会力量参与探路。二是凝聚社会力量。巴渝民宿试点立足"资源配置、政策通道、协调保障"，吸引金科、恒大等知名企业，以社会共创助力城口县沿河乡、开州区大进镇、巫溪县红池坝镇等深度贫困乡镇的民宿项目，使昔日闲置低效的乡村资源不再"沉睡"。

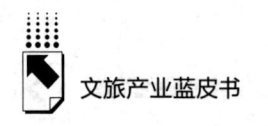

（三）加大带动示范作用，激活乡村造血功能

针对联营农户在民宿经营能力、服务水平、市场意识方面的不足，巴渝民宿集团加大宣传推广力度，联合各大旅行社和自驾游团队共同宣传推介，通过参加携程、美团平台推广活动等多维度构筑起"互联网+民宿"推广体系，让游客提前感知乡村的"烟火气"。同时，巴渝民宿集团以定期组织召开院坝会的形式，对联营农户开展"讲故事、讲经营、讲待人接物、讲市场营销"的培训活动，有效提升了联营农户的民宿接待、服务质量。目前，巴渝民宿集团正按照因地制宜、分类施策、有效衔接的原则，就各巴渝民宿的项目定位、机制体制、功能配套、服务品质、文旅融合、品牌推广等方面做进一步研究深化，对民宿运营进行提质增效。

2018年，巴渝民宿被国务院扶贫开发领导小组办公室、自然资源部、中央电视台作为扶贫典型项目推介。2020年，巴渝民宿入选重庆乡村振兴十大示范案例。2022年，中央电视台《奋斗新征——2022年全国乡村振兴特别节目》在巴渝民宿取景拍摄。除此之外，中国新闻网、央广网、《重庆日报》等众多媒体就巴渝民宿促乡村振兴、激活扶贫"造血"功能、"宿"造乡村未来等内容进行宣传报道，巴渝民宿得到中央、地方政府及社会大众的高度认可。

（四）加强团队建设，提升运营能力

巴渝民宿集团确定直属企业北部巴渝民宿公司作为民宿经营管理主体，制定《乡村民宿规范和服务指南》，常态化开展联营农户和驻点管家经营管理实务培训，做好民宿的整体规范化工作，与联营农户建立情感联谊机制，实现联营联产联户连心互帮互助。经常性开展入户走访，与联营农户探讨交流经营管理经验，听取他们对民宿经营的意见和建议。引进在读大学生和职业经理人到村开展民宿经营帮扶，促进经营能力提高。同时，加大对外合作力度，与千里走单骑、德宿文旅等专业运营团队进行交流学习，赴行业内优秀民宿参观考察，有效促进接待服务质量和管理水平提升，使运营管理人员基本达到市场化运营水平。

二 存在问题和现实困境

(一)文化渗透、资源整合和民宿服务不完善

民宿筹建初期,各项目按农房建设标准及规定修建,同当下市场化民宿的室内布局、设施配套等条件存在较大差距,加上经营者管理水平不高、联营农户市场意识转变困难、在地文化底蕴挖掘不够等因素,导致民宿核心竞争力不强。

部分民宿仍以粗放式接待为主,单纯突出民宿的住宿、餐饮、观光和休闲等功能,民宿业主在经营过程中也未能与游客进行文化和情感的交流,虽然处于环境优美、民风淳朴的乡村,但民宿经营仍停留在较为低端的"农家乐"形态,缺乏文化与生产生活的乡土表达。在资源整合方面,巴渝民宿与乡村旅游尚未深度融合,民宿产业与乡村旅游各环节之间存在各打各牌的情况,难以形成聚合的能量。现有民宿经营的营销推广大部分仍采用等客上门的传统路径,在宣传营销中呈现小而散的发展态势,主要依靠口碑相传等较为单一的宣传方式,民宿品牌没能打响,进而导致全域旅游效益难以发挥。

(二)管理机制、监督机制与配套设施不健全

在管理机制方面,巴渝民宿集团按照"农村、农民利益优先,尊重历史、立足现实"的原则,多次对区县民宿公司存在的股权核定、超股比借款、协议签订、权属办理等方面的遗留问题进行专题研究并拟定解决问题的办法和路径,但是鉴于项目属地相关部门机构改革、职能调整、人员变动等因素,区县政府、有关部门和乡镇政府配合度较低,不能保障工作有效推进,导致遗留问题推进整体缓慢。

在监督机制方面,尽管业界对巴渝民宿产业的发展抱有很高的期望值,但民宿产业仍难以有效应对管理不规范和行业标准缺失等问题,缺乏专门且明确的相关法律和政策性规定,而仅仅依靠民宿经营者的自我监督显然效果有限。据了解,国家旅游局在2017年制定并发布了旅游行业标准《旅游民宿基本要

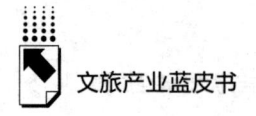

求与评价》，成都也在2018年发布了《成都市乡村民宿规范》，但重庆至今都没有相应的管理条例出台，且缺乏专业化、规模化的具体管理办法，民宿的范围界定不清、法律规范滞后，使民宿建设只能暂时按照农家乐的相关标准执行。参与民宿建设和运营的国有企业没有充分获得主管行业部门的支持和认可，因此主管行业部门未能及时制定民宿行业标准与规范，监督及引领作用没有得到发挥。

在基础设施方面，近年来，重庆市委、市政府大力支持美丽乡村建设，有效助推了巴渝民宿的发展，但基础设施不健全仍是制约民宿发展的重要因素之一。巴渝民宿所在地点多为重庆偏远的山区及农村，缺乏优良的交通和公共基础设施，无法满足游客多样性的需求。同时，由于乡村本身经济、社会、环境条件薄弱，配套设施不齐全，存在诸多方面的安全隐患，就近的医疗服务十分简陋，难以保障及时救治，还有一些消防救助也不能及时抵达。由于基础设施具有公共性，单靠民宿经营者难以改善，迫切需要政府部门加大基础设施建设的投入力度。

（三）缺乏系统性、科学性、前瞻性产业规划

当前，城乡融合是中国民宿发展的一个重要背景。未来城乡经济相互依存、城乡产业结构差异减小、城乡收入水平逐渐缩小是大势所趋，而民宿经济作为城乡人才、资金、技术等要素流动的连接点，将在其中发挥桥梁和平台作用。随着社会经济发展水平的提升，民宿把来自城市的人才、理念、技术和资金注入乡村，人们对高品质、生态型住宿的刚性需求也已经从过去的"观光型"转向"度假体验型"。

但从实际情况来看，巴渝民宿产业仍处于"星星之火"的发展初期，虽然通过建设民宿配套建筑在一定程度上促进了当地经济产业的转型和升级，但由于其经济收益主体是联营农户和企业，仍然缺乏与当地人文、产业、生活和自然景观的深度融合（如与康养、研学等行业整合和跨界融合发展尚处于低级起步阶段），已有的营业模式和营业渠道营收功能相对单一，对当地其他产业的辐射不够，带动农民群体增收致富的能力不大，基层组织和集体经济组织也难以有效发挥作用。

三 优化策略与实现路径

（一）走集群化发展之路：打造品牌矩阵，构建市场壁垒

其一，形成民宿集群区域的品牌资产平台。民宿集群的区域品牌构建就是要用市场化的手段引导区域民宿集群的发展，并集约化地进行区域内资源供给和配置。其中，民宿集群区域品牌的知识产权体系建设是一个具有前瞻性的抓手，这里面除了我们熟知的区域品牌商标权，还包括区域土特产的地理标识权、内容开发的版权、区域公共品牌相关的网络域名权、文创开发设计的工业设计权等。构建民宿集群区域品牌知识产权体系，一方面能够运用知识产权体系支持和规范区域内的相关产业开发，另一方面又能通过知识产权体系运用授权、准入、评级等手段进行市场化管理。

其二，制定民宿集群区域的公共品牌战略。民宿集群区域公共品牌的打造就是把集群区域作为一个品牌来管理经营，以集群整体形象参与旅游行业的市场竞争。依托集群优势，充分进行自身资源分析、竞争分析、客源市场和游客需求洞察，找准定位和发展路径，以集群区域公共品牌战略为指引，形成民宿招商策略、文化特征规范、准入机制和授权策略。一方面，协调规范区域内民宿的有序竞争和互补经营，以区域品牌支持区域内民宿的发展，同时民宿的发展也反哺区域品牌的声誉积累；另一方面，利用集群发展的战略优势避免或减轻外部竞争威胁，从而更有序和长远地发展。

巴渝民宿可利用建成的民宿和新布局的民宿，在全市建成多个民宿集群，实现总体推广、划类营销、分区管理的经营目标，达成"以地入股、以房联营"模式引领社会资本下乡的示范目标。一是建设主城近郊民宿群。在主城近郊选取多个自然、区位、交通、市场基础较好的区域，用好用活"以地入股、以房联营"的合作模式与利益联结机制，创新合资投建、租赁改造等形式，植入休闲社交、餐饮娱乐、农耕养殖、拓展活动、艺术演艺等业态。二是建设渝东北民宿集群。在奉节、巫山选址，把城口、巫溪、开州的民宿进行有效空间串联，在产品业态上进行有效丰富，抢抓郑万高铁、开城高速带来的旅游效应。三是建设渝东南民宿集群。利用武隆仙女山、綦江天星寨两个已开工

和拟建项目的影响力,带动彭水、酉阳四个民宿进行有效空间串联,在产品业态上进行有效丰富,持续放大民宿产品在夏季避暑、主城客群旅居方面的优势。

(二)走特色化发展之路:挖掘民俗风情,物化文化共育

首先,提升地域特色,营造文化氛围。一是按照因地制宜、尊重传统、分类包装的原则,依托"巴山渝水"的自然人文资源,讲好民宿故事、提升民宿"软件"建设水平、创建"民宿+文化"主题,要围绕当地历史人文、发展历程讲好民宿故事,让身边的花、草、树都有名字,周边的水湾、山岚都有传说,使地域文化得到延续,充分彰显民宿在地文化窗口效应。二是搭建民宿交流服务平台,加强与知名运营团队的合作,充分体现巴渝民宿人性化、差异化、品牌化特点。三是建立民宿产品标准体系,按照乡、村、院三级包装产品,重点体现旅居、乡居、康居功能,丰富品牌的产品内涵,增强辨识度,实现差异化、个性化的市场认知,以提升民宿的知名度和美誉度。

其次,把好设计关口,提供个性体验。设计本身即在阐释文化,是影响游客对精品民宿第一印象的制胜法宝。一方面,民宿的设计应该根植在地文化,留存在地乡村文化特色和自然景观的原生态本色,使游客在"住民宿赏民俗"的过程中能够尽情拥享"看得见山、望得见水、记得住乡愁"的闲适与恬静;另一方面,在进行民宿主体视觉设计的过程中,还应该与时俱进,积极引入现代理念、现代技术、现代模式,在提供标准化的服务基础上满足游客个性化的需求,使游客既能获得返璞归真的乡村体验,又能享受到现代化、个性化的住宿体验。

最后,营造亲情文化,加强人文关怀。民宿本质上就是通过实现游客对民宿社交性与类家性的人文关怀的感知需求,来提升他们的情感体验和再消费意愿。这不仅仅体现在地域文化上,也不局限于室内设计中,其更深层次的目的是增进游客与村民之间的情感互动,为他们营造"宾至如归"的居住氛围。热情好客的服务品质可以为游客提供"请客进门"的家庭式服务与相处模式,从而有效减轻民宿的商业化气息,塑造质朴、纯真的民宿灵魂。游客可以与村民一起制作美食、体验当地的自然风景和风土人情,互相迎来送往、嘘寒问暖,从而以主客双方的温情来往赋予民宿更多亲和力和人情味。

（三）走融合发展之路：延伸产业链条，多元业态共融

第一，优化产业资源整合联动机制。其一，要把民宿的发展规划纳入在地旅游发展总规划中，明确民宿合理布局和经营模式的总体方向，实现规划一张图、建设一盘棋；其二，民宿还需要与餐饮业、娱乐业、旅游业进行结对合作，形成"民宿+"产业联动，使民宿产业在与其他产业的纵深融合中获得更为可观的社会效益与经济收益；其三，要引导社会企业、专业团队、创客群体等社会资本注入，允许经验丰富的商业精英、艺术工作者和高校教师等以半公益身份不同程度地介入民宿运营，提高民宿产业资源的有效开发水平。

第二，强化项目资源整合联动机制。其一，要采用供给侧思路，从市场需求侧逆向推进用地指标和用地布局精准对接项目用地；其二，要建立跨部门、多层级的项目协调机制，充分发挥旅游、交通等相关行业主管部门的作用，实现层级开发、梯度发展，建设旅游资源综合开发信息共享平台，加强部门间资源整合、信息共享；其三，要完善重大问题协调解决机制，建立旅游项目利益诉求表达和协商协调平台，强化行业自律监管，充分发挥各级政府的引导和带动作用，在项目立项、审批等环节加强行业引导和监督管理。

结　语

作为旅游住宿业中的一支新兴力量，民宿已逐步成为发展乡村旅游的有效切入点，不仅为广大游客提供了"诗意栖居"的新选择，还通过对乡村基础设施建设的带动、对精神文明和生态环境建设的促进，重塑了乡村肌理，改变了外界对乡村的刻板印象，有力地促进了乡村振兴。巴渝民宿因探索乡村振兴、发展乡村旅游而出现，但在其不断发展中，也暴露出在硬件、文化、服务、资金、人才以及用地等方面存在的一系列问题。未来，巴渝民宿包括其他民宿发展更应该结合地方政府经济、旅游等发展规划，深入挖掘文化内涵，完善经营管理制度，促进乡村旅游消费创新升级，实现民宿产业的健康发展，成为发展乡村旅游、提振农村经济的重要切入点。

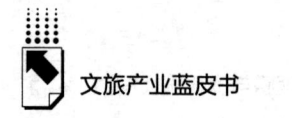

参考文献

宋德义、邵恒心、宇德良:《乡村振兴背景下闲置农房盘活利用问题与对策——来自重庆案例实践》,《中国国土资源经济》2020年第6期。

宋丹妮、罗寒:《重庆:以民宿带动农村产业融合——以巴渝民宿为例》,《城乡建设》2019年第10期。

黎洁等:《旅游扶贫与乡村旅游可持续发展研究》,社会科学文献出版社,2021。

B.24 数字化赋能：地方非遗在文旅产业中的传承与创新

庞胜楠 张婧 任一丹[*]

摘　要： 数字信息技术的快速发展为非物质文化遗产的传承与创新带来了新契机。在遵循数字化和非物质文化遗产融合发展规律基础上，地方非物质文化遗产积极引入数字技术，既是对非物质文化遗产的传承与创新，也为当地文旅发展注入新动能，取得了一定成效。本文结合具体案例，聚焦于数字化技术在地方非物质文化遗产保护与文旅产业融合中的关键作用，分析数字化赋能地方非物质文化遗产的主要模式，以期为地方非物质文化遗产数字化融合发展提供有益探索和借鉴。

关键词： 非遗文旅　数字化赋能　融合发展　文化旅游

引　言

非物质文化遗产是指以非物质形态存在，与人民群众的生活紧密联系并代代传承的各类传统文化，包括语言、戏曲、表演艺术、传统手工艺、特殊文化空间等文化形式。[①] 非遗文化是人类智慧的结晶，既是中华民族的骄傲，又是了解不同文化与传统的一种新视角，对其进行保护与传承，是守护民族和国家文化根脉的重要任务。

---

[*] 庞胜楠，清华大学影视传播研究中心助理研究员，研究方向为文旅产业、媒介效果；张婧，澳门科技大学电影学院数字媒体艺术专业本科生，研究方向为数字艺术与创作；任一丹，首都师范大学硕士研究生，研究方向为视听传播、新媒体与中国社会。
[①] 赵云海、刘瑞：《数字化时代非物质文化遗产知识产权保护实践反思》，《文化遗产》2023年第2期。

党的二十大报告对"实施国家文化数字化战略"作出全面安排与部署，从宏观层面持续强化对文化数字化转型的顶层设计。2023年6月2日，习近平总书记在文化传承发展座谈会上强调，在新的起点上继续推动文化繁荣、建设文化强国、建设中华民族现代文明，是我们在新时代新的文化使命。随着政策的推进和实践的探索，数字化技术在非遗方面的应用方式也有所改变，由最初助力保存、记录、展示的辅助性工具发展为助力创新和发展的支撑手段与科学动力，为地方的非遗保护和创新提供了强有力的支撑，同时也给文旅发展带来了新的机会。

一 数字化非遗发展的基础条件

（一）非遗资源丰富多元

中国现存非遗资源丰富、形式多样、技艺精巧，文化和旅游部数据显示，截至目前，中国共有各级非遗代表性项目10万余项，其中国家级非遗代表性项目1557项；各级代表性传承人9万余名，其中国家级非遗代表性传承人3056名。[1] 56个民族均有项目列入国家级非遗代表性项目名录，同时中国还设立了23个国家级文化生态保护区，实施非遗记录工程等一系列振兴培养计划，培训传承人超过10万人次。此外，中国有43个非遗项目列入联合国教科文组织非遗名录、名册，位居世界第一，为世界文化多样性贡献了"中国色彩"。[2]

（二）数字经济飞速发展

数字经济作为继农业和工业经济之后的全新经济形态正持续推动传统产业向数字化和智能化转型。据统计，2022年中国数字经济规模已达到50.2万亿元，位居世界第二，占GDP比重提升至41.5%[3]，成为推动经济稳健增长与转型发展的强大引擎。随着数字经济的迅速崛起，一系列新型数字技术的应用

---

[1] 《我国共有各级非遗代表性项目超10万项》，《光明日报》2023年1月4日。
[2] 《我国共有各级非遗代表性项目超10万项》，《光明日报》2023年1月4日。
[3] 国家互联网信息办公室：《数字中国发展报告（2022年）》，2023年5月23日。

为非遗的传承与发展提供了有力支持，助力形成非遗文化数字化传承、保护及创新的崭新局面。

（三）政策支持力度空前

2023年2月，文化和旅游部印发的《关于推动非物质文化遗产与旅游深度融合发展的通知》指出，推动非物质文化遗产与旅游深度融合发展对于扎实做好非物质文化遗产的系统性保护、促进旅游业高质量发展，更好满足人民日益增长的精神文化需求具有重要意义。① 中国开展非遗保护工作之初，便积极利用数字技术加强对非遗的确认、立档、保存、宣传等。2005年，国务院办公厅印发《关于加强我国非物质文化遗产保护工作的意见》。2006年，文化部出台《国家级非物质文化遗产保护与管理暂行办法》，进一步提出"鼓励地方通过大众传媒等手段普及非遗知识，促进社会共享"②。

近年来，中国对非物质文化遗产的保护利用达到历史新高度，2021年在《"十四五"非物质文化遗产保护规划》中明确从2025年到2035年的目标为"非遗的国际影响力显著提升"。2023年，中国首个非物质文化遗产领域的文化行业系列标准《非物质文化遗产数字化保护　数字资源采集和著录》由文化和旅游部批准发布。这一标准系统地规定了非遗数字资源采集和著录的总体要求，涵盖了非遗代表性项目数字资源采集方案编制、采集实施、资源著录等多个关键环节的业务和技术要求。标准横向涉及十大门类的专业内容，纵向贯穿资源采集的全流程，兼具理论指导意义与实践操作价值。

非遗资源的多元化、数字经济的飞速发展及相关政策的支持极大地促进了非遗数字化的应用，在非遗数字化体系建设、专业人才队伍建设等方面提供了有力支撑。

二　数字化赋能地方非遗的主要模式

在信息化浪潮的推动下，数字化赋能已成为地方非遗传承与创新的重要引

---

① 中华人民共和国文化和旅游部：《关于推动非物质文化遗产与旅游深度融合发展的通知》，2023年2月。
② 2006年10月25日，文化部部务会议审议通过《国家级非物质文化遗产保护与管理暂行办法》，于2006年12月1日起施行。

擎。数字技术的发展和应用给非遗的展示传播提供了新路径，非遗的文化内涵和历史意蕴得以进一步传播，同时也为地方相关产业的持续发展注入新动力。在数字化赋能地方非遗的过程中涌现出多种创新模式，这些模式各具特色，共同构成了非遗保护与传承的多元化格局。它们不仅涵盖了非遗资源的数字化记录与展示，更在技艺传承、沉浸式体验及数字化体系建设等方面展现出数字技术的独特优势。分析这些模式的实践应用，有助于更加深刻地理解数字化技术与地方非遗的深度融合，以及它们共同推动非遗文化传承与创新的内在逻辑。

（一）数字记录：非遗资源的延续传承

非物质文化遗产作为中华民族文化的重要载体，蕴含丰富的历史信息与民族智慧，其传承与发展对于维护文化多样性、增强国家文化软实力具有不可替代的价值。传统的非遗记录方式往往受到技术条件和存储介质的限制，而数字化技术可实现对非遗资源高效、精确的数字记录与长久保存，在非遗保护工作中起到了重要作用。

从实践看，敦煌研究院通过数字技术对非遗资源进行记录建档、版权确权、知识图谱构建和创新传播，形成包括数字化方案设计、壁画数字化技术、三维重建技术、多媒体节目制作技术、数字创意展示技术等在内的完整数字化体系。并于2022年上线全球首个基于区块链的数字文化遗产开放共享平台"数字敦煌·开放素材库"，6500余份高清数字资源档案通过素材库向全球开放，实现了文化资源的安全高效流动和广泛共享。此举也为当地文旅产业提供了独特的发展机遇，素材库向全球展示了敦煌文化的独特魅力，吸引了大量的国内外游客和文化爱好者，推动了当地文旅产业的繁荣发展，实现了文化保护与经济发展的双赢。

（二）虚拟展示：沉浸式非遗文化体验

虚拟现实与增强现实技术的兴起为非遗文化的传承与创新注入了新活力，高度逼真的虚拟环境和沉浸式体验有效突破了传统展示方式的局限，拓宽了非遗文化的传播渠道。

以故宫腾讯沉浸式数字体验展为例，该展览通过运用前沿的数字科技，将故宫的器物和建筑纹样等非遗文化资源进行数字化处理，以互动式、沉浸式的形式展示给观众。通过裸眼 3D 视觉装置、AR 眼镜等数字化设备,观众可以更加深入地了解故宫的文化内涵和历史背景。此外,博物馆和展览将声光电技术与数字艺术互动装置相结合,给参观者带来前所未有的沉浸式视听盛宴,让文物灵活地"跳"出展台,给观众带来古今结合的观展体验。再如苏州丝绸纹样数字展览,该展览通过高清扫描技术将苏州丝绸博物馆的馆藏样本转化为数字形式,观众可以看到来自苏州丝绸博物馆的百余款丝绸纹样,年代跨度从 20 世纪 50 年代至 90 年代,种类繁多。纹样以数字形式呈现在观众面前,增强了观众与展品间的互动性,观众还可以通过触摸屏等数字化设备近距离感受丝绸纹样的细腻与美丽。此外,该展览还尝试将数字作品与装置艺术相结合,打造"纹样长廊",观众可以步入其中更加深入地了解苏州丝绸文化的历史和内涵。

虚拟展示技术的应用也极大地提升了当地文旅的吸引力和竞争力。故宫腾讯沉浸式数字体验展吸引了大量游客前来参观,为故宫品牌形象和知名度的提升作出了积极贡献;苏州丝绸纹样数字展览不仅提升了游客的体验感,也为苏州文旅产业注入新的文化内涵,推动了当地文旅产业的繁荣发展。随着虚拟展示技术的不断发展和完善,非遗与文旅产业的融合将更加紧密。

(三)数字平台:非遗文化的数字传播

数字平台具有传播速度快、覆盖面广的特点,在扩大传播范围、丰富呈现形式、促进互动交流等方面发挥着积极作用,是非遗文化传播的重要载体。通过在线展览、视频直播等形式,非遗文化得以突破地域和时空限制,向更多受众传播。随着数字技术的进一步应用,数字平台在非遗文化传承和发展中的作用将更加凸显。

南京大学艺术学院以"ZHI 艺"平台为基础,利用数字技术和多媒体手段,对传统工艺的制作过程、技艺特点、文化内涵等进行全面记录和展示。通过图片、视频、音频等多种方式,将传统工艺的精湛技艺和独特魅力呈现给观众。同时,该项目还注重传统工艺与现代设计的结合,通过数字化手段对传统工艺进行再创作和再设计,使其焕发新的生机与活力。助力传统工艺传承和发展的同时也为其在现代社会中找到新的应用场景和市场空间。目前,平台仅收集的高清大图就多达 1758 张,口述史涵盖了录音 461 分钟、视频 691 条,以

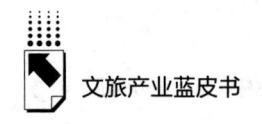

期通过视觉化、审美化和数字化的方式建立对非遗传统工艺的当代解读，在更大范围内传播南京与非遗传统手工艺相关的文化及知识。

通过数字平台，游客了解南京非遗文化的同时可以感受传统工艺的精湛技艺和独特魅力。随着数字技术的不断进步和应用，数字平台将为非遗文化的传播和文旅产业的发展带来更加广阔的前景。

（四）智能管理：非遗文化的数字体系

借助现代科技对非遗进行分类管理已成为非遗文化保护与传承的重要一环，通过构建完善的管理体系形成有序、规范的数字资源库，可实现对非遗文化资源的全面、精准管理，为后续的传承与创新工作提供有力支撑。

会"动"的建水紫陶数字文物是2023年数字展览中的一大热点。建水紫陶又名滇南琼玉，是建水的民间传统工艺品，被誉为"中国四大名陶"之一。"数字紫陶"以非遗产业数字化、数字产业为主线，以"1+5+N"的模式进行整体规划和系统功能设计，即1个"数字紫陶"综合应用平台；五大应用体系主要模块：生产管理智能化、质量安全标准化、产业发展品牌化、政府监管信息化、产融结合生态化；N个供应链应用决策引擎。该项目通过区块链技术，实现了紫陶产品从原料生产到送达受众手中的全流程追溯，受众可以清晰地了解所购买紫陶产品的生产过程和来源，增加了产品的透明度和可信度，同时优化了产业的业务流程。2023年，"数字紫陶"团队不断深化对区块链、物联网、大数据技术的应用，实现了对紫陶全产业链的深度整合和数字化管理。"数字紫陶"的发展取得了显著的进步，荣获"非遗文化传承创新奖""文化产业创新发展奖"等多项荣誉，不仅彰显了"数字紫陶"在产业发展方面的创新实力，也为其未来的发展奠定了良好的基础。

"数字紫陶"作为建水地区的特色文化品牌，通过智能管理系统的应用提升了管理的效率与精准度，紫陶文化得以更广泛、更深入地传播给受众，既提升了大众对建水文化的兴趣，也为当地文旅产业带来更多流量。

三 数字赋能：非遗保护传承与文旅融合的新探索

随着数字化技术的不断进步，非遗资源与文旅产业的融合将更加深入。一方面，数字化技术可以帮助文旅产业更加精准地挖掘和呈现非遗资源的文化内涵，提升旅游产品的文化附加值；另一方面，文旅产业的传播推广有助于持续增强非遗资源在现代社会中的影响力和认同感。未来，非遗的保护传承应持续聚焦于其文化、历史等方面的价值，加强与地域文化特色的融合，以与地方文旅产业形成良性互动。为此，还需构建数字化知识体系，创新数字化保护与传承模式，重视对掌握数字化技术与非遗知识的复合型人才的培养与引进，以确保非遗的多样性、完整性和独特性得以传承延续。

（一）筑牢非遗基石，构建数字化知识体系

在信息化时代，非遗文化的传承与保护面临前所未有的机遇与挑战。筑牢非遗基石，构建数字化知识体系，是推动非遗文化现代化转型、实现可持续发展的基本要求。

一是要深入挖掘非遗文化的内涵与价值。通过田野调查、文献梳理等方式，全面收集、整理非遗资源，深入挖掘其历史渊源、文化内涵和艺术价值。同时，注重非遗文化的活态传承，关注非遗技艺的传承人、传承方式和传承环境，确保非遗文化的真实性和完整性。二是要运用现代科技手段，构建非遗数字化知识体系。利用数字技术对非遗资源进行数字化处理，建立非遗数据库、虚拟博物馆等线上平台，实现非遗资源的数字化存储、展示和传播。同时，运用大数据分析、人工智能等技术手段，对非遗资源进行深入挖掘和智能推荐，提高非遗文化的传播效率和影响力。三是要注重非遗数字化知识体系的开放与共享。通过开放非遗数据库、举办线上展览等方式，促进非遗资源的共享和交流。同时，加强与非遗保护相关机构、企业等的合作，共同推动非遗数字化知识体系的完善和发展。四是要加强非遗数字化知识体系的宣传与推广。通过各种渠道和媒体广泛宣传非遗数字化知识体系的成果和优势，提高公众对非遗文化的认知度和关注度。

（二）激发传承活力，创新参与式保护体系

在非遗保护传承的实践中，激发传承活力，创新参与式保护体系是提升非遗保护工作效能、促进非遗文化持续发展的关键所在。

一是要激发非遗传承人的内生动力。通过政策扶持、资金奖励等方式鼓励

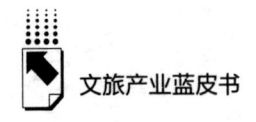

传承人积极投身非遗保护工作，传承和弘扬非遗技艺。同时，加强传承人的培训和教育，提升其文化素养和创新能力，使其能够更好地适应时代发展的需求。二是要构建多元化的参与式保护体系。鼓励社会各界力量参与非遗保护工作，形成政府主导、社会参与的格局。通过举办非遗文化节庆活动、开展非遗文化体验游等形式吸引更多公众关注并积极参与非遗保护工作。

（三）平衡数字权益，完善非遗传承机制

在非遗保护传承的数字化进程中，平衡数字权益，完善非遗传承机制是确保非遗文化健康持续发展的重要路径。

一是要明确非遗数字化进程中的权益关系。在非遗资源数字化过程中，应充分尊重传承人的知识产权，明确数字化成果的权属，保障传承人的合法权益。同时，也要关注公众对非遗文化的知情权和使用权，确保非遗文化的公共属性得到充分体现。二是要建立健全非遗传承机制。通过制定相关政策法规，规范非遗传承人的行为，明确责任和义务。同时，建立非遗传承人的认定、培养、考核和激励机制，激发传承人的积极性和创造力。三是要加强非遗传承机制与数字技术的融合。通过完善非遗传承机制，为数字技术的应用提供有力保障；通过数字技术的创新应用，为非遗传承机制的完善提供技术支持。二者相辅相成，共同推动非遗文化的传承与发展。

（四）强化人才支撑，加大培养与引进力度

在非遗保护传承的实践中，人才是核心要素，是推动非遗传承与发展的关键力量。因此，要强化人才支撑，加大培养和引进力度，构建非遗人才队伍体系。

一是要加强非遗传承人的培养。通过举办传承人培训班、技艺传承研修班等形式提升传承人的技艺水平和文化素养，培养一批具备高超技艺和深厚文化底蕴的非遗传承人。同时，建立传承人档案库，对传承人进行动态管理，确保传承人的技艺得到有效传承。二是要引进专业人才。积极与高校、科研机构等合作，吸引更多的专家学者参与到非遗保护传承工作中来，并提供相关支持和专业指导。同时，鼓励社会力量参与非遗保护传承，吸引更多的人才投身非遗事业。三是要构建非遗人才交流平台。通过举办非遗论坛、展览、演出等活

动，促进非遗人才之间进行交流与合作，分享经验和技术成果，推动非遗事业的共同发展。四是要完善人才激励机制。建立非遗传承人荣誉制度，对在非遗保护传承工作中作出突出贡献的人才进行表彰和奖励，激发人才的积极性和创造力。同时，提供必要的政策支持和资金保障，为非遗人才的发展创造良好的环境。

结　语

在保护与传承非物质文化遗产的道路上，数字技术起到了至关重要的作用。回顾过去，尽管技术具有诸多优势，但非遗传承与创新仍然面临诸多挑战与问题，如何平衡非遗保护与商业开发的关系以及如何在技术不断更新的背景下保持非遗的原生性与纯粹性等问题仍有待解决。展望未来，地方非遗有望通过更多的实践与探索，将数字技术与非遗传承、文旅产业更紧密地结合起来，推动文旅产业的转型升级和高质量发展，为非物质文化遗产的传承与创新贡献更多力量。

Abstract

In 2023, China's cultural tourism industry fully recover, and the industry as a whole will show a positive momentum of development. The total number of domestic tourists was 4.89 billion, an increase of 93.3% over the previous year, and the total expenditure of domestic tourists was 4.91 trillion yuan, an increase of 2.87 trillion yuan over the previous year. This year, the state continued to increase policy support and intensively introduced a number of related policies for the cultural tourism industry, providing a strong guarantee for the recovery and development of the industry. At the same time, the cultural tourism industry has made remarkable progress in the improvement of service quality and the application of new technologies, laying a solid foundation for the sustainable development of the industry. Driven by the current policies and industrial development, *China Cultural Tourism Industry Development Report (2024)* is based on the overall development of China's cultural tourism industry in 2023, and is jointly prepared by many experts from academia, industry, government departments and industry associations at home and abroad. It aims to explore the overall structure of China's cultural tourism industry from the perspective of the whole industrial chain of China's cultural tourism industry, conduct research and analysis on the industry status quo, market problems, risk prevention and control in various fields of China's cultural tourism industry from an all-round and broad perspective, and conduct scientific analysis and judgment on the development law and trend of China's cultural tourism industry in the future.

This book adopts research methods such as policy analysis, data statistical analysis and case analysis to elaborate and analyze the overall development status of China's cultural tourism industry in 2023, the development status of popular segments of the cultural tourism industry and classic cases of the cultural tourism industry. The study found that in 2023, the government will intensively introduce a number of policies related to the cultural tourism industry to inject vitality into the recovery and development of the cultural tourism industry, and mass tourism will enter a new stage of comprehensive development. Immersive experience tourism provides tourists with more abundant and in-depth travel experience; Rural tourism injects vitality into rural revitalization; Subdivisions such as ice and snow tourism and intangible cultural heritage tourism have provided strong support for the diversified development of cultural tourism industry. The construction of digital cultural tourism continues to advance, and the application of big data analysis, artificial intelligence and other technologies has promoted the cultural tourism industry to achieve remarkable results in intelligent and personalized services.

Looking ahead, China's cultural tourism industry will continue to seek new breakthroughs in the deep integration of cultural tourism, digitalization and intelligence, and the upgrading of cultural tourism consumption. Give full play to the function of "tourism plus", promote the integrated development of tourism with culture, sports, transportation, cuisine, events, performing arts and other forms of business, and optimize the supply structure of tourism products. The industry will also pay more attention to cultural inheritance and innovation, integrate Chinese excellent traditional culture, intangible cultural heritage, and local characteristics into the new space of modern tourism, and promote the high-quality development of the cultural tourism industry in the innovative transformation and creative development.

Keywords: Cultural Tourism New Consumption; Industrial Integration; Digitalization; Special Cultural Tourism

Contents

Ⅰ General Report

B.1 China Cultural Tourism Industry Development Report 2023
Si Ruo, Pang Shengnan and Liu Xuehua / 001

Abstract: In 2023, China's cultural tourism industry will fully recover and develop steadily. The government continued to increase policy support, and the vitality of the cultural tourism market was gradually released. The application of new technologies in the cultural tourism industry has become more and more extensive, and new breakthroughs have been made in the creation of excellent traditional Chinese culture through cultural tourism, and remarkable progress has been made in the construction of digital cultural tourism. New forms and models of cultural tourism continue to emerge, the trend of upgrading cultural tourism consumption is obvious, the demand for high-quality, personalized and experiential tourism products and services is increasing, and the market space of cultural tourism industry is broad. Looking forward to the future, China's cultural tourism industry will continue to achieve new breakthroughs in the deep integration of cultural tourism, digitalization and intelligence, and the upgrading of cultural tourism consumption.

Keywords: Cultural Tourism Industry; Industrial Integration; Digital Cultural Tourism; Special Cultural Tourism

II Topical Reports

B.2 China Urban Cultural Tourism Development Report 2023

Diao Jinuo / 017

Abstract: In 2023, the development of urban cultural tourism in China sends out a strong signal. Through sorting out the hot events, market data, policies, and development profiles of the year, it is found that the development characteristics of urban cultural tourism in the year mainly focus on two aspects: the efficiency construction of the government on infrastructure and public cultural services; and the young group has become the main force of urban cultural tourism consumption. It is predicted that the future development direction of urban cultural tourism will mainly be deeply integrated with five dimensions such as traditional culture, technological development, rural revitalization, the silver-haired economy, and the night economy.

Keywords: Urban Cultural Tourism; Consumer Demand; Public Cultural Services; Youth Group

B.3 China Outbound Tourism Development Report 2023

Zhao Lu, Bai Yanfei / 026

Abstract: 2023 can be called the recovery year of China's outbound tourism, benefiting from the end of the epidemic and visa policies and other favorable factors, outbound tourism recovery momentum is strong, and the market size is expected to recover to about 80% of 2019 in 2024. With the rapid resumption of international flights and the optimization of visa policies, many visa-free countries have become popular destinations for Chinese tourists. At the same time, the countries build the "Belt and Road" have also become a bright spot in the recovery of the outbound tourism market. In terms of the main group of outbound tourism and hot travel projects, it reflects the characteristics of young people, the proportion of freelance people and the diversification of tourism products. However, the world economic recovery and sustainable development are still one of the important factors affecting the rapid recovery of the international tourism market. In order to promote the healthy development of outbound tourism, it is necessary to strengthen international cooperation and improve the quality of tourism services. On the whole, China's outbound tourism market has ushered in new development opportunities, which will inject new vitality into the global economic recovery.

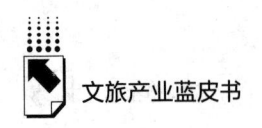

Keywords: Outbound Tourism; Visa-Free; "Belt and Road"

B.4　China Immersive Experience Tourism Development Report 2023　　　　　　　　　　*Cao Xiaolu* / 036

Abstract: Immersive experience tourism appeals to immersive experience and focuses on creating a cognitive state in which cultural travel consumers are fully immersed in a certain activity. Successful immersive experience tourism can enable consumers to maintain a sense of pleasure while ignoring the passage of time in the consumption process, and establish a deep emotional connection with cultural tourism destinations. The possibility of immersive travel experience is far beyond the traditional cultural travel industry model. In view of its potential in the cultural travel market dimension and even the social and cultural dimension, this paper deeply analyzes the realization mechanism of immersive experience tourism and its impact on consumer psychology and behavior. In order to provide reference for the innovation and upgrading of cultural tourism industry.

Keywords: Immersive Experience; Immersive Performing Arts; Immersive Neighborhoods

B.5　China Sports Tourism Development Report 2023
　　　　　　　　　　　　　　　　　Luo Jiaojiao, Feng Yiman / 047

Abstract: With the improvement of people's living standards and the growing demand for spiritual culture, sports and tourism, as a new tourism method that integrates sports and tourism experience, has gradually attracted people's attention. In 2023, the development of sports and tourism will usher in a new round of development opportunities: the sports and tourism market is gradually recovering, the introduction of new policies provides a strong guarantee, and the development of sports and tourism industries has its own internal driving force. At the same time, sports elements have become a new highlight of the cultural tourism industry in 2023 due to factors such as the holding of various sports events and the support of social media. In the future, sports and tourism will further improve policy guarantees, improve infrastructure, cultivate sports and tourism comprehensive talents, and deepen scenario thinking on the basis of consolidating its own development.

Keywords: Sports Tourism; Sports Industry; Tourism Industry; Integrated Development

B.6 China Intangible Cultural Heritage Tourism Development Report 2023
Zhang Chi / 060

Abstract: Chinese intangible cultural heritage tourism accelerated the recovery of the domestic cultural tourism market in 2023, showing a new pattern and new trend of industrialization development, which was reflected in the empowerment of depth of digital technology to industrial development, the continuous activation of the night economy to the vitality of the industry, and the full release of regional cooperation to the potential of the industry. This paper combines market data, typical case and industry reports to conduct in-depth analysis of the current situation of the integration and development of intangible cultural heritage tourism, meanwhile, summarizes its industrial characteristics and existing problems. The conclusion is that intangible cultural heritage tourism has exposed several major problems such as lack of deep integration, bright point and height thinking. In the future, local governments and relevant institutions should continue to carry out creative research, and development to open up effective models and feasible paths for sustainable development.

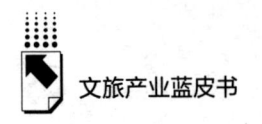

Keywords: Intangible Cultural Heritage Tourism; Cultural Inheritance; Creative Development; Tourism Marketing; Social Participation

B.7 China Health Tourism Development Report 2023

Li Liling / 071

Abstract: According to the "Healthy China 2030 Planning Program" issued by the Central Committee of the Communist Party of China and the State Council, it is necessary to conscientiously carry out the action program to promote the construction of a healthy China, and strive for China's per capita life expectancy to reach 79.0 years of age and the total scale of China's health service industry to break through the 16 trillion yuan by 2030. Driven by national policies and the market, the development of China's recreational tourism in 2023 presents four major features. Firstly, the aging trend promote the enhancement of elderly services, as of the end of 2023, there were 297 million people aged 60 years and above, and it is expected that the population will exceed 400 million in 2035, and the "digital divide" that is gradually closing, high brand loyalty, and unique services. High brand loyalty and unique consumption characteristics make the elderly group more and more concerned by the market. Secondly, emphasizing the continuity and integration of services, from preventive health care to disease treatment, and then to rehabilitation care, to form a closed-loop high-end medical health care combination model is becoming the focus of market development. Thirdly, integrating local culture, natural resources, and traditional medical technology of traditional Chinese medicine convalescence projects in the refinement of development. Fourthly, integrating the charm of nature ecological health care projects calls for people to re-examine the nature of health.

Keywords: Health Tourism; Enjoy Elderly Services; Medical and Health Care Tourism

Contents

B.8 China Theme Park Tourism Development Report 2023
Huang Ying, Bai Xufei / 080

Abstract: The theme park tourism in 2023 with an increasing number of trips, all sorts of parks to attract tourists in a variety of methods, these marketing efforts also make the development of theme parks in 2023, demonstrating a trend of specialization and regionalization. The popular theme parks exhibit two distinct building methods. The first is the "theme park +" approach, which aims to provide guests with a cozy and enjoyable atmosphere. The second is utilizing the culture of the area, showcasing its humanistic qualities, highlighting its advantages as a region, and providing visitors with an unforgettable experience. These theme parks not only offer a variety of entertainment activities, but they also help to stimulate economic development in the surrounding area, producing a great number of job opportunities.

Keywords: Theme Park Tourism; The Harbin Ice and Snow World; POP MART

B.9 China Rural Cultural Tourism Development Report 2023
Cao Yang / 089

Abstract: Rural cultural tourism is a new form of rural economy relying on local landscape and meeting the needs of tourists for local cultural tourism, and plays an important role in promoting the development of rural society and economy. In 2023, China's rural cultural tourism ushered in a strong recovery, showing a strong demand trend, with richer business forms and more diversified modes. However, China's rural cultural tourism still has problems such as serious homogenization, insufficient capital investment and lack of professional talents. Therefore, rural cultural tourism should strengthen planning and design, enrich investment and financing channels, pay attention to the training of talents, innovate the methods of cultural and tourism integration, and make full use of digital technology, so as to promote the high-quality development of rural cultural tourism and better empower rural revitalization. In the future, the development of rural cultural tourism should focus on "rural cultural tourism+" to create a rural cultural tourism industry with more unique tourism experience value and emotional value.

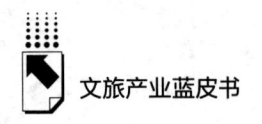

Keywords: Rural Cultural Tourism; Culture and Tourism Integration; Digital Technology

Ⅲ Case Studies

B.10 Development Path of Yunnan Culture and Tourism Under the Threshold of Film and Television Culture and Tourism Integration
——Taking *Go to a Windy Place* as an Example

Liu Yifeng, Si Ruo / 098

Abstract: In 2023, with the popular broadcast of the TV series *Go to a Windy Place*, Yunnan quickly became the focus of the Spring Festival holiday tourism market, demonstrating the effective integration of film and television with cultural tourism. The series highlighted Yunnan's natural beauty, cuisine, local customs, and intangible cultural heritage, creating the effect of "one drama boosting an entire city" while promoting rural revitalization. However, Yunnan faces challenges in the integration of film, television, and cultural tourism, such as lack of brand influence, an imperfect industrial chain, insufficient long-tail effects, and an incomplete management service system. To address these issues, this paper proposes strategies including strengthening the construction of the industrial chain, establishing a collaborative mechanism for film, television, and cultural tourism promotion, and building a marketing platform for film, television, and cultural tourism. These strategies aim to deepen the integration of culture and tourism in Yunnan Province and achieve high-quality development. *Go to a Windy Place* has become a successful model for the integration of film, television, and cultural tourism, but Yunnan Province still needs to further overcome challenges and innovate strategies to achieve more comprehensive development.

Keywords: Film and Television Cultural Tourism; Yunnan Cultural Tourism; *Go to a Windy Place*; Culture and Tourism Integration

B.11 Research on the Integration and Development of Ice and Snow Tourism Resources in Harbin　　　　　　　　*Yin Lei / 114*

Abstract: In the winter of 2023, Harbin has become the most popular tourist city with its unique ice and snow landscape, rich tourist experience and attractive food culture. The city received 135 million tourists, an increase of 145.78%, and the tourism revenue reached 169.245 billion yuan, an increase of 239.03%, showing amazing economic recovery and tourism attraction. Harbin uses its unique "nickname culture" to establish intimate interaction with tourists, transforming the advantages of natural resources into market competitiveness. The cultural and tourism department of Heilongjiang Province has systematically developed tourism experience by innovating consumption scenarios and improving service quality, attracting global attention, and the snow and ice economy has become a new bright spot in China's economic development.

Keywords: Harbin; Ice and Snow Tourism; Northeast Tourism

B.12 The Innovation of Audio-Visual Communication in the New Prospects of Beautiful and Harmonious Village
—*Taking the Documentary Program A Village with the Lingering Sound as an Example*
　　　　　　　　Guo Yan, Liu Mengya and Li Jingxian / 126

Abstract: The 20th National Congress of the Communist Party of China proposed the strategic deployment of "building a beautiful and harmonious village suitable for living and working", emphasizing the harmonious coexistence of people with the natural and social environments. President Xi Jinping's proposal and interpretation of the concept of "new quality productive forces" have injected new vitality and momentum into the comprehensive revitalization of rural areas through audio-visual communication innovation. In the era of intelligent media communication, the new cultural and tourism industry has become a frontier for the application of technological innovation. As an innovative communication case of traditional TV audio-visual communication projects, *A Village with the Lingering Sound* aims to showcase the local culture and humanity of the beautiful and harmonious village through the integration of culture and tourism, meet the material and spiritual needs of farmers, and promote the high-quality integrated development of the rural economy. This is not only a deep exploration and modern interpretation of China's traditional "harmony culture", but also a specific practice of new productive forces in rural revitalization.

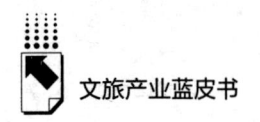

Keywords: Beautiful and Harmonious Village; Audio-Visual Communication; Cultural Tourism; *A Village with the Lingering Sound*

B.13 The Path of Cultural and Tourism Integration Innovation in Xunpu Fishing Village

—*A Study on the Development of Internet-Famous Tourism Destinations Based on Local Culture*

Zhang Wencheng, Yan Tingting and Huang Junyi / 135

Abstract: The tourism market is constantly changing, leading to new trends in the integration of culture and tourism. In 2023, a small fishing village named Xunpu in Quanzhou, Fujian, gained sudden fame, transforming from a hidden gem into a widely known travel destination in the wave of internet celebrity culture. This paper explores how Xunpu became a popular tourist spot through local culture and concludes the success of Xunpu into three dimensions: the creation of symbols, the physical experience, and the generation of value. It also looks at what the future might hold for Xunpu, suggesting strategies for preserving intangible cultural heritage, promoting sustainable practices, and innovating in digital storytelling. This paper provides a clear understanding of how certain places become popular tourist destinations and offers insights into how to manage and sustain these places culturally and economically.

Keywords: Xunpu Village; Intangible Cultural Heritage; Culture and Tourism Integration; Symbolization

B.14 Experience Analysis and Mechanism Research of "Performance+Cultural Tourism" Consumption Pattern
—A Case Study of Taiyuan, Shanxi Province

Yu Yahui, Yan Chunhui / 145

Abstract: In 2023, "performance+cultural tourism" has become a new consumption model, especially large concerts, music festivals on culture and tourism consumption is more obvious. "Jay Chou Taiyuan Concert" has brought direct economic benefits to Shanxi, the subsequent Mid-Autumn and National Day "Golden Week" holiday consumption has also achieved a significant boost. Through the concert, Taiyuan, Shanxi, the city's reputation has been greatly enhanced. This is closely related to the overall management of the local government during the concert, the synergy of various government departments, and the continued efforts after the concert to strengthen market supervision and enhance the reception capacity. Depening on the experience of Taiyuan City in Shanxi Province, turning the performance "traffic" into "retention" need to work steadily, consolidate the foundation of the culture and tourism industry, enrich the supply of personalized and differentiated culture and tourism products, create culture and tourism IP, build local brands, and realize the online and offline linked marketing.

Keywords: Performance; Concerts; Culture and Tourism

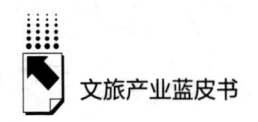

B.15 Study on Cultural and Tourism Integration and
Sustainable Development Path
—A Case Study of West Kowloon Cultural District
in Hong Kong

He Changcheng, Liu Ruoqi / 159

Abstract: West Kowloon Cultural District in Hong Kong, as a significant culture and tourism project, not only exhibits uniqueness in terms of geographical location, facility scale, and design concepts but also plays a crucial role in advancing the development of Hong Kong's cultural and artistic endeavors and integrating with the tourism industry. The future development potential of West Kowloon Cultural District is immense, but successful implementation requires addressing issues such as prolonged project timelines, insufficient functionality and impact. In the future, guided by the direction of improving quality and enhancing efficiency, West Kowloon Cultural District needs to focus on improving quality and efficiency, concentrating on core functional development, fostering the cultivation and communication of cultural and artistic talent, and creating high-quality culture and tourism intellectual properties to drive its high-quality development.

Keywords: Hong Kong Culture Tourism; West Kowloon Cultural District; Cultural Communication; Talent Development

B.16 Teaching Through Tourism: A Study on Cultural
Inheritance and Local Cooperative Development of
Guangzhou Red Culture Boutique Tourism Routes

Fan Yunshi / 170

Abstract: In recent years, people's demand for travel has gradually changed from viewing to teaching through travel. Learning a history during travel, has become the original intention of most travelers. In 2023, in order to meet the needs of tourists, promote the integration of culture and tourism, make good use of red resources, and enrich the connotation of red culture, the Guangdong Provincial Department of Culture and Tourism launched several Guangzhou red culture tourism boutique routes. From the perspective of historical significance and modern significance, the introduction of the red culture tourism boutique route plays a vital role in people's remembering of history, cultural inheritance, ideological education and promoting local development. However, from the perspective of tourism experience, these high-quality routes still face the problems of lack of overall planning, lack of characteristic interactive activities and imperfect supporting facilities. To solve the above problems, efforts should be made to focus on immersive experiences, strengthen infrastructure construction and talent cultivation, and innovate the promotion methods of red culture tourism boutique routes by combining new media technology.

Keywords: Red Culture; Culture and Tourism Integration; Tourism Boutique Routes

B.17 Research on the Innovation and Development of Luoyang Cultural Tourism Industry Driven by the Integration of Technology Empowerment and Film and Television IP

Wang Na / 180

Abstract: With the in-depth implementation of the national cultural digitization strategy, the combination of technological empowerment and film and television IP is promoting the digital transformation of the culture and tourism industry, immersive digital culture and tourism experience has become a key force in the current trend of cultural tourism consumption. As the ancient capital of China, Luoyang, which carries rich historical and cultural heritage, is actively exploring new ways to integrate "technology + film and television IP" to develop the culture and tourism industry. This paper analyzes the case of "*Luoyang*" and the challenges faced by the cultural tourism in Luoyang, and aims to explore how technology empowerment and film and television IP can help the innovative development of Luoyang's cultural tourism industry. It provides reference and inspiration for Luoyang and other cities in the integration of science and technology with film and television IP to develop cultural tourism industry.

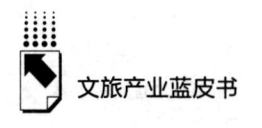

Keywords: Technology Empowerment; Film and Television IP; Luoyang; Cultural Tourism

B.18 Film and Television Works Lead the Trend of Cultural Tourism in Shanxi Province: From *The Longest Day in Chang'an* to *Chang An*   *Li Jianliang, Feng Ao and Wu Rui* / 191

Abstract: In recent years, film and television works have played an increasingly significant role in promoting the spread of traditional culture and stimulating the tourism boom. Taking Shanxi as an example, this paper deeply discusses how *The Longest Day in Chang'an* and *Chang An*, two film and television works, lead the upsurge of traditional cultural tourism in Shanxi, and how tourism has a feeding effect on film and television works. The film and television works provide the audience with a deep understanding of the traditional culture of Shanxi by carefully restoring historical scenes, displaying regional characteristics and shaping distinctive characters. These works not only attracted the attention of a large number of audiences, but also stimulated their strong interest in the history and culture of Shanxi, which greatly promoted the vigorous development of Shanxi tourism. The boom in tourism has also had a positive impact on film and television productions. On one hand, tourism provides rich shooting resources for film and television works, which helps to achieve a higher level of improvement in quality and appreciation of film and television works. On the other hand, the prosperity of tourism also provides strong support for the publicity and promotion of film and television works, and further expands the influence and popularity of the works. This paper summarizes the positive interaction between film and television works and tourism industry, and emphasizes that the cooperation and exchange between film and television works and tourism industry should be further strengthened in promoting the boom of traditional cultural tourism, so as to achieve win-win development of both sides.

Keywords: Shanxi Tourism; *The Longest Day in Chang'an*; *Chang An*

Contents

B.19 Linkage and Integration: Research on The Development Characteristics and Path of Macao's "Film and Television+Cultural Tourism" Industry

Wang Yiping / 204

Abstract: With the development of the "Belt and Road Initiative" and "Guangdong-Hong Kong-Macao Greater Bay Area", there are unique advantages in Macao. The government and institution in macau actively has link to domestic and foreign film and television resources, builds a diversified and multi-functional international tourism cooperation platform to open up the all aspects of tourism market at the plan of national development background. This paper combined with film & TV and cultural tourism industry in Macao in 2023 as the research object, and uses the theory of industrial economics to systematically analyzes the main characteristics and evolution path of the development of film and television cultural resources. The conclusion of this paper is the cultural tourism industry of Macao shows the characteristics: The difference of spatial and regional differences is getting smaller and smaller, the speed of industrial convergence is getting faster and faster, and the scale of the industry is getting bigger. It opens up various links such as content production, operation and promotion, and supporting services of the combination of film and television and cultural tourism, and forms a new paradigm of the upstream, middle and downstream film and television cultural tourism industry chain with "double promotion" as the main axis. The existing "Macao Filming Locations" film and television shooting fund subsidy plan and other policies play a very important role in nurturing the local film and television industry, but they are not enough to face the fierce market competition in the film and tourism industry. There are problems that need to be solved, such as insufficient coordination and integration of multiple industries, insufficient regulatory efforts, and limited participation of various sectors. Methods such as deepening multi-industry synergy, strengthening regulatory efforts, and expanding the depth of participation by various sectors can effectively enhance the development effectiveness. The research on the relevant policies and evolution characteristics of the film and television cultural tourism industry, is of great theoretical and practical significance for promoting the high-quality development of

Macao cultural tourism industry and promoting the prosperity and development of the Greater Bay Area culture.

Keywords: Macau; Film and TV Industry; Culture Tourism Industry; Integration Path

B.20 The Combination of Ancient Poetry and New Media Art to Help the Development of Cultural Tourism Industry
—*Taking "Born in Heaven · Li Bai" as an Example*

Wu Yao, Cheng Jiayi / 218

Abstract: The "Chinese Ancient Poetry and New Media Art Series Exhibition" first exhibition selects Li Bai as the theme, with Li Bai and his poetry as the core, and explores the vast world of Li Bai's poetry through the artistic expression of new media. Integrating ideas, art, and technology to create an immersive Chinese excellent traditional culture digital experience space with high aesthetic expression, diverse forms, and unique IP. Use the path construction of "China-Chic" with a new history, new media art to show creative charm, high interaction to mobilize the interest of visitors, rich theme and content, break the boundary between exhibition and life, and use the combination of ancient poetry and new media art to help the development of the cultural and tourism industry.

Keywords: Chinese Ancient Poetry; New Media Art Series Exhibition; Cultural and Tourism Industry

IV Thematic Studies

B.21 Research on the Development Mode of Chinese Traditional Villages
—Taking Xidi, an Ancient Village in South Anhui, as an Example　　　　　　　　Wu Zhibin, Kan Weiyi / 227

Abstract: Traditional villages are an important carrier of Chinese agricultural civilization, carrying the historical memory of the Chinese nation. How to balance the protection and tourism development of traditional villages, and how to avoid the "one village, one side" of traditional villages are key issues in the development of traditional villages. Xidi Village, an ancient village in southern Anhui, China, has been included in the World Heritage List and is an outstanding representative of Huizhou ancient villages in China. From the perspective of tourism attractions, taking Xidi Village as an example, this paper focuses on the core attractions of Xidi Village's ancient residential settlements, and develops Xidi Village's intangible heritage attractors, agricultural pastoral attractors, and festival and event attractors, so as to build a tourism attraction system of Xidi Village. Based on this, this paper explores the development model of traditional Chinese villages through practical practices such as prioritizing protection, involving multiple stakeholders, deepening the value of core attractions, and creating new forms of rural tourism.

Keywords: Traditional Village Development; Tourist Attractions; Rural Tourism

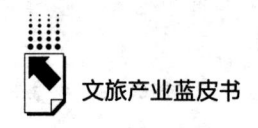

B.22 Research on "Talent-Industry-Community" Collaborative Development
—A Case Study of Tianxingcun Digital Nomad Community

Gu Yumin, Yi Meichao / 248

Abstract: Relying on characteristic industrial plant weaving techniques, Tianxing Village actively explores multiple paths for rural development while improving the living environment and ecological quality, establishes the first digital homeless community in Sichuan, and gradually builds a sustainable ecological village. This paper deeply analyzes the characteristics and laws of the "talent-industry-community" collaborative development mode in Tianxing Village, and finds that the organic combination of characteristic industries and community construction in Tianxing Village effectively promotes the sustainable growth of local economy, the continuous optimization of ecological environment and the diversified development of social culture. However, there are also some challenges and problems in the development process, such as lack of young talents and imperfect supporting of community life. On this basis, this study puts forward targeted countermeasures and suggestions, such as local policy support and tripartite cooperation between schools, localities and enterprises, which provide useful references for the future sustainable development of Tianxing Village. At the same time, it provides experience for other areas to build harmonious countryside according to local conditions.

Keywords: Tianxing Village; Digital Nomad; Beautiful and Harmonious Countryside; Community Operation

B.23 A Probe into the Logical Way and Optimization Path of Homestay Helping Rural Revitalization
—Based on the Case Practice of Bayu Home Accommodation

Yao Lei, Li Wenjing and Wang Luqiang / 256

Abstract: After more than seven years of development, the Bayu homestay project has achieved good economic and social benefits, and has effectively promoted the cause of rural revitalization and poverty alleviation. This paper conducted in-depth research on the Bayu homestay project, summarized the main practices and practical achievements of the project in recent years, analyzed the current problems and practical difficulties, and proposed targeted optimization strategies. The Bayu homestay project has gradually formed a development model of "co-construction and sharing, housing joint venture, land investment, cultural and tourism integration, and online marketing" through innovative measures such as interest linkage, achieving the joint revitalization of village collectives, villagers, and enterprises. However, currently there are still issues with cultural infiltration, resource integration, and incomplete homestay services in Bayu homestays. The management mechanism, supervision mechanism, and supporting facilities are not well-established, and there is a lack of systematic, scientific, and forward-looking industrial planning. In the future, Bayu homestays should embark on a path of clustered, distinctive, and integrated development, providing Chongqing ideas for rural revitalization in underdeveloped areas.

Keywords: Bayu Homestay; Rural Revitalization; Joint Operation with Houses; Land Acquisition; Co-Construction and Sharing

B.24 Digital Empowerment: Inheritance and Innovation of Local Intangible Cultural Heritage in Cultural Tourism Industry

Pang Shengnan, Zhang Jing and Ren Yidan / 267

Abstract: The rapid development of digital information technology has brought new opportunities for the inheritance and innovation of intangible cultural heritage. On the basis of following the law of integrated development of digitalization and intangible cultural heritage, local intangible cultural heritage actively introduces digital technology, which not only inherits and innovates intangible cultural heritage culture, but also injects new momentum into the development of local cultural tourism, and has achieved certain benifits. Based on specific cases, this paper focuses on the key role of digital technology in local intangible cultural heritage protection and cultural tourism industry integration, and analyzes the main mode of digital empowerment of local intangible cultural heritage, in order to provide beneficial exploration and reference for the development of local intangible cultural heritage digital integration.

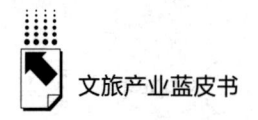

Keywords: Intangible Cultural Heritage Tourism; Digital Empowerment; Integrated Development; Cultural Tourism

紫金文创研究院 2024 年课题研究成果

社会科学文献出版社

皮 书
智库成果出版与传播平台

✤ 皮书定义 ✤

皮书是对中国与世界发展状况和热点问题进行年度监测,以专业的角度、专家的视野和实证研究方法,针对某一领域或区域现状与发展态势展开分析和预测,具备前沿性、原创性、实证性、连续性、时效性等特点的公开出版物,由一系列权威研究报告组成。

✤ 皮书作者 ✤

皮书系列报告作者以国内外一流研究机构、知名高校等重点智库的研究人员为主,多为相关领域一流专家学者,他们的观点代表了当下学界对中国与世界的现实和未来最高水平的解读与分析。

✤ 皮书荣誉 ✤

皮书作为中国社会科学院基础理论研究与应用对策研究融合发展的代表性成果,不仅是哲学社会科学工作者服务中国特色社会主义现代化建设的重要成果,更是助力中国特色新型智库建设、构建中国特色哲学社会科学"三大体系"的重要平台。皮书系列先后被列入"十二五""十三五""十四五"时期国家重点出版物出版专项规划项目;自2013年起,重点皮书被列入中国社会科学院国家哲学社会科学创新工程项目。

皮书网

（网址：www.pishu.cn）

发布皮书研创资讯，传播皮书精彩内容
引领皮书出版潮流，打造皮书服务平台

栏目设置

◆ 关于皮书
何谓皮书、皮书分类、皮书大事记、
皮书荣誉、皮书出版第一人、皮书编辑部

◆ 最新资讯
通知公告、新闻动态、媒体聚焦、
网站专题、视频直播、下载专区

◆ 皮书研创
皮书规范、皮书出版、
皮书研究、研创团队

◆ 皮书评奖评价
指标体系、皮书评价、皮书评奖

所获荣誉

◆ 2008年、2011年、2014年，皮书网均在全国新闻出版业网站荣誉评选中获得"最具商业价值网站"称号；

◆ 2012年，获得"出版业网站百强"称号。

网库合一

2014年，皮书网与皮书数据库端口合一，实现资源共享，搭建智库成果融合创新平台。

皮书网　　"皮书说"微信公众号

权威报告·连续出版·独家资源

皮书数据库
ANNUAL REPORT(YEARBOOK) DATABASE

分析解读当下中国发展变迁的高端智库平台

所获荣誉

- 2022年，入选技术赋能"新闻+"推荐案例
- 2020年，入选全国新闻出版深度融合发展创新案例
- 2019年，入选国家新闻出版署数字出版精品遴选推荐计划
- 2016年，入选"十三五"国家重点电子出版物出版规划骨干工程
- 2013年，荣获"中国出版政府奖·网络出版物奖"提名奖

皮书数据库　　"社科数托邦"微信公众号

成为用户

登录网址www.pishu.com.cn访问皮书数据库网站或下载皮书数据库APP，通过手机号码验证或邮箱验证即可成为皮书数据库用户。

用户福利

- 已注册用户购书后可免费获赠100元皮书数据库充值卡。刮开充值卡涂层获取充值密码，登录并进入"会员中心"—"在线充值"—"充值卡充值"，充值成功即可购买和查看数据库内容。
- 用户福利最终解释权归社会科学文献出版社所有。

社会科学文献出版社　皮书系列
卡号：327361391356
密码：

数据库服务热线：010-59367265
数据库服务QQ：2475522410
数据库服务邮箱：database@ssap.cn
图书销售热线：010-59367070/7028
图书服务QQ：1265056568
图书服务邮箱：duzhe@ssap.cn

S 基本子库
SUB DATABASE

中国社会发展数据库（下设12个专题子库）

紧扣人口、政治、外交、法律、教育、医疗卫生、资源环境等12个社会发展领域的前沿和热点，全面整合专业著作、智库报告、学术资讯、调研数据等类型资源，帮助用户追踪中国社会发展动态、研究社会发展战略与政策、了解社会热点问题、分析社会发展趋势。

中国经济发展数据库（下设12专题子库）

内容涵盖宏观经济、产业经济、工业经济、农业经济、财政金融、房地产经济、城市经济、商业贸易等12个重点经济领域，为把握经济运行态势、洞察经济发展规律、研判经济发展趋势、进行经济调控决策提供参考和依据。

中国行业发展数据库（下设17个专题子库）

以中国国民经济行业分类为依据，覆盖金融业、旅游业、交通运输业、能源矿产业、制造业等100多个行业，跟踪分析国民经济相关行业市场运行状况和政策导向，汇集行业发展前沿资讯，为投资、从业及各种经济决策提供理论支撑和实践指导。

中国区域发展数据库（下设4个专题子库）

对中国特定区域内的经济、社会、文化等领域现状与发展情况进行深度分析和预测，涉及省级行政区、城市群、城市、农村等不同维度，研究层级至县及县以下行政区，为学者研究地方经济社会宏观态势、经验模式、发展案例提供支撑，为地方政府决策提供参考。

中国文化传媒数据库（下设18个专题子库）

内容覆盖文化产业、新闻传播、电影娱乐、文学艺术、群众文化、图书情报等18个重点研究领域，聚焦文化传媒领域发展前沿、热点话题、行业实践，服务用户的教学科研、文化投资、企业规划等需要。

世界经济与国际关系数据库（下设6个专题子库）

整合世界经济、国际政治、世界文化与科技、全球性问题、国际组织与国际法、区域研究6大领域研究成果，对世界经济形势、国际形势进行连续性深度分析，对年度热点问题进行专题解读，为研判全球发展趋势提供事实和数据支持。

法律声明

"皮书系列"（含蓝皮书、绿皮书、黄皮书）之品牌由社会科学文献出版社最早使用并持续至今，现已被中国图书行业所熟知。"皮书系列"的相关商标已在国家商标管理部门商标局注册，包括但不限于LOGO（ ）、皮书、Pishu、经济蓝皮书、社会蓝皮书等。"皮书系列"图书的注册商标专用权及封面设计、版式设计的著作权均为社会科学文献出版社所有。未经社会科学文献出版社书面授权许可，任何使用与"皮书系列"图书注册商标、封面设计、版式设计相同或者近似的文字、图形或其组合的行为均系侵权行为。

经作者授权，本书的专有出版权及信息网络传播权等为社会科学文献出版社享有。未经社会科学文献出版社书面授权许可，任何就本书内容的复制、发行或以数字形式进行网络传播的行为均系侵权行为。

社会科学文献出版社将通过法律途径追究上述侵权行为的法律责任，维护自身合法权益。

欢迎社会各界人士对侵犯社会科学文献出版社上述权利的侵权行为进行举报。电话：010-59367121，电子邮箱：fawubu@ssap.cn。

社会科学文献出版社